La machine univers

Du même auteur

Guide de l'informatisation : informatique et société
J.-P. Durand, P. Lévy, J.-L. Weinsberg
Belin, 1987

Une place pour Lausanne
entretiens : M. Lévy, P. Lévy, J.-C. Péclet
Plon, 1990

Les Technologies de l'intelligence :
l'avenir de la pensée à l'ère informatique
La Découverte, 1990

L'Idéographie dynamique :
vers une imagination artificielle ?
La Découverte, 1991

Pierre Lévy

La machine univers

Création, cognition et culture informatique

La Découverte

EN COUVERTURE : Géométrie fractale
© Gregory Sams / SPL / Cosmos

ISBN 2-02-013092-0
(ISBN 2-7071-1661-0, 1re publication)

Avant-propos

Placés devant un nouveau fond, situés par le changement technique dans une perspective inédite, de très vieux problèmes changent de sens et doivent être repensés à nouveaux frais. Ce livre considère l'informatisation comme le surgissement d'un horizon sur lequel se détachent d'anciens objets soudain dépourvus de leur apparence familière.

Que devient la culture lorsque la communication, l'enseignement, le savoir et la plupart des activités cognitives sont médiés par des dispositifs de traitement automatique de l'information ? Comment comprendre le phénomène artistique à l'heure où les synthétiseurs numériques, les palettes graphiques et les machines à traitement de texte transforment radicalement les conditions de la création ?

Quand les simulations par ordinateur remplacent de plus en plus l'expérience et que la logique des banques de données impose ses codes au langage scientifique, avons-nous toujours affaire à ce que nous avions l'habitude de nommer la science ? Le traitement de l'information est en passe de devenir le modèle dominant pour penser les processus physiques et biologiques. Déjà les sciences de la cognition ne conçoivent plus la mémoire, l'apprentissage ou la perception que schématisés par des algorithmes. C'est face au modèle de l'ordinateur qu'il faut renouveler nos interrogations sur le devenir et la vie. C'est sous la lumière imprévue de l'intelligence artificielle que nous devons repenser la pensée.

Mais cette informatisation, qui nous oblige à remettre sur le métier tant de questions, d'où vient-elle ? Comment expliquer un tel succès ? Loin d'être une absolue nouveauté, la machine universelle plonge de profondes racines dans la culture occidentale. L'usage croissant des ordinateurs est à la fois le signe et le dernier opérateur d'une mutation anthropologique de grande ampleur. L'informatisation révèle toute sa signification à la faveur d'une méditation sur la spécificité de l'Occident, et le visage d'*Homo informaticus* ne se dessine complètement qu'à la lueur tremblante de la question qui a porté ce livre : qu'est-ce que l'histoire ?

1

Les technologies intellectuelles

Il n'est pas nécessaire qu'une technologie intellectuelle soit effectivement utilisée par une majorité statistique d'individus pour qu'on la répute dominante. Jusqu'au début du XIXe siècle, la plus grande partie des Français ne savait pas lire. Il n'en demeure pas moins que l'écriture était depuis très longtemps la technologie intellectuelle motrice, tant sur le plan imaginaire que religieux, scientifique ou esthétique. Pendant des siècles la vérité fut écrite, comme le destin. Le monde déroulait une immense page couverte de signes à interpréter. Alors même qu'il était seulement le privilège d'une caste de lettrés, le prisme de l'écriture détermina la vision du monde de nombre de civilisations depuis la plus haute Antiquité. L'ethnologue Jack Goody a mis en évidence* la naissance d'un certain type de rationalité avec l'écriture. La disposition de signes sous forme de tableaux, la vision synoptique, engendre une nouvelle exigence de logique et de symétrie. Mis à plat, détaché du flux éphémère de la parole, le discours est objectivé. L'esprit critique peut désormais s'exercer. La création et la copie, le commentaire et le récit se distinguent. Les textes s'accumulent, une temporalité linéaire, historique, émerge peu à peu. Plus tard,

* Les références des travaux et ouvrages cités dans l'ensemble du livre sont réunies dans la bibliographie (organisée par chapitre) figurant en fin de volume.

l'alphabet accoutume à l'abstraction d'un ordre séquentiel et combinatoire. L'imprimerie, enfin, autorise le « libre examen » des textes, soulage les esprits de la charge énorme de la mémoire et de la tradition, libère la voie pour l'observation de la nature. Imagine-t-on sans l'imprimerie la révolution scientifique du XVIIe siècle, les Lumières, la naissance de l'immense mouvernent qui arrachera l'Occident, et bientôt la Terre entière, au monde traditionnel ?

A l'instar de l'écriture, l'informatique doit être analysée comme une technologie intellectuelle. Les microprocesseurs sont des objets, des choses fabriquées, ayant un poids, un prix, un aspect visible. Les ordinateurs sont des machines que l'on peut déplacer, modifier, programmer, détruire. L'informatique expose ses outils : êtres matériels, structures logiques ou langages formels patiemment construits. Ces instruments peuvent être disséqués, examinés, scrutés, ils sont des objets d'expérience. Voici la dimension empirique de l'informatique.

Mais ces machines à calculer, ces écrans, ces programmes ne sont pas seulement des objets d'expérience. Comme technologie intellectuelle, ils contribuent à déterminer le mode de perception et d'intellection par quoi nous connaissons les objets. Ils fournissent des modèles théoriques à nos tentatives pour concevoir rationnellement la réalité. Interfaces, c'est par leur entremise que nous agissons, par eux que nous recevons en retour l'information sur les résulats de nos actions. Les systèmes de traitement de l'information effectuent la médiation pratique de nos interactions avec l'univers. Lunettes autant que spectacle, nouvelle peau régissant nos rapports avec l'environnement, le vaste réseau de traitement et de circulation de l'information qui buissonne et se ramifie tous les jours davantage dessine peu à peu la figure d'un réel sans précédent. Voici la dimension transcendantale de l'informatique.

La médiation numérique

Une pellicule de calcul et d'information codée s'étend entre le corps des hommes et le monde technique. Média de médias, technologie de contrôle des techniques, l'informatique conditionne désormais la possibilité du technocosme.

Depuis la fin de la Seconde Guerre mondiale, une part croissante de la population active des pays développés travaille dans le secteur de la gestion et des services. La majorité d'entre nous produit, transforme ou diffuse de l'information. La dissémination des machines logiques dans l'industrie modifie le type de compétence cognitive requise des ouvriers (ou « opérateurs ») et des agents de maintenance. Ceux-ci sont conduits à recourir à des modes de pensée abstraits pour maîtriser des opérations formalisées dans un environnement de codes et de messages. Ainsi, même dans la sphère de la production des choses, l'essentiel du travail humain consiste à gérer des signes. La communication se substitue au labeur, à la dépense d'énergie physique. Seconde mutation : un nouveau genre de communication supplante l'ancien. On ne surveille presque plus les processus directement mais par l'intermédiaire de capteurs. Le contact avec la matière passe par des indicateurs codés, des chiffres, des signes sur des écrans. La commande et le contrôle des machines ne dépendent plus du mouvement de la main ou de l'engagement du corps mais d'une exacte combinaison de symboles. Avec la médiation numérique, le primat de l'interaction sensori-motrice fait place à celui du sensori-symbolique, voire à la pure abstraction codée.

Le capteur détrône les organes des sens, l'actionneur rend les muscles inutiles. Le corps sensori-moteur est presque totalement rendu à la sphère privée, au sport, au loisir, au jeu. L'intimité avec le concret sensible devient un luxe.

Dès son apparition, l'espèce humaine s'est éloignée du donné naturel brut par le langage et la technique. L'agriculture, la domestication des animaux représentent une nouvelle étape dans la constitution d'un univers humain artificiel. La sécrétion de ce monde propre s'accélère avec l'entrée dans l'histoire par l'urbanisation et l'écriture. La multiplication des moyens de transport mécaniques et la constitution d'un immense réseau de communication ont totalement modifié notre rapport à l'espace. Le temps social synchrone du travail salarié, des horloges, des machines et des communications mondiales a redéfini notre temporalité vécue. Objets et paysages de notre vie quotidienne sont presque tous des produits de l'industrie humaine. Nous habitons le technocosme, son eau, son air et sa lumière, son rythme et sa rumeur. Or, le stockage, la transmission et le traitement automatique des informations numériques interposent une médiation entre les sujets humains et leur technocosme.

Des ordinateurs gouvernent le trafic aérien, les réseaux ferroviaires, les vols spatiaux, pilotent une multitude d'engins divers. Ils contrôlent la distribution de l'électricité, de la chaleur, de l'eau, commandent le fonctionnement des robots, des machines-outils et des chaînes de production. Des logiciels organisent la circulation urbaine et régissent les commutations des réseaux téléphoniques. De la surveillance intérieure des bâtiments à la conduite du fonctionnement des centrales nucléaires, partout les ordinateurs coordonnent, harmonisent, guident, règlent et administrent les réseaux, processus et complexes techniques sur quoi repose le technocosme. L'accès direct aux choses s'éloigne d'un cran supplémentaire.

La médiation numérique remodèle certaines activités cognitives fondamentales mettant en jeu le langage, la sensibilité, la connaissance et l'imagination inventive. L'écriture, la lecture, l'écoute, le jeu et la composition musicale, la vision et l'élaboration des images, la conception, l'expertise, l'enseignement et l'apprentissage, restructurés par des dispositifs techniques inédits, entrent dans de nouvelles configurations sociales.

Écrire

Les logiciels de traitement de texte permettent de supprimer facilement une lettre, un mot, un paragraphe et de les faire réapparaître ici ou là, la mise en page se réorganisant automatiquement. Les ajouts, corrections et modifications ne nécessitent plus la réécriture d'une page, voire d'un texte entier, ou le laborieux maniement de la colle et des ciseaux. A peine le changement est-il effectué que la présentation est déjà nette. Il devient très facile de transformer les marges, l'espacement des lignes, la découpe en paragraphes, la typographie, tous les éléments qui contribuent à la mise en valeur d'un texte. Grâce aux capacités de stockage et de restitution de la machine, on peut aisément réemployer des phrases, des fragments de texte ou des paragraphes entiers dans des contextes différents, en changeant simplement quelques mots pour éviter une répétition intégrale. Ces nouvelles possibilités tendent à accentuer la dimension « matière première » du texte. Celui-ci est découpé, travaillé, réorganisé, réemployé comme un matériau brut, et l'écriture se déplace sur le versant de la transformation de ce matériau, délaissant un peu celui de l'extraction.

Mais le destin de recombinaison qui attend le texte rejaillit sur son premier jet, sa production originaire : pour être mieux transformé, réutilisé, le texte doit être *modulaire*. Les paragraphes, ou mieux, les phrases, tendent à se suffire à elles-mêmes, à ne pas supposer ce qui les précède ou les suit. L'écriture doit être précise, rapide, directe, courte. La syntaxe et l'architecture logique ne doivent pas entraver le réarrangement des phrases ni la permutation des mots. Des logiciels de correction assistée rectifient l'orthographe, la grammaire et même le style des textes dans le sens qui vient d'être indiqué. Ces programmes calculent par exemple la longueur moyenne des phrases et des mots pour en déduire « l'indice de lisibilité » du texte. Les passages dont l'indice est trop faible sont renvoyés à l'auteur ou soumis à un opérateur spécialisé. La tendance à la modularité et à la simplicité logique est accentuée par le développement de la traduction assistée. Il n'y a pas de programme capable de traduire n'importe quel texte d'une langue naturelle dans une autre mais, dans un champ sémantique restreint et à condition de prétraiter l'original pour en éliminer toutes les ambiguïtés, la traduction automatique donne d'assez bons résultats. L'étape de la préédition peut être éliminée en offrant aux auteurs des indications visant à éviter toutes les formes ambiguës qui demandent une compréhension du contexte pour être précisées. Il y a donc une « écriture pour le traitement » qui répond à des contraintes sémantiques et stylistiques particulières.

Le traitement de texte permet l'actualisation et la personnalisation d'un texte standard par simple articulation avec un fichier automatisé et un calendrier. Cette fonction est très utilisée pour des applications administratives et commerciales. Le principe du texte à géométrie variable peut être étendu. Imaginons des textes plastiques automatiquement recomposés à partir de simples modifications de variables prédéfinies de temps, de style ou de vocabulaire. On peut aussi concevoir une séquence cohérente de phrases dont chacune est fonction de la précédente. Changer la première phrase reviendrait à transformer l'ensemble du texte par réaction en chaîne. Il ne s'agirait plus de produire un objet définitif mais un système de transformations capable d'une quantité indéfinie de résultats. De l'achèvement artisanal de la feuille à conception du schéma fonctionnel de l'arbre, l'auteur de demain créera des matrices de textes. La combinatoire en est la forme la plus simple. A partir de règles syntaxiques et d'éléments lexicaux ou textuels recombinables, il est possible d'engendrer un nombre astronomique de suites de mots différentes. Raymond Queneau et ses amis de l'Ouvroir de littérature potentielle (Oulipo) ont donné des exemples de ce procédé.

L'informatique autorise aujourd'hui des recherches beaucoup plus élaborées qui n'ont pas encore été explorées. La lecture interactive sur terminal à écran renouvelle en particulier les données du problème. Les hypertextes (matrices de textes potentiels) écrits pour la lecture interactive se présentent comme des systèmes de parcours multiples. En 1987, le lecteur ne peut y intervenir qu'en choisissant des embranchements au sein du récit. Mais des systèmes capables de dialoguer avec le lecteur, et mettant à sa disposition de multiples outils pour travailler sur une proposition initiale ou une collection de données, sont concevables grâce aux progrès de l'intelligence artificielle et des systèmes experts. La distinction entre auteur et lecteur pourrait ainsi s'effacer pour certains genres littéraires. Dans nombre d'activités économiques et sociales, cette distinction subira sans doute le même sort au profit d'un réseau anonyme de production. Des milieux informationnels et des bases de ressources seront les conditions de possibilité des parcours de lecture et de la génération de textes. Les équipes chargées de les construire et de les aménager assumeront-elles la responsabilité de cette écriture au deuxième degré, l'écriture des possibles ?

ÉCOUTER, COMPOSER, JOUER

Nous baignons dans un nouveau monde musical. Les ordinateurs émettent sonneries aux timbres improbables, paradoxes auditifs et glissandos inattendus. Cristallins, flûtés, sifflants, perçants, stridents, éclatants, nasillards ou ronflants, de tous les sons hululés par les synthétiseurs beaucoup étaient inouïs il y a quelques dizaines d'années. Aucun instrument connu à l'époque ne permettait de les produire.

Longtemps couvée par d'énormes machines dans les enceintes feutrées de la recherche, la musique informatique s'est échappée des laboratoires Bell, des studios de Cologne et de l'IRCAM. Des synthétiseurs numériques programmables très perfectionnés sont désormais fabriqués en série. Par l'intermédiaire d'une interface standard, un simple micro-ordinateur peut commander la production d'une séquence sonore complexe sur n'importe quel synthétiseur. Musiques de variété, rock, populaires ou savantes, presque toutes font appel aux techniques du traitement numérique du son, aussi bien sur scène qu'en studio.

Peu de musiciens utilisent la composition automatique pure sans modification ni bricolages ultérieurs au déroulement du programme. Certains cependant, comme Pierre Barbaud, limitent par esprit de rigueur le rôle du compositeur à l'élaboration d'un algorithme qui écrira seul la partition.

Il existe actuellement des langages de composition automatique très semblables aux langages évolués de l'informatique classique. Les programmes rédigés dans de tels langages sont entrés dans l'ordinateur par clavier alphanumérique et commandent directement la production du son par un synthétiseur. Des logiciels aident le compositeur à écrire son programme en lui présentant après chaque étape diverses possibilités parmi lesquelles celui-ci peut choisir (pilotage par « menus »). D'autres logiciels fournissent au compositeur une aide à l'orchestration.

Les différentes versions musicales du langage Logo permettent à des enfants de construire une séquence sonore à partir d'un emboîtement de procédures progressivement définies. Jeu sur la répétition et la variation, la musique se prête particulièrement bien à un traitement algorithmique, du moins au stade d'un premier apprentissage. D'autres systèmes tels que l'UPIC du CÉMAMU (dirigé par Iannis Xenakis) permettent de composer à partir d'une entrée graphique.

Des ordinateurs personnels munis d'un microphone affichent sur leur écran la partition de l'air qu'on improvise devant eux sur un instrument traditionnel ou un synthétiseur connecté. A la fin de la séquence musicale, l'ordinateur imprime la partition sur commande. On peut simultanément écouter un morceau et voir défiler la partition. Grâce aux possibilités de retour en arrière et de modifications offertes par les techniques numériques, l'arrangement devient une tâche aisée. Des systèmes perfectionnés vont plus loin en affichant non seulement des notes sur une portée, mais encore une représentation en trois dimensions de la forme d'onde du son joué. Une interaction nouvelle se dessine entre le geste, l'écoute, l'analyse formelle de la structure musicale et celle de l'objet sonore. Dialectique accélérée de l'algorithme et de l'intuition.

Les synthétiseurs numériques améliorent continûment leurs performances, se rapprochant ainsi de l'idéal : la machine à produire tous les sons, corne d'abondance acoustique. Par définition programmable, le synthétiseur numérique permet à l'auteur de se passer d'interprète. Le compositeur peut définir exactement l'onde sonore que produira la vibration des haut-parleurs. Cela l'oblige à passer par une démarche intellectuelle d'explicitation et à formaliser la part de sensibilité et d'intuition traditionnellement réservée à l'interprétation. Si le compositeur se contente de donner des partitions normales à l'ordinateur, celui-ci les jouera plutôt mal, trop mécaniquement. L'oreille, la main et le cerveau d'un violoniste, par exemple, effectuent des « calculs » inconscients ultra-rapides, difficiles à mettre à plat. On indique un sentiment à un virtuose, il faut transmettre un algorithme à un ordinateur. Le problème est encore plus aigu dans le cas d'un orchestre où quarante cerveaux et autant de corps et de sensibilités travaillent de conserve. Afin de pallier la difficulté que rencontre le compositeur pour programmer tout seul un processus d'une telle complexité, on s'oriente vers la mise au point de systèmes experts interprètes.

L'énergie vitale du musicien faisait vibrer l'âme de l'instrument. Avec le synthétiseur numérique, l'exécution devient un exercice de transmission de symboles. Le corps du musicien n'est plus directement impliqué dans la production du son. Construire une phrase de batterie sur les touches d'un synthétiseur puis programmer sa répétition avec des variations ne demandent, par exemple, qu'une dépense d'énergie minime. De nombreux appareillages permettent de commander la synthèse ou le traitement numérique du son autrement que par un clavier. Dispositifs à emboucher, cordes à pincer, joysticks rendent leur importance à la respiration, à la dynamique gestuelle. Mais il s'agit toujours d'organes de commande d'un processus numérique. La voie est ainsi ouverte à d'étranges hybridations : le jeu d'un saxophone peut être traduit dans le son d'un piano et vice versa.

Les techniques de l'informatique musicale permettent en principe d'enregistrer, de synthétiser et de modifier à volonté tous les éléments qui concourent à la production du son. Des laboratoires comme l'ACROE de Grenoble travaillent à la simulation de tous les objets vibrants sonores. Le geste d'un musicien qui manie un dispositif numérique simulant un instrument peut être ainsi intégralement enregistré, transformé, synthétisé. C'est sur la voie de la synthèse numérique de l'onde sonore elle-même que s'est engagée la plus grande partie de la recherche. On contrôle les variations de tous ses paramètres physiques : fréquence, amplitude, harmoniques, timbre, etc. On peut enfin simuler l'espace dans lequel se déploie le son : un mètre cube, une salle de concert, un hangar d'aviation, une cathédrale. Le son n'est plus le résultat définitif d'un jeu instrumental dans un espace donné, il se présente au contraire comme une matière première à travailler en profondeur dans ses structures les plus fines. On ne se contente pas de varier le volume ou la hauteur, on pénètre jusqu'à la forme précise de l'enveloppe des sons, on métamorphose les timbres et les harmoniques. Chaque paramètre peut être modifié indépendamment des autres. La prise de contrôle du son commence au milieu du siècle dans les studios d'enregistrement et de diffusion radiophoniques grâce au magnétophone. L'informatique musicale accroît formidablement cette maîtrise, la met à la portée de tous les musiciens et bientôt du public. Beaucoup de synthétiseurs proposent un éventail de sons et d'effets préprogrammés. Le musicien n'a plus qu'à déplacer quelques curseurs ou à peser sur un joystick pour obtenir ce qu'il désire. Le jeu s'identifie de plus en plus à la commande d'un processus de traitement de signal.

Au total, l'extrême formalisation des procédures et des principes de composition qu'eurent besoin d'opérer les pionniers de la composition automatique a provoqué un choc théorique. Il a fallu repenser la création, la composition et le discours musical.

Au XIXe siècle, le compositeur inscrivait à l'encre des notes sur des portées. L'exécutant déchiffrait cette écriture conventionnelle et l'interprétait par une action de son corps sur un instrument de bois, de cuivre ou de corde. Aujourd'hui, toutes les étapes de la production musicale, de la conception initiale à la vibration finale de l'atmosphère, peuvent se réduire à l'intervention codée sur le modèle numérique d'un signal physique.

Le son pouvant être intégralement programmé, il n'y a plus de place, à la limite, pour l'interprétation. En fait, on voit se dessiner un réseau de production musicale où les concepteurs de machines, les programmeurs d'effets sonores, les mélodistes, les ingénieurs du son, les arrangeurs, les instrumentistes sur clavier, les auditeurs interviennent tous à leur manière sur le son final, sans qu'on sache exactement qui interprète quoi. Les accès possibles à la génération de séquences sonores complexes se multiplient. Mais aucun système de synthèse ou de traitement ne garantit qu'on obtienne, en fin de compte, de la musique.

Voir, imager

Comme naguère la lunette astronomique, le microscope et les rayons X, l'image numérique élargit le champ du visible. L'image de synthèse offre à percevoir des modèles abstraits de phénomènes physiques, de réactions chimiques, de processus biologiques ou d'hypothèses cosmologiques.

D'immenses masses de données chiffrées, des tableaux statistiques illisibles à cause du nombre de leurs dimensions et de la quantité d'informations mise en jeu sont donnés à voir par un traitement graphique approprié. Les architectes, les urbanistes, les designers industriels ou les concepteurs de nouvelles molécules chimiques examinent rapidement par simple inspection visuelle les conséquences de leurs décisions grâce à la simulation en trois dimensions. Les techniques de traitement d'image permettent de construire des représentations claires de données enregistrées par des récepteurs radio, infrarouge ou radar. Filtrées, lissées, codées, colorées, les formes indiscernables transmises par les satellites, les microscopes ou les chambres à bulle viennent au jour.

Quantité de structures, de phénomènes et de processus complexes qui ne pouvaient qu'être intellectuellement conçus, lus à force d'un lent travail de décodage, patiemment cartographiés ou dessinés à la main, surgissent aujourd'hui directement dans l'évidence du monde sensible par la vertu de l'image numérique. Une interaction nouvelle entre les sens et l'intelligence abstraite est en train de se construire.

Dans quelques dizaines d'années, tous les terminaux informatiques seront accompagnés d'interfaces graphiques et de matériels spécialement conçus pour le traitement et la synthèse d'image. La plupart des activités cognitives assistées par ordinateur bénéficieront d'un accompagnement et d'une illustration iconique, éventuellement holographique. Nous devons aussi penser la mutation culturelle liée à l'informatisation dans la perspective de cette nouvelle idéographie. Les techniques de l'image induisent un nouvel art de voir. Les produits de l'infographie se donnent en effet pour ce qu'ils sont : des représentations parmi toutes les représentations possibles. Ils résultent de choix visant à mettre en évidence par la couleur ou le relief tel ou tel aspect du modèle étudié ou de la collection de données initiale. On sait désormais que l'image trie, filtre, élimine, met en scène et ne vaut finalement que pour une aire de pertinence limitée. L'image numérique est opérationnelle et codée. Elle est construite pour un usage comme une carte de géographie. Or, déchiffrer une légende, lire une carte sont des exercices complexes qui supposent un apprentissage, une culture. Il faut suspecter la fausse immédiateté de l'image.

Contrairement à la carte géographique classique, l'image numérique appelle l'exploration active du spectateur, non seulement par l'interprétation mais encore par des interventions effectives. Parcours à l'intérieur de villes réelles ou imaginaires simulées, rotation et translation d'objets représentés en trois dimensions, modification des couleurs, de l'éclairage, agrandissements, etc. : autant de facettes de l'interaction entre le spectateur-opérateur et le système d'infographie. L'image numérique est essentiellement dynamique. Elle permet de jouer autant sur les échelles chronologiques que spatiales : contraction en quelques secondes de durées géologiques, déroulement calme sur l'écran de fulgurantes nanosecondes. Le spectateur peut contrôler tous les paramètres du film numérique que l'écran et les organes de commande du système lui donnent à manipuler.

Théoriquement, l'interactivité peut être poussée aussi loin que l'on veut. Imaginons une base de données géographiques connectée à un système de traitement d'images extrêmement perfectionné. De notre terminal nous pourrions survoler la Terre de toutes les altitudes, à toutes les vitesses et suivant l'omnitude des parcours possibles. Nous pourrions atterrir en n'importe quel point du globe. Pendant la descente, une multitude de détails nouveaux nous apparaîtraient au fur et à mesure que nous descendrions dans les échelles de représentation. Nous pourrions à volonté faire varier les climats et les saisons, ou simuler en accéléré le mouvement des plaques tectoniques. Mais ce ne serait là que de l'interactivité classique : déplacement à l'intérieur d'une représentation ou le long de ses échelles spatiales et temporelles. Nous pouvons encore voyager d'un type de représentation à l'autre, passer d'une carte géologique à une carte de la végétation, d'une représentation géostratégique à une représentation géoéconomique, d'une mise en valeur colorée des reliefs terrestres et sous-marins au détail de la distribution démographique sur la Terre. Et pour toutes ces représentations, à toutes les échelles imaginables, nous pourrions encore passer de la projection cylindrique de Mercator, qui conserve les angles, aux projections coniques de Lambert, adaptées aux latitudes moyennes, des diverses projections azimutales, utiles pour les télétransmissions, aux cartes elliptiques qui conservent les surfaces.

L'horizon de l'image numérique est cette fenêtre utopique d'où l'univers entier serait visible sous toutes les échelles et sous tous les modes de représentation imaginables. Un univers où le spectateur-opérateur pourrait intervenir par simple commande vocale pour déclencher des sécheresses, doubler la population terrestre, faire exploser des supernovae ou remonter aussi loin que possible par scénarios et simulations dans l'avenir et le passé.

Nous avons observé l'effacement de la distinction entre spectateur et créateur d'images. Il demeure cependant une activité de conception et de programmation en amont de l'interaction. Dans le domaine de l'image numérique, l'auteur conçoit un langage de base : volumes géométriques, fonctions, opérations élémentaires. La construction d'une image de synthèse passe par quelques étapes obligées. Définition formelle des objets en partant de leur squelette linéaire ou d'une combinatoire de figures géométriques, puis remplissage des volumes, lissage des surfaces, choix des textures, des reflétances, des couleurs, disposition de l'éclairage, etc. Le métadessinateur constitue une hiérarchie emboîtée de programmes qui gèrent d'énormes quantités de données numériques. Chaque point de l'écran, ou pixel, se définit par deux variables de position et trois variables de lumière colorée. Toutes les opérations graphiques se traduisent dans la machine, et donc pour le programmateur, en opérations arithmétiques et logiques. La conception de l'image et du mouvement atteint donc un degré extrême de formalisation, ce qui n'empêche pas une image de surprendre même celui qui l'a programmée. La maîtrise effective et symbolique de la nouvelle idéographie nécessitera sans doute un minimum de familiarité avec la démarche algorithmique. Certes, il est possible de manipuler les palettes électroniques et les tablettes graphiques en ignorant totalement les principes de la programmation, mais on utilise alors une série d'effets, de potentialités, de logiques de construction d'image, prédéfinis par les concepteurs du système. L'usager des palettes graphiques n'est ainsi que l'un des maillons d'une chaîne de création qui commence avant lui. Les capacités de stockage, de combinaison et de réemploi de structures visuelles offertes à cet utilisateur par les systèmes multiplient sa vitesse d'exécution et font remonter l'industrialisation de l'image de la diffusion à la production. Mais la diffusion elle-même est encore plus rationalisée : condensée dans une matrice numérique, l'image se projette indifféremment sur un écran, un tee-shirt ou une affiche.

Concevoir

Dans les laboratoires de chimie de synthèse, les bureaux d'étude d'architecture, d'urbanisme ou de construction mécanique, là où se conçoivent les nouveaux circuits électroniques à grande vitesse, des systèmes de conception assistée par ordinateur (CAO) sont utilisés.

Grâce aux logiciels de CAO, le concepteur est délivré de fastidieux calculs intermédiaires, de la recherche systématique de données dispersées ainsi que d'autres tâches qui relèvent plus de l'exécution que de la conception. Mais, au fur et à mesure que les logiciels incorporent des segments supplémentaires du processus de conception, la division entre exécution et conception perd de sa pertinence.

Prenons le cas de la conception d'une pièce mécanique. Avant toute construction effective, le système de CAO permet d'observer sa rotation autour de n'importe quel axe, d'en obtenir une vue en coupe, rapprochée ou éloignée, de la déplacer sur l'écran et de vérifier d'un coup d'œil si elle s'ajuste bien aux autres pièces. La simulation de ses conditions d'utilisation en autorise une analyse technique extrêmement rapide. La revue des possibles est ainsi facilitée.

Certains systèmes permettent l'accès à l'ensemble des solutions acceptables à l'intérieur des contraintes initiales d'un problème donné. Par simple changement d'un paramètre numérique, ou d'un coup de crayon optique, le technicien obtient immédiatement le dessin d'une nouvelle pièce, et celui-ci est automatiquement enregistré sur disque ou bande magnétique, prêt à la diffusion. Chaque fois qu'une nouvelle pièce est à fabriquer, le programme d'aide à la conception permet de retrouver la liste des pièces aux caractéristiques semblables déjà construites. Il n'y a plus qu'à modifier légèrement les résultats disponibles en mémoire.

Déterminer les solutions réalisables parmi la multitude innombrable des possibles. Utiliser pour cela l'expérience acquise. Envisager sous tous ses aspects l'éventualité à laquelle on s'est arrêté. Examiner sa concordance avec l'ensemble où elle doit prendre place. Prévoir son comportement dans les situations ordinaires et extraordinaires qui l'attendent. Modifier la conception si nécessaire, tester à nouveau, et ainsi de suite jusqu'à satisfaction. Si l'on nomme « concevoir » cette suite ordonnée d'opérations, alors une machine est en mesure de « concevoir ».

En fait, aucun programme connu n'est capable de dessiner seul un circuit imprimé ou un moteur d'avion à partir de la spécification des contraintes de base. Mais les progrès de l'informatique tendent à cette performance. Concevoir fuit désormais vers l'horizon du calcul.

Pour que les efforts des programmateurs puissent s'appliquer, il fallait au préalable que l'intelligence humaine fût considérée comme un processus mécanisable. Une fois cela posé, on construisit des mécanismes réels qui remontèrent lentement à l'intérieur de cette activité cognitive jusqu'à la simuler presque totalement.

L'exécution était le maniement ordonné des choses, la conception devient la manipulation réglée des symboles. Modélisées, formalisées, programmées, optimisées, devenues objet de science, la conception et la décision ont perdu leur caractère ineffable et transcendant. La conception ne se distingue plus de l'exécution que par le faible niveau d'énergie physique nécessaire à sa mise en œuvre. L'une comme l'autre est mécanisable, chacune à son échelle énergétique. Qu'est-ce que décider, concevoir, résoudre un problème ? Essentiellement parcourir un itinéraire dans un réseau logique compliqué, explorer sélectivement grâce à des règles heuristiques un nombre fini de voies dans le grand arbre des possibles, jusqu'à la découverte d'une issue acceptable. Telle est du moins l'hypothèse opératoire du programmeur. Que cela soit vrai ou faux, la nouvelle définition sociale des activités intellectuelles se répand avec la construction et l'usage des machines qui l'incarnent. Car un automate logique peut manipuler des symboles ou, muni du fil d'Ariane des heuristiques, dessiner un parcours dans les labyrinthes combinatoires. Le calcul résout des problèmes, décide, conçoit, rejoint l'intelligence.

La multiplication des outils d'aide à la conception et à la décision vise sans l'atteindre complètement le remplacement de l'homme par la machine. Mais elle annonce aussi un accès de plus en plus ouvert à la conception sophistiquée, une sorte de démocratisation de la décision technique complexe. Moyennant l'habitude de la formalisation des problèmes et la maîtrise de certains langages codés, on dispose de partenaires intellectuels infatigables, dotés de solides compétences techniques.

C'est en fait un continuum de conception qui s'instaure, allant du créateur du système de CAO jusqu'à l'utilisateur final. Le premier maillon de la chaîne ne dessine plus un objet mais un système d'objets possibles, une machine à explorer les virtualités. La compétence proprement humaine a sauté d'un cran logique en amont. Le nouveau concepteur met en algorithmes le savoir-faire de l'ancien, sa compétence propre est la formalisation. L'aventure des systèmes experts illustre bien le mouvement contemporain d'explicitation, de mise en forme logique et modulaire des opérations intellectuelles.

L'INGÉNIERIE DE LA CONNAISSANCE

Comme leur nom l'indique, les systèmes experts sont des programmes capables en principe de remplacer un expert humain. Les connaissances d'un ou de plusieurs spécialistes confirmés sont contenues dans une *base de règles* sous forme de nombreuses petites règles simples et de métarègles (façon d'utiliser les règles en fonction des situations). Les données du problème à traiter sont spécifiées dans la *base de faits. Le moteur d'inférence* applique aux faits un grand nombre de règles et les enchaînent jusqu'à la découverte d'une réponse correcte. Le système expert peut interagir avec un opérateur suffisamment qualifié en lui demandant des renseignements supplémentaires. On essaie de construire des systèmes experts capables d'expliquer les étapes de leurs raisonnements et de justifier clairement leurs conclusions. Cette dernière caractéristique peut transformer les systèmes experts en outils d'enseignement. Le champ d'application potentiel est extrêmement vaste : diagnostic médical, forage pétrolier, découverte de la structure de molécules chimiques (spectographie de masse), conception de microprocesseurs, analyse boursière, interprétation de textes, stratégies navales ou commerciales, etc. En 1987, il existe beaucoup plus de systèmes experts à l'étude ou en cours d'élaboration que de programmes effectivement opérationnels et commercialisés. Néanmoins, les recherches en la matière connaissent un essor extraordinaire et beaucoup d'entreprises se créent qui visent le marché de l'ingénierie de la connaissance.

L'ingénieur cognitif est le spécialiste du transfert d'expertise de l'homme à la machine. Il identifie, nomme, explicite et reformule les connaissances et modes de raisonnement du professionnel chevronné. Il le fait accoucher d'un savoir-faire souvent implicite, voire inconscient. En fonction du domaine considéré et des opérations intellectuelles mises en jeu (diagnostic, résolution de problèmes ou planification de tâches complexes), il décide du type de syntaxe propre à articuler le savoir de l'expert. Il choisit ensuite un langage de représentation des connaissances puis transcrit dans celui-ci les règles et métarègles obtenues dans la phase d'explicitation. Le système expert n'est finalement opérationnel qu'après un long travail de test, de correction et d'évaluation.

Au cours de son développement, l'intelligence artificielle a rencontré le problème de la représentation des connaissances. Il ne suffit pas de coder et de stocker des informations. Il faut encore trouver une représentation et une organisation logique des données qui se prête au raisonnement automatique. Avant la naissance de l'informatique, l'art de la formalisation a surtout fleuri en logique et en mathématiques. La mise en algorithmes des calculs numériques a précédé la formalisation d'autres activités intellectuelles. Aujourd'hui, on n'informatise plus seulement des calculs scientifiques ou des problèmes de gestion dont tous les cas sont prévus à l'avance. Les compétences des machines s'étendent désormais aux domaines flous, incertains, partiellement inconnus, où se meut notre vie quotidienne. L'art de la formalisation, confronté à d'extraordinaires difficultés, prend une importance nouvelle et concerne une quantité croissante d'activités humaines.

La formalisation retentit sur les savoir-faire qu'elle organise et déplie. Lors de la conception d'un système expert, le spécialiste est conduit à réfléchir sur sa propre pratique, à dégager ses raccourcis heuristiques. Il passe du savoir-faire au savoir dire ce qu'il fait. Ce gain de rationalité lui permet souvent de faire progresser sa discipline en décelant des incohérences ou en généralisant des procédures. D'autre part, il sait mieux transmettre son savoir à d'autres experts humains ou à des apprentis. La nouveauté réside moins dans la formalisation de la théorie que dans celle de la pratique, traditionnellement le royaume de l'expérience personnelle intransmissible.

Presque tous les avantages de la formalisation reviennent à optimiser la communication. Communication entre humains, et des hommes aux machines, par l'explicitation. Communication entre les représentations et la réalité, car plus un modèle est cohérent et formalisé, mieux il peut être testé et modifié. Communication entre disciplines et champs d'application différents, puisque la formalisation permet de mettre en évidence des analogies de structure.

La nouvelle définition sociale de la connaissance incorpore ce qui n'avait été pendant longtemps qu'une exigence philosophique ou scientifique. La compétence ne se limite plus au savoir-faire, l'aptitude à la formalisation et à l'explicitation des pratiques devient essentielle. Accompagné par un impératif grandissant de communication, le nouvel environnement informatisé étend à une sphère indéterminée d'activités sociales le découpage en modules, l'articulation logique et la justification rationnelle des conduites intelligentes.

ENSEIGNER, APPRENDRE

L'utilisation multiforme des ordinateurs pour l'enseignement se répand à l'école, à la maison, dans la formation professionnelle et continue. Cette utilisation porte en germe une redéfinition de la fonction enseignante et de nouveaux modes d'accès aux connaissances.

Tous les enfants ne seront pas formés à l'informatique en tant que discipline autonome ; mais on peut raisonnablement faire l'hypothèse que dans quelques dizaines d'années le maniement de langages procéduraux ou déclaratifs fera partie de l'éducation de base. Un langage procédural décrit la réalisation d'une tâche en termes de série ordonnée et hiérarchiquement emboîtée d'opérations. Un langage déclaratif exprime sous forme d'inférences logiques élémentaires les règles utilisées par un raisonnement complexe. Depuis plusieurs années, dans de nombreux pays du monde, on utilise déjà la manipulation d'un langage informatique, Logo, à des fins purement pédagogiques. Le développement d'une forme d'esprit, d'un mode de pensée spécifiquement lié à l'informatique est ici en jeu.

Avant même d'influer sur l'élève, l'usage des ordinateurs oblige les professeurs à repenser l'enseignement de leur discipline. L'élaboration d'un programme d'enseignement assisté par ordinateur (EAO) ou didacticiel nécessite une clarification et une explicitation des intentions du concepteur, une adaptation exacte aux objectifs des moyens employés, une distinction des genres de discours (transmission d'informations positives, commentaires, conseils, etc.). De nombreux « langages-auteurs » proposent aux enseignants une aide à l'élaboration de didacticiels.

L'ordinateur est également un instrument de précision pour la recherche en pédagogie. Par son intermédiaire, tous les élèves peuvent être soumis exactement au même programme d'enseignement et l'on peut enregistrer dans le détail leurs cheminements, retards et erreurs. Les auteurs de didacticiels améliorent leurs produits en progressant dans la connaissance des mécanismes d'apprentissage.

Lorsqu'il s'agit pour l'étudiant de s'approprier un ensemble prédéfini de connaissances factuelles, ou de maîtriser un code simple (comme le code de la route), la machine peut purement et simplement se substituer à l'enseignant humain. Dans les autres cas, la machine détend la relation duelle entre le professeur et l'élève. La transmission d'informations et la notation des exercices ne sont plus la principale fonction du maître. Guidant la recherche d'informations de l'élève dans les programmes, les banques de données et les livres, l'aidant à formuler ses problèmes, il devient un animateur d'apprentissage.

On distingue plusieurs types de didacticiels, les plus nombreux étant fondés sur le principe de l'enseignement programmé : l'information est découpée en modules élémentaires, et l'élève progresse à son rythme, par petites étapes. Différents cheminements sont possibles en fonction des connaissances préalables de l'étudiant et de sa vitesse d'apprentissage. Avant d'aborder une nouvelle phase, des exercices permettent à l'usager du programme de vérifier si les connaissances nécessaires à la poursuite du cours sont bien acquises.

Grâce aux programmes de simulation, l'étudiant interagit avec des modèles de processus complexes impossibles à contrôler en vraie grandeur. Expériences de physique nucléaire, évolution de modèles démographiques, hypothèses macroéconomiques sont ainsi explorées sans danger ni coût excessif. On ne peut vraiment parler d'apprentissage par expérience directe puisqu'il s'agit de simulation. Il serait plus juste de dire que l'étudiant acquiert une connaissance pratique de la façon dont les modèles numériques des phénomènes se comportent lorsqu'il modifie certains paramètres. En se familiarisant non seulement avec les réactions du processus modélisé mais encore avec le principe de la simulation, l'étudiant fait l'apprentissage d'une des formes principales de l'expérience en environnement informatisé.

L'interrogation de bases de données pour obtenir des références bibliographiques ou, directement, les renseignements recherchés fera bientôt partie du mécanisme normal d'acquisition des connaissances. Les programmes d'enseignement requérant une grande puissance de calcul ne seront accessibles que par réseaux télématiques. Les communications par fibres optiques autoriseront la consultation de banques d'images de haute définition. Parcourir les arborescences des langages documentaires, explorer les ramifications des réseaux, autant de savoir-faire bientôt indissociables des apprentissages complexes.

L'informatique pour l'enseignement peut être considérée autrement que comme un simple outil de transmission et de gestion de l'information. Pour un courant pédagogique de l'enseignement secondaire et supérieur, la pratique de la programmation structurée est une excellente initiation à la pensée algorithmique et modélisante. Pour d'autres, on favorise le développement intellectuel des très jeunes enfants en les plongeant dans un environnement où ils pourront manipuler des procédures systématiques.

Comment l'habitude de la programmation structurée exerce-t-elle un effet bénéfique sur la formation intellectuelle ? La situation de l'enseignement assisté par ordinateur « classique » est inversée. Ce n'est pas la machine qui donne à l'étudiant un problème à résoudre mais l'élève qui fait calculer l'ordinateur. A cette fin, l'apprenti programmeur doit définir précisément ce qu'il recherche, transformer le problème intuitif confus en énoncé clair et distinct. C'est le stade de l'analyse fonctionnelle. Ensuite, il faut décomposer le problème précédemment énoncé en sous-problèmes convenablement hiérarchisés et organisés, puis formaliser les algorithmes de résolution de chaque sous-problème. C'est l'étape de l'analyse organique. L'adaptation des algorithmes à la machine et leur traduction dans un langage de programmation constituent la dernière phase, celle de la programmation proprement dite.

Ce sont essentiellement les deux premiers stades, l'analyse fonctionnelle et l'analyse organique, qui sont considérés comme formateurs sur le plan intellectuel. L'étudiant s'y familiarise avec une méthode générale de résolution de problèmes. Il fait l'apprentissage de la rigueur dans l'abord de tâches complexes. Il s'habitue à expliciter clairement ses modèles de la réalité, à formuler distinctement les questions difficiles avant de se lancer hâtivement dans des calculs ou des solutions de fortune.

Seymour Papert, un des inventeurs du langage Logo, propose de ne pas se contenter d'utiliser les machines pour transmettre les anciens contenus d'enseignement mais de profiter au maximum des nouvelles possibilités pédagogiques offertes par l'informatique. Convenablement conçus, le dialogue et le jeu avec les ordinateurs peuvent permettre à l'enfant d'expérimenter des modèles de procédures systématiques. Ce sont en effet de tels modèles qu'il faut transmettre à l'ordinateur pour obtenir de lui ce que l'on désire. Dans son effort pour s'approprier ce qui l'entoure, l'enfant n'est plus seulement amené à bricoler des objets ou des concepts mais encore des procédures. Une procédure, ou algorithme, est la formalisation d'un processus finalisé ou d'un « faire », une suite ordonnée d'opérations, tant physiques qu'intellectuelles. Pour maîtriser le micromonde graphique, sonore ou littéraire auquel la machine donne accès, les enfants des « classes Logo » sont sans cesse obligés de corriger et de redresser les procédures qu'ils ont communiquées à la machine. Or, ces procédures explicitent la façon dont l'enfant lui-même se représente l'action à accomplir ou la méthode à mettre en œuvre. C'est ainsi que sa propre manière de procéder, le cheminement de sa pensée, devient l'objet de la réflexion de l'enfant. Les procédures étant immédiatement testées par la machine sous ses yeux, une interaction efficace entre l'intuition et la formalisation se développe dans son esprit. La formalisation n'est plus ressentie comme une contrainte abstraite (d'où l'horreur des maths), elle prend sens comme un moyen de contrôler l'ordinateur.

Seymour Papert ainsi que d'autres chercheurs en intelligence artificielle comme Marvin Minsky et Herbert Simon considèrent l'informatique comme une science de la description, c'est-à-dire une science de l'explicitation, de l'analyse et de la décomposition en petits modules des comportements intelligents. L'acquisition de cette science est en jeu dans la maîtrise progressive des procédures et la pratique de la programmation structurée. L'apprentissage de la méthode cartésienne, d'exigence philosophique et scientifique qu'elle était naguère, devient soudain, au contact des ordinateurs, une nécessité pratique et sensible pour tout un chacun. Clarté et distinction des concepts, division des difficultés, conduction par ordre des pensées, dénombrements généraux, tout y est. Les dénombrements généraux de Descartes ont été remplacés par la combinatoire, et l'informatique porte plus sur les procédures que sur les objets ou concepts ; c'est donc une méthode de deuxième degré. Pour le reste, il s'agit d'un triomphe de l'esprit cartésien.

On peut imaginer que, dans quelques années, des techniques pédagogiques seront fondées sur la formalisation par l'élève des règles élémentaires de ses raisonnements dans un domaine particulier. Cela équivaudra à lui faire construire la base de règles d'un système expert capable de reproduire ses performances.

Dès le début du XXIe siècle, les enfants apprendront à lire et à écrire sur des machines à traitement de texte. Ils sauront se servir des ordinateurs comme d'outils à produire des sons et des images. Ils géreront leurs ressources audiovisuelles par ordinateur, piloteront des robots, interrogeront familièrement les banques de données. Ils seront rompus au dialogue avec les systèmes experts. La simulation sera pour eux un mode banal d'accès à la réalité. Ils auront l'habitude du contrôle interactif de micromondes et de modèles complexes. Ils accéderont à un savoir découpé en petits modules fonctionnels. Mais la connaissance en elle-même, disponible dans les banques de données et les bibliothèques, sera moins importante que la capacité à gérer des réseaux de communication et à trouver rapidement l'information. Leur esprit sera formé à l'explicitation, à la formalisation, au maniement des algorithmes et des règles d'inférence. Les procédures intellectuelles, les chemins de pensée seront pour eux comme une matière première perfectible à transformer sans cesse.

Toutes les évolutions qui se dessinent dans le domaine de l'éducation sont congruentes avec les modifications des activités cognitives observées par ailleurs. C'est bien à la nouvelle culture informatisée que prépare l'utilisation des ordinateurs dans l'enseignement.

Les nouveaux langages

Nul ne prévoyait, il y a cinquante ans, que l'échange entre les hommes et les machines deviendrait si sophistiqué et qu'il concernerait autant de personnes dans leur vie professionnelle ou privée. Le principal problème du dialogue avec les ordinateurs tient à la différence entre langages formels, qui régissent le comportement des machines, et langues naturelles que les humains utilisent et comprennent dans leur vie quotidienne. En parlant, en écrivant, les hommes évoluent dans le royaume des significations. Leurs langues naturelles ont une grammaire, un lexique relativement stable, des règles d'orthographe. Nous comprenons néanmoins les phrases incorrectes, celles qui contiennent des néologismes ou des fautes d'orthographe, en nous aidant du contexte et en devançant le sens des nouvelles propositions à partir de ce qui précède. La communication en langue naturelle tolère une énorme marge d'ambiguïté. La plupart du temps, nous n'en prenons pas conscience car l'histoire antérieure de la communication, le contexte présent, une foule de connaissances implicites réduisent les ambiguïtés. On pourrait même dire que l'échange linguistique diminue les incertitudes de la situation, plutôt que l'inverse, tant le langage ne prend sens qu'à partir d'un enracinement physique, social, historique et d'un horizon de significations partagées.

Les langages formels, en revanche, se présentent comme des règles strictes de transformation de chaînes de symboles. Ils se meuvent dans un univers purement syntaxique. Un langage formel est un mécanisme concernant des lettres et des suites de caractères au lieu de poulies et d'engrenages. Une instruction destinée à un ordinateur se traduira par un certain enchaînement d'états physiques dans la machine électronique. Un programme informatique est beaucoup plus proche, par nature, d'un arbre à cames, du rouleau hérissé de pointes d'une boîte à musique ou d'une carte perforée que d'un texte en langue naturelle. Les messages que nous envoyons à un système de traitement automatique de l'information doivent être parfaitement conformes à un code préétabli. Tout doit être formellement explicité sans ambiguïté car la machine n'interprète pas nos ordres en fonction d'un contexte général ou d'une situation.

La courte histoire du dialogue entre les hommes et les ordinateurs peut être analysée comme un effort pour combler le fossé entre langages formels et langues naturelles. Par une série toujours plus longue de traducteurs intermédiaires, par l'invention de nouveaux organes de sortie et d'entrée, visuels, tactiles et sonores, par de subtils effets de mise en scène, la rigidité mécanique de la communication formelle est assouplie.

Les langages de programmation évolués tels que le fortran, le cobol ou le basic représentent la première étape marquante de cet assouplissement ; ils fournissent des outils de codage des algorithmes relativement proches de l'anglais courant, des mathématiques ou de la logique usuelles. Les langages descriptifs, ou non procéduraux, améliorent encore la communication homme-machine en permettant de définir le résultat recherché sans préciser complètement la série ordonnée d'opérations qui y mène. Les langages déclaratifs, tel Prolog, sont totalement dénués d'instructions, ils se contentent de définir les relations à partir desquelles l'ordinateur doit déduire des conclusions logiques. D'autres systèmes de notation, comme Smalltalk, sont connus sous le nom de « langages de type objet ». Ils proposent une représentation conceptuelle de l'ordinateur constituée d'objets séparés auxquels on se réfère séparément et qui peuvent se communiquer des messages. On mène actuellement des recherches pour élaborer des langages de programmation entièrement graphiques et visuels. Loin d'évoluer vers la définition d'un langage universel, comme certains l'avaient cru dans les années soixante, l'informatique multiplie ses dialectes logiciels, chacun d'eux étant adapté à une application spécifique (calcul numérique, gestion, intelligence artificielle, commande de processus, etc.). En effet, plus un langage est général (ce qui comporte d'importants avantages techniques et économiques), plus il est contraignant dans chaque utilisation particulière.

En se diversifiant, les langages de programmation rapprochent la perception et la manipulation des traitements informatiques de l'appréhension immédiate des utilisateurs. Dans l'idéal, à chaque modification d'une image visible sur l'écran correspond un changement d'état de la machine. L'utilisateur peut ainsi conduire le traitement à partir de sa perception directe sans passer par l'intermédiaire de codes abstraits ou de connaissances sur le fonctionnement intérieur de la machine. La programmation ne se réduit plus à l'écriture d'algorithmes pas à pas, à la structuration des données et à l'optimisation des ressources de la machine. La prise en compte du dialogue avec l'utilisateur devient centrale. Cela implique une dimension de sensibilité, de mise en scène quasi théâtrale qui rapproche la programmation des beaux-arts.

Avec la conception de langages de programmation nous avons affaire à une sorte de méta-écriture ou de métaconception assez comparable à l'architecture. Le concepteur doit fournir un produit fonctionnel, solide sur le plan technique mais aussi agréable à l'usage, voire beau. Il ne propose pas une œuvre à contempler mais un espace ouvert pour l'habitation, l'appropriation ou même le détournement d'un utilisateur. Au lieu d'organiser l'espace des corps en mouvement, le concepteur de langages structure l'espace des fonctions cognitives et des interactions sensori-intellectuelles. Comme les ingénieurs de la Renaissance, les informaticiens de demain devront être ouverts à toutes les dimensions culturelles. Cet art de la programmation n'en est encore qu'à ses premiers balbutiements. Il connaîtra probablement un grand développement dans quelques dizaines d'années.

L'aspect le plus spectaculaire de l'amélioration du dialogue avec les ordinateurs concerne la commande vocale et la synthèse de la parole. Les chercheurs n'entrevoient pas actuellement de programmes capables de comprendre l'ensemble du langage parlé, ni la possibilité d'une machine à écrire à commande vocale. En revanche, certains programmes reconnaissant des mots ou des séquences isolables parmi un vocabulaire de quelques centaines d'unités sont déjà en activité. On peut concevoir des machines qui auraient accès à un sous-ensemble délimité du langage naturel parlé dans le cadre d'une communication à contexte fixe. Il est enfin possible d'imaginer des *langages hybrides*, combinant des aspects naturels et formels, à syntaxe rigide et vocabulaire restreint, mais beaucoup plus souples que les codes informatiques habituels. Ces nouveaux vecteurs de communication associeraient des éléments vocaux et une stylisation idéographique.

Comme les dialectes naturels, le « parler machine » s'apprendra de plus en plus par exploration progressive plutôt que par assimilation préalable d'un code. Les ordinateurs capables de traiter la voix humaine en temps réel et de synthétiser la parole vont se multiplier. Les champs d'application se diversifieront avec les progrès de l'intelligence artificielle et l'intégration culturelle de l'informatique. Aux différents jargons, patois professionnels et techniques, s'ajouteront une multitude de créoles ou pidgins intermédiaires entre langues naturelles et langages formels. L'homme de culture informatique se caractérisera par une aptitude métalinguistique à manier ces idiomes semi-mécaniques, à sauter d'un sabir logiciel à l'autre, à voyager de micromonde en micromonde.

Livres et banques de données

Apprendre, enseigner, s'informer, concevoir, lire, écrire, communiquer par le son, l'image ou le langage : la plupart des activités cognitives sont potentiellement redéfinies par la nouvelle technologie intellectuelle qu'est l'informatique. Sujets et objets, auteurs et destinataires perdent leur identité tranchée au profit de réseaux continus de production d'informations. Les anciens produits finis comme le texte, l'image ou le son deviennent des matières premières à traiter. Avec la conception de langages, systèmes et logiciels, apparaît une sorte de méta-écriture ordinatrice et régulatrice, déterminant les possibles de l'univers auquel les acteurs en aval pourront avoir accès. L'aptitude à la formalisation des savoir-faire, l'habileté à manier les codes, algorithmes et idéographies artificielles deviennent des composantes essentielles de la culture.

Reconnaître ces transformations, ce n'est pas pour autant prédire la substitution universelle des nouvelles technologies aux anciennes. Le synthétiseur ne tuera pas le violon. La palette graphique et l'écran ne remplaceront pas partout et toujours la toile et le pinceau. Sauf dans l'imaginaire social, les livres ne seront pas supplantés par les ordinateurs et les banques de données. Dans le passé, l'apparition de l'écriture n'a pas dispensé les hommes de parler. Plus près de nous, les moyens d'enregistrement et de diffusion du son et de l'image qui se sont multipliés depuis le XIXe siècle n'ont éliminé aucun des anciens modes d'expression. En revanche, pris dans une nouvelle configuration de médias, engagés dans un système de communication différent, les anciennes technologies intellectuelles changent de sens.

Que devient l'écriture sous le régime de la mise en réseau et de la diffusion immédiate de toutes les informations ? Quel statut lui accorder face au grand système de circulation accélérée des données efficaces ? Comme les paroles sont prononcées pour être écoutées et les livres écrits pour être lus, les données des banques sont construites pour être traitées. Ce qui distingue des autres ce mode de stockage de l'information, c'est qu'il n'est justement pas un simple enregistrement. Une banque de données est un système de gestion, sélection, traitement et transmission de l'information. Les contraintes du traitement automatique imposent un codage uniforme, une normalisation extrêmement sévère. En l'absence de normalisation, les classifications deviendraient incohérentes et les statistiques n'auraient plus de sens. Les concepteurs de banques de données doivent donc soigneusement choisir les dimensions pertinentes qui définiront les données et organiseront leur classement en arbres ou réseaux. L'angle de vue adopté, l'information retenue et la structuration du langage documentaire qui donne accès à la banque pourront être extrêmement variables suivant les usages et les besoins des utilisateurs. L'information électronique coûte cher, son utilisation est principalement professionnelle ou scientifique, elle doit être rentable. Une banque de données n'a pas vocation à contenir toutes les connaissances vraies sur un sujet, mais l'ensemble du savoir utilisable par un client solvable. Il s'agit moins de diffuser des lumières auprès d'un public indéterminé que de mettre une information opérationnelle à la disposition des spécialistes. Ainsi, près des deux tiers des informations actuellement stockées dans le monde concernent des informations économiques, commerciales ou financières à caractère stratégique. Les responsables économiques ou politiques prennent leurs décisions en se fondant sur ces données. Les renseignements scientifiques et techniques ne viennent qu'en deuxième position.

L'information en ligne doit être exhaustive, à jour. Les données obsolètes sont systématiquement éliminées. En ce sens, la plupart des banques de données sont moins des mémoires que des miroirs aussi fidèles que possible de l'état présent d'une spécialité scientifique ou d'un marché.

En résumé, l'information en ligne est ultra-spécialisée. Elle est découpée en petits modules normalisés. On y accède sur un mode extrêmement sélectif, puisqu'on ne prend connaissance *que* du renseignement recherché. Son usage est avant tout stratégique : obtenir l'information la plus fiable, le plus vite possible, pour prendre la meilleure décision.

A l'époque de l'information déferlante, des médias tonitruants et de l'image animée à domicile, on ne sait plus quel objet magique était le livre. Pendant des siècles, la vérité, la signification ultime dans l'ordre philosophique ou religieux s'est donnée à lire. Lire le Livre (la Bible), c'était entrer en contact avec l'absolu. Dieu s'était fait sourate ou verset. En Chine, en Inde, en Occident, les classiques de l'Antiquité, sans cesse, étaient commentés, réinterprétés, ressuscités, donnant lieu à de nouveaux livres, sources d'un entretien infini. Le Livre était à l'origine de la recherche, il se profilait à l'horizon de la quête. La page écrite était ordonnatrice, elle délivrait le sens, livrait la vérité. La dimension informative était présente, mais subordonnée à l'exigence de signification.

Au terme de trois ou quatre siècles de transition, l'information opérationnelle est passée au premier plan. Le développement des banques de données exprime ce renversement. Le grand réseau électronique ne supprime pas la vieille écriture, au contraire, il renvoie aux millions de textes, articles, publications, revues spécialisées, journaux qui s'accumulent chaque jour dans les bibliothèques et centres de documentation. Il n'y a jamais eu autant de pages imprimées sur la planète. Les bases de données fournissent au chercheur un fil d'Ariane pour le labyrinthe de la bibliothèque mondiale.

Programmes pour classer les livres et traiter les textes, livres sur l'informatique comme celui-ci : les deux technologies intellectuelles s'alimentent l'une l'autre. Mais la logique de l'information opérationnelle prime socialement celle de l'interprétation. Le flux des données modulaires submerge les synthèses organisées. Au-dessus de l'écriture des mots et des phrases règne la méta-écriture des systèmes d'information, celle qui organise les opérations mécaniques, régule les communications, classe les textes et les images, simule tous les aspects de la réalité.

L'indice de valeur et d'autorité autrefois attribué aux livres affecte maintenant l'ordinateur et la documentation automatique. A la naissance de l'histoire, l'écriture avait ravi à la parole éphémère le crédit et le pouvoir performatif. Les algorithmes et l'information opérationnelle instituent un nouvel ordre par-dessus la parole et l'écriture, en deçà ou au-delà du langage. Désormais le langage est gouverné par le calcul.

Systèmes de contrôle

Le langage, la mesure, le nombre et le calcul sont aussi vieux que l'humanité. Pas de société qui ne sache parler, compter, évaluer une quantité. Ces instruments servent à décrire, à cartographier le monde environnant, mais ne lui appartiennent pas. Ils ont moins de réalité que lui. Le mot chien ne mord pas. Si je calcule que pour avoir neuf pommes dans mon panier il m'en faudrait cinq de plus, je n'en ai toujours que quatre. Il y aurait donc une sphère idéale des nombres et des mots qui décalquerait dans l'immatériel le monde réel sans avoir d'action sur lui.

Pourtant, grâce aux représentations numériques et verbales de leur environnement, les hommes ordonnent l'univers, structurent l'espace et le temps, se souviennent, prévoient et finalement agissent d'une façon infiniment plus efficace que les animaux. Langage et mesure sont d'autre part des opérateurs sociaux fondamentaux puisqu'ils organisent la communication et les échanges. Enfin, le langage, loin de n'être qu'un redoublement fantomatique du réel, institue le monde humain comme tel.

L'arithmétique et la parole font partie d'une classe d'objets qui se présentent à la fois comme de simples cartes d'un territoire préexistant, des outils pour explorer ou transformer le paysage, des organisateurs sociaux et des sources instituantes.

L'écriture appartient à cet ensemble d'opérateurs paradoxaux. Côté copie, elle se contente de noter l'expression verbale. Mais elle se présente aussi comme une instance d'où juger la parole éphémère et répétitive. L'écriture devient la référence du discours. Elle est, de plus, indissociable de l'apparition de l'État et de la naissance d'une caste administrative. En permettant l'apparition d'un temps linéaire et cumulatif, elle instaure enfin la deuxième phase de l'aventure humaine, l'histoire.

Une horloge ne fait que nous informer de l'heure qu'il est. Mais elle organise aussi notre emploi du temps. Elle synchronise les travaux collectifs, les rendez-vous, les transports. L'horloge est un opérateur social fondamental. Elle nous *donne* l'heure, au sens fort, en nous soustrayant à un monde archaïque ou traditionnel, dans lequel chaque chose et chaque activité avait son propre rythme, pour nous faire pénétrer dans un autre univers où les temps sont comparables, uniformes et mesurables.

Comme une langue, une arithmétique, une écriture, une mesure du temps, l'informatique appartient au groupe des systèmes de contrôle à caractère idéal ou informationnel. Elle offre des modèles descriptifs d'une réalité déjà là. Elle propose des moyens de prévoir et d'agir dans la nature ou la cité. Bien plus, elle transforme le travail, la communication, la connaissance, c'est-à-dire la culture elle-même. En redéfinissant la plupart des activités cognitives, elle modifie notre saisie du monde, instituant une nouvelle ère anthropologique comme l'écriture avait instauré l'histoire.

Au même titre qu'une langue, mais d'une manière différente, l'informatique découpe les choses suivant ses logiques propres, organise la mémoire sociale, simule le futur. Comme les vieilles arithmétiques, mais d'une façon infiniment plus efficace, les ordinateurs calculent, et non seulement sur des nombres mais sur toutes sortes de codes et de symboles. Ils raisonnent, démontrent, testent, gèrent, optimisent, régulent, trient et traduisent sur le mode imperturbable et certain du calcul. A l'instar des horloges, les systèmes de traitement automatique de l'information structurent le temps du travail, de la communication et des échanges. L'essence même de l'ordinateur, sa finalité, est une opération sur le temps. Le calculateur électronique est la première machine qui travaille à une vitesse proche de celle de la lumière. Cette fantastique accélération des calculs permet d'accéder à des résultats auparavant hors d'atteinte, autorise la commande de processus en temps réel et transforme notre champ d'expérience.

L'informatique concentre et potentialise tous les systèmes idéaux de contrôle qui la précédaient : langues, numérations, idéographies, alphabets, horloges, machines logiques. La tresse inflexible et minutieuse des algorithmes réunit le faisceau des plus anciens pouvoirs et les multiplie à la vitesse de la lumière. L'informatique est la dernière en date de ces grandes inventions qui ont scandé le développement de l'espèce humaine, réorganisant sa culture et lui ouvrant une temporalité nouvelle.

L'ÈRE POST-HISTORIQUE

Une culture s'identifie moins à un stock de croyances, de mythes et de représentations qu'à la réitération continuelle d'un type particulier de traitement et de transmission. C'est ainsi qu'une culture peut emprunter les contenus les plus divers tout en restant elle-même. Au bout d'un certain nombre de tours dans la communication sociale, son mode d'interprétation et de diffusion assimile les corps étrangers. Une forme culturelle stable émerge de la récursion indéfinie des opérations symboliques propres à une société donnée.

Nous distinguons à bon droit les civilisations historiques des cultures préhistoriques par l'apparition d'une technologie intellectuelle, d'une nouvelle manière de traiter et de communiquer l'information : l'écriture. Le rôle prééminent du mode d'enregistrement et de transmission se retrouve également à l'échelle de certains objets culturels fondamentaux comme les mythes. Dans une société sans écriture, un mythe n'est pas un récit, mais un récit de récit de récit et ainsi de suite indéfiniment depuis le temps supposé des origines. L'écoute, la mémoire humaine et la répétition ont fini par modeler le style spécifique des productions des cultures orales. Dramatisation, reprises, énumérations, scansion poétique et tous les artifices des arts de la mémoire peuvent encore se lire dans les textes anciens à la jointure des traditions écrites et parlées. Plus encore qu'un style, l'oralité détermine une temporalité, certes changeante, mais que les interlocuteurs vivent immobile.

La littérature proprement dite est aussi sécrétée par la réitération continue de certaines opérations symboliques. Laissant une trace durable, l'auteur s'extrait de la récitation anonyme. En un sens, un livre est la recombinaison, originale ou non, de tous les livres que son auteur a lus. Chaque texte est donc une lecture de lecture de lecture de lecture et ainsi sans fin. Un texte est un déchiffrage, une interprétation, une réponse. La rédaction se détache toujours sur un fond d'écrits préalables. L'écriture instaure les jeux de la référence et de la différence explicite, rompant ainsi avec le rythme immémorial de la littérature orale. Elle autorise l'invention herméneutique, si importante sur les plans philosophiques et religieux.

L'écriture, en transposant la culture orale, l'inscrit dans un temps nouveau, dans un autre cycle de la mémoire sociale. De même, l'informatique recode les anciens contenus culturels pour les faire entrer dans de nouveaux circuits de traitement et de communication. Système général de modelage, calcul et transmission de l'information, la science des ordinateurs s'érige en matrice culturelle. Le savoir-faire des experts et des collectifs de travail sont formalisés en algorithmes ou en inférences logiques élémentaires. La simulation numérique apparaît comme un nouvel outil d'expérience et de pensée. Les classifications, dénominations et vocabulaires anciens sont remplacés par des codes rationnels adaptés au traitement automatique. La communication symbolique et les représentations artificielles se substituent lentement aux vieilles interactions directes entre la sensation brute, la kinesthésie et l'habileté motrice.

L'informatique est le point d'articulation d'une culture parce qu'elle opère au deuxième degré. Elle est porteuse de connaissance inédite, mais s'applique avant tout à l'enregistrement formalisé et à la gestion rationnelle des savoirs. Elle assure moins la reproduction de procédures canoniques qu'elle ne calcule récursivement l'optimisation des procédures. Elle transforme perpétuellement les méthodes plutôt que les symboles ou les choses. Enfin, elle agit directement sur les principaux moteurs de l'évolution sociale, à savoir l'administration des hommes et des biens et la recherche scientifique.

Depuis quatre siècles, la généralisation de l'économie de marché, la croissance économique et démographique, la multiplication des moyens de transport et de communication, le couplage explosif de la science à la technique et à l'industrie ont formidablement accéléré le cours de l'histoire humaine. L'informatique inscrit et maintient cette accélération sur le plan proprement culturel du traitement de l'information.

Les langues divisent beaucoup les hommes, les alphabets ou idéographies les distinguent moins, les systèmes de traitement automatique de l'information les rassemblent absolument. Une banque de données est internationale dès sa conception. Les Chinois fabriquent des ordinateurs compatibles avec le standard du marché. L'Inde équipe ses écoles de micro-ordinateurs. Les mêmes progiciels tournent sur toutes les machines de la planète. Modes d'organisation et d'administration, formes de raisonnement, logiques, taxinomies, codes, idéographies, procédures, savoir-faire, voire esthétique ou sensibilité, l'informatique porte une charge culturelle universelle. On gère les fichiers de Bangkok comme ceux d'Ottawa. On programme à Shangaï comme à Oslo et dans les mêmes langages. Partout s'exprime l'obsession du gain de temps et de la vitesse de calcul.

La civilisation de l'information opérationnelle transmute en algorithmes et convertit en données exploitables les contenus des cultures précédentes. Ce faisant, elle les subordonne à ses propres fins. La mise en banque est à la fois une mise hors jeu et une reprise dans un nouveau circuit. Mais bientôt la culture informatique travaillera plus à partir des données saisies par ses capteurs et sur ses propres produits que sur le stock historique. De l'espace intergalactique, de la Terre et des océans via les satellites, des confins de la matière étudiés dans les accélérateurs de particules, du cœur indéchiffré de la vie traqué par les laboratoires de biologie moléculaire, de tout ce qui peut se mesurer du social enregistré par les instituts de sondages et de statistiques, un flux ininterrompu de codes numériques alimentera les banques, les modèles, animera les simulations, assistera les choix économiques et militaires. Quelles formes culturelles naîtront de l'optimisation réitérée des procédures automatiques, des programmes de synthèse de programmes, des simulations en chaînes, des calculs de calculs sur des codes en rafales, des hiérarchies indéfiniment emboîtées de traductions et de langages ?

Si l'on mesure à la fois l'apparition d'une temporalité nouvelle, le saut dans l'accumulation et le traitement des informations, la reformulation des savoirs et des savoir-faire, le changement des habitudes, de la sensibilité et de l'intelligence, enfin l'universalité enveloppée par la culture informatique, alors la comparaison avec le passage de la préhistoire à l'histoire ne semble pas absurde. Nous entrons dans l'ère post-historique. Une forme culturelle inédite émerge de la récursion indéfinie d'un nouveau type de communication et de traitement symbolique.

La constellation nouvelle du calcul oriente l'aventure humaine. Nous nous en sommes tenus, jusqu'à présent, à un cadre d'intelligibilité qui met en scène l'influence d'une technique sur la culture. Mais l'informatique ne surgit pas, comme une météorite, d'un ailleurs absolu pour venir frapper le social. Elle est au contraire un produit de la société qu'elle structure en retour, au moins dans le cas européen et nord-américain. La mutation anthropologique enveloppe le terreau de civilisation qui porte l'informatisation autant que les effets de celle-ci sur les habitudes mentales et le rapport au monde.

C'est à l'étude du mouvement culturel de grande ampleur qui porte l'informatique que ce livre est consacré. Un univers se déploie dont les ordinateurs ne sont que l'aboutissement instrumental.

2

L'ordinateur, l'art et le monde

L'ART, LA CHAIR, LE MONDE

Cette musique au rythme compliqué, à huit ou douze temps, au son planant, diffus, comme un gong assourdi qui n'en finirait pas de vibrer, c'est l'Inde tout entière, grouillante et mystique, qui s'épanouit dans notre oreille.

Le frémissement de ces deux oiseaux sur une branche de bambou, ce paysage de montagnes et de rochers étagés dans la brume, au pied desquels chemine un personnage minuscule, nous livrent d'un coup la sensibilité de la Chine des Song.

Mais les androïdes sans visages de Simone Nahas ou Duane Palyka, les tapisseries sidérales de David Em ou les artefacts organiques de Kawagushi semblent refermés sur leur perfection synthétique, séparés de nous par la surface lisse des écrans. Mais les simulations et transformations de la musique par ordinateur ne donnent à entendre d'abord que la pure alchimie des sons et nous projettent dans un univers acoustique sans référence. L'art informatique est-il opaque parce qu'il est impossible d'identifier l'avenir ? Il faut pourtant essayer de soulever le voile des images sonores ou optiques pour déchiffrer l'expérience fondamentale dont elles procèdent. Une étude de l'art numérique doit nous aider à préciser les lignes de force de la culture qui vient.

De grandes formes sous-jacentes organisent la prise d'une société sur le réel. L'art exprime ces formes dans le domaine de la sensibilité comme la science les transcrit dans la sphère de l'intelligence. Michel Serres a montré, par exemple, que la peinture de Turner traduisait la naissance de la thermodynamique, les métamorphoses de la matière et le feu de la révolution industrielle. Pierre Francastel note que l'impressionnisme apparaît quand les procédés optiques et l'étude de la lumière prennent en physique une importance considérable. Jean-Claude Pont a établi un parallèle entre le cours de la géométrie et celui de la peinture pendant les deux derniers siècles. L'abstraction, en particulier, se développe au moment même où la mathématique s'éloigne de la « réalité » intuitive et poursuit les conséquences nécessaires d'axiomes arbitraires sur des choses insignifiantes.

L'art traduit également les habitudes perceptives induites par des conditions de vie. Le futurisme serait impensable sans les moyens de transport rapides, le cinéma et le rythme même de l'existence urbaine du XXe siècle. Michael Baxendall a mis en rapport l'excellence des peintres du quattrocento florentin dans le rendu des volumes avec l'habileté des marchands de la même époque à calculer la contenance de récipients divers en l'absence de système de mesure normalisé.

Avec la considération des habitudes perceptives, nous commençons à quitter le point de vue distant du structuraliste, qui repère des invariants, pour aborder l'expérience de l'œuvre d'art. La création artistique, en effet, ne se borne pas à transposer les modèles d'une culture instituée, elle participe à l'instauration d'un ordre sensible. L'œuvre est moins ce que nous percevons que ce par quoi nous sentons. Le soleil joue sur un rideau d'arbres aux feuilles frémissantes, après Monet je peux m'émerveiller de la danse de la lumière. Les maîtres de l'estampe japonaise m'ont appris à voir ces racines mouillées qui déploient leurs formes contournées sur le sol d'un chemin de montagne. Une façade éclairée d'un lampadaire sous un ciel lumineux, Magritte m'en fait goûter toute la poésie. Cette goutte de rosée scintillant sur une boîte de soda écrasée, je ne l'aurais pas même regardée si les hyperréalistes n'avaient choisi de la représenter. Ce qu'est pour moi le visage humain, dans son mystère inépuisable et toujours questionnant, résulte moins de l'anatomie que d'une longue lignée d'interprétations créatives qui vont des masques africains à Modigliani en passant par le miracle de la Renaissance italienne.

Du même panorama, un peintre t'chan, un paysagiste du XVIIIe siècle européen ou un impressionniste feraient des tableaux dissemblables. Se réferant à la même portion d'univers, ils irradieraient cependant trois mondes différents.

Loin de pouvoir être jugée belle ou laide suivant tel ou tel critère, l'œuvre d'art institue les critères de la beauté. Lorsque nous nous prononçons sur la qualité d'une œuvre, c'est en réalité certaines œuvres antérieures, celles qui nous ont éduqués, qui parlent par notre bouche. La puissance d'ouvrir un monde est le propre de la beauté. Du point de vue de l'expérience, l'œuvre d'art n'est pas un objet historique, pris dans le cours du temps, daté, classé, estimé, etc. C'est au contraire une source d'histoire qui, pour autant qu'on accepte l'épreuve qu'elle propose, se tient toujours à l'instant du jaillissement. L'œuvre d'art est genèse en puissance, en attente d'une écoute ou d'un regard, la genèse d'un monde qu'elle révèle d'un coup d'éclair ou qu'elle surplombe des échos répétés de son grondement.

Ce ne sont pas seulement les critères du goût mais la sensibilité elle-même qui varient suivant les lieux et les époques. Cette emprise sociale sur la sensibilité se hiérarchise suivant plusieurs degrés, de la simple mise à disposition de renseignements favorisant l'interprétation des messages à la structuration profonde du monde perçu. Devant un panneau représentant des scènes de la vie du Bouddha nous ne saurions distinguer l'essentiel de l'accessoire, reconstituer l'ordre de succession des événements, et finalement voir ce qui est exposé sous nos yeux que si nous connaissons déjà les épisodes fameux de cette vie. De même, la plupart des tableaux, retables et fresques de la tradition européenne jusqu'au XVIIIe siècle ne sont lisibles que par des sujets imprégnés des thèmes de la Bible, des Évangiles et de la vie des saints. C'est d'ailleurs pourquoi ils sont de moins en moins compréhensibles pour une fraction croissante de la population occidentale. Mais la familiarité avec les sujets ne suffit pas. Il faut encore maîtriser les codes de représentation, différents dans chaque culture, les façons de figurer la profondeur, les rapports des objets ou des personnages entre eux, etc. Devant une tapisserie du Moyen Age, nous accomplissons un effort pénible pour distinguer la scène offerte à nos regards. On peut imaginer symétriquement qu'un homme du XIIe siècle ne verrait presque rien en face d'une affiche qui nous parle immédiatement. La plupart du temps, le public à qui les œuvres sont destinées ne déchiffre pas laborieusement les images en appliquant des règles explicites mais les perçoit directement, car les codes collectifs sont incorporés. La lecture facile, l'apparente immédiateté de l'œuvre bénéficient d'un appareil interprétatif, de tout un équipement cognitif fourni par une mémoire culturelle et des pratiques sociales partagées. Inversement, l'œuvre donne corps aux grandes représentations collectives, comme les divinités, et informe la façon de voir ou de sentir des sujets à qui elle s'adresse, jusque dans leur imagerie intime. Le roman, par exemple, nous offre des modèles pour penser notre vie. Nous ne saisissons pas notre existence de la même manière suivant que nous nous identifions aux êtres hantant les livres d'Alexandre Dumas, James Joyce ou Claude Simon.

La coïncidence de la chair, de la culture et du monde s'observe particulièrement dans le cas de la musique. Il n'est pas nécessaire que la syntaxe musicale d'une époque et d'un lieu soit explicitement connue par un auditeur pour qu'il apprécie pleinement le raga, la ballade ou l'opéra qu'il écoute. Il suffit qu'il en ait incorporé les règles essentielles au cours d'une éducation auditive qui a commencé dans le ventre de sa mère. Nous accordons sur le mode discursif que notre système musical est relatif et que d'autres se justifient tout autant. Pourtant, à moins d'un long entraînement de la sensibilité, nous ne sommes émus que par la musique de notre tribu. Seule une mémoire culturelle incarnée transsubstancie une séquence sonore en chant mélodieux. Aucune clé formelle n'offre d'accès au monde musical d'un groupe humain. On ne traduit pas un maqam ou une symphonie, on ne peut que les écouter de nouveau et ouvrir enfin son oreille.

Notre quête vise donc en priorité la sensibilité fondamentale que l'art informatique exprime et contribue à modeler. Derrière les produits et leurs matrices techniques, cherchons l'imaginaire instituant. Cette chair sensible au ballet des bits et des pixels, quel monde nouveau se prépare-t-elle à accueillir ?

Le geste

Le geste de Hartung laisse une trace sur la toile. A la fois spontané et maîtrisé, le geste continue à vibrer sur la surface. Au moyen de brosses, grattoirs ou rateaux, l'artiste creuse le film coloré d'un mouvement qui engage tout son être. A défaut de cette participation totale, au lieu du tracé dynamique d'un mystérieux pictogramme, il n'obtiendrait qu'un inconsistant gribouillis. Exercice périlleux où ce qui distingue l'œuvre vivante de l'amas de couleurs ne tient qu'à la rigueur de l'engagement vital. Cette tradition du geste a été magnifiquement illustrée par une certaine peinture chinoise et japonaise. La technique du *sumi-e*, par exemple, veut que le peintre n'utilise qu'une couleur et qu'un seul pinceau, le pouvoir expressif de l'image obtenue reposant uniquement sur la spontanéité sobre et sans retouche du mouvement du poignet.

Pour réaliser une image de synthèse, le graphiste doit d'abord construire une maquette numérique des objets en trois dimensions. Les informations qui vont permettre à l'ordinateur de calculer l'image finale doivent lui être fournies sous forme de tableaux de chiffres : coordonnées spatiales des objets, brillances, couleurs et textures des surfaces, position des sources d'éclairage, situation de l'œil, enfin. La machine puise ensuite dans sa base de données pour calculer l'image point à point en fonction de tous les paramètres précédemment définis. Si l'on modifie un paramètre tel que la position du spectateur ou la couleur d'une surface, l'ordinateur calcule une nouvelle image.

La saisie des données s'effectue ordinairement par l'intermédiaire d'un clavier. Il est ici évident que le geste de l'artiste a disparu au profit d'une activité abstraite d'analyse et de programmation. Les problèmes de la simulation numérique se sont substitués à ceux de l'inscription d'un mouvement physique sur une surface. La mutation est d'importance. Depuis Lascaux jusqu'au XVIe siècle, les images produites par les hommes étaient les traces de gestes.

Avec l'imprimerie, les techniques de la gravure et de la reproduction, cette situation ne caractérise plus que l'image originale. La photographie et le cinéma ont réduit la participation du corps humain à celle de l'œil. Mais l'image porte encore la trace du mouvement réel des photons qui viennent frapper la pellicule. La photo est l'enregistrement travaillé d'un impact physique. L'image numérique, elle, ne résulte pas du mouvement d'un corps mais d'un calcul. Le trajet des électrons dans les circuits et l'émission des photons par l'écran sont bien des mouvements de corps, mais l'image comme telle n'est déterminée que par l'organisation logique du programme et des données. Les tableaux de chiffres et les embranchements multiples des organigrammes n'ont aucun rapport d'analogie avec la surface colorée qu'ils engendrent.

Il semble pourtant que le geste ne soit pas totalement absent des dispositifs de création d'images par ordinateur. L'infographie ne se réduit pas à la synthèse pure. La tablette graphique, par exemple, est une planche à dessin sur laquelle l'opérateur promène son stylet électronique. La matrice de fils contenue dans la tablette sert à déterminer les coordonnées du stylet. Le dessin apparaît à l'écran, puis il est numérisé et enregistré. Certains systèmes permettent de choisir plusieurs épaisseurs de trait. Si l'utilisateur veut projeter sur l'écran un nuage plutôt qu'une ligne, il dispose d'une fonction « aérographe » qu'il peut contrôler à l'aide du stylet. La détermination des couleurs peut également s'obtenir par la désignation de points sur des cercles chromatiques et des échelles de saturation. Au fur et à mesure qu'il déplace sa souris ou son crayon optique sur les échelles, le graphiste voit la couleur correspondante s'afficher. En appuyant sur quelques touches, il déplace, agrandit ou multiplie les formes qu'il désigne sur l'écran.

Mais lorsque l'opérateur montre une case ou une partie de l'écran et qu'une modification de forme ou de couleur s'ensuit, avons-nous toujours affaire à l'ancien geste du peintre ? Prenons le cas du pinceau électronique. On choisit d'abord une épaisseur de trait parmi, disons, les trois possibles. Or, le peintre aussi choisissait son pinceau. Mais à partir de là les différences commencent, car suivant qu'il appuyait fort ou légèrement, l'artiste obtenait des effets différents, tandis que l'opérateur moderne commande un trait absolument uniforme. On peut imaginer un pinceau électronique variant son effet en fonction de l'éloignement de la tablette, de sa vitesse de déplacement, etc. Mais on n'atteindra sans doute jamais la souplesse, la finesse de réaction d'un pinceau en poil de martre. Il serait du reste absurde de la rechercher à tout prix, car la palette graphique est une autre technique que la peinture à l'huile, et il importe en toute logique de développer d'abord ce qui fait sa spécificité.

Tandis que la brosse dépose de la matière sur la toile, le stylet électronique désigne des coordonnées. L'ancien geste était producteur, le nouveau a fonction déictique. Au mélange des pigments pour obtenir la juste teinte s'oppose le défilé de la gamme entière suivant le déplacement du crayon optique. L'ancien geste effectuait, le nouveau sélectionne. L'un construisait patiemment son œuvre à partir de quelques matériaux de base, l'autre élit son objet entre une multitude de virtualités. Dès qu'il ne produit plus, le geste prend une allure de toute-puissance.

Les systèmes graphiques sont conçus pour permettre aux opérateurs de *gérer des surfaces* de la manière la plus efficace et rapide possible. Les éventualités sont testées facilement, les teintes changent en un clin d'œil, les formes s'agrandissent, se déplacent ou se multiplient à volonté, les repentirs ou les erreurs s'effacent sans laisser de traces. La technique de la peinture à l'huile appartenait au monde de l'ouvrage, celle des palettes graphiques à l'univers de la gestion optimale.

Dans l'art par ordinateur, le « geste » n'est en fait qu'une des modalités du traitement en temps réel. Quand les musiciens de l'IRCAM, à ses débuts, attendaient trois ou quatre heures après l'entrée des données pour obtenir une synthèse sonore, il n'aurait servi à rien de mettre un joystick à la place du clavier. Avec le traitement en temps réel, le processus fondamental est exactement le même à l'exception de la vitesse d'exécution du calcul. L'opérateur a l'impression que l'image ou le son réagissent aux mouvements de sa main, en réalité il continue à programmer. Le geste producteur a bel et bien disparu et l'opération déictique qui le simule n'est qu'un aspect du confort accru de la communication entre humains et machines.

Si nous revenons au cas de la synthèse pure, il est clair que le signe iconique scintillant sur l'écran n'est pas la trace d'un événement physique advenu en un temps et un lieu donné. L'image est hors temps. Elle n'est en aucune manière l'empreinte ou le reste d'une histoire. La raison en est simple : l'œuvre n'est pas ce plan lumineux qui s'affiche à l'écran mais le programme sous-jacent. L'image n'est qu'une des instances de l'œuvre réelle, l'émanation visible d'une essence logique.

Un programme prévoit qu'à chaque nouvelle actualisation, l'image sera différente par variation réglée de paramètres. Dans ce cas, l'image ne se modifie pas à la suite d'événements intervenus dans le cours du temps, elle déroule une succession préétablie. Le geste faisait l'histoire, il émergeait, improbable ou sempiternel, stigmatisait la matière du monde, et mourait avant qu'un autre lui succède. Le programme, en revanche, détermine le cours futur de l'univers miniature qu'il institue, la multiplicité de ses instances, ses réponses à une collection précodée de messages. Le programme commande une portion du réel où nul geste n'interviendra. L'œuvre est le noyau organisateur de cette zone hors de l'histoire. Surgie dans le temps du monde, l'écriture des programmes n'en fixe aucun instant, mais elle sécrète autour d'elle comme un petit cristal d'éternité.

La disparition du geste n'implique pas que l'artiste informaticien soit totalement désincarné. Il a seulement changé de peau. Il se projette maintenant dans le fonctionnement de la machine, il fait corps avec elle, il l'anime. La conception des programmes demande un engagement émotionnel et mental dont l'intensité n'a rien à envier au travail de la matière. On peut habiter des tableaux de chiffres et des séries d'opérations codées aussi bien que des mouvements physiques. Il reste que la manière d'être de l'artiste a profondément changé. La mutation des pratiques de création n'est d'ailleurs qu'un élément parmi d'autres qui signale l'apparition d'un nouvel habitus anthropologique.

Il semble étonnant que l'abolition du geste (sauf sous son aspect de désignation) succède précisément à une époque où celui-ci est presque apparu comme le tout de l'art. Action painting, dripping, tachisme, abstraction lyrique ont magnifié le mouvement spontané jusqu'à se borner parfois à n'enregistrer que lui. Pollock représente certainement le sommet esthétique de cette tendance. Juste avant que le corps ne se retranche derrière les programmes et les écrans, Yves Klein exposait des toiles où l'on pouvait lire la trace en creux d'un corps féminin exposé à une pulvérisation de peinture bleue : body-art.

Comme si l'exacerbation de la présence physique de l'artiste ou de son modèle était destiné à prolonger encore un peu un monde voué au déclin ; comme s'il ne s'agissait que des derniers feux d'une époque révolue ; comme si quelque cycle millénaire prenait fin et bouclait sur son origine : couronnée d'ocre jaune sur la paroi d'une caverne, la main d'un homme préhistorique.

La matière, l'objet

Depuis cinq siècles, en Occident, la peinture s'est identifiée surtout au tableau de chevalet. Mais la toile n'est qu'un support contingent de la peinture. La fresque, l'enluminure, le rouleau de soie ou de papier lui ont donné nombre de chefs-d'œuvre. Dans cette perspective, le moniteur d'un système informatique peut apparaître comme un support de plus. Nous verrons pourtant que le changement est beaucoup plus fondamental.

Chaque innovation technique importante ouvrit dans le passé de nouvelles possibilités d'expression. Au XVe siècle, par exemple, Van Eyck donna ses lettres de noblesse à la peinture à l'huile. Celle-ci succéda à la peinture à la tempera, à base d'émulsion d'eau et d'œuf. La nouvelle technique permit notamment les glacis et le rendu de la perspective atmosphérique, le célèbre sfumato où vont se perdre les lointains fantastiques de la Joconde ou de *la Vierge aux rochers*. On a dit que la peinture de plein air des impressionnistes n'aurait pu se pratiquer sans l'industrie chimique du XIXe siècle qui offrit la possibilité d'introduire les couleurs dans les tubes. Depuis la Seconde Guerre mondiale, enfin, la peinture acrylique autorise une rapidité d'exécution inconnue jusque-là.

Peut-on comparer la naissance de l'infographie aux innovations techniques précédemment énoncées ? Il semble d'abord qu'on ait affaire à un nouvel art de l'image plutôt qu'au renouvellement d'une ancienne tradition. L'apparition de l'infographie serait à mettre sur le même plan que celle de la photo, du cinéma ou de la vidéo. Un fil solide relie pourtant la peinture et l'image numérique : il s'agit dans les deux cas de créer patiemment des images à partir de rien plutôt que de piéger les apparences du réel dans un dispositif optique. De nombreux peintres se sont emparés des nouveaux outils dès leur apparition et l'on enseigne déjà l'infographie dans les écoles des beaux-arts et des arts décoratifs.

Nous ne croyons pas pour autant que l'image numérique remplacera la peinture traditionnelle comme la technique de l'huile avait supplanté la tempera. Au début de ce siècle, l'outillage était encore commun à tous les peintres, le même pour Bonnard et Kandinski. Les artistes ne se distinguaient pas tant par leur technique que par leur manière. Aujourd'hui, en revanche, la façon de produire l'image est décisive. Chacun a le choix entre une multitude de procédés et la synthèse d'image n'est que l'un d'entre eux, souvent combiné d'ailleurs à des méthodes plus traditionnelles. La peinture à l'huile ne disparaîtra donc pas, comme le violon ou le piano ne céderont pas définitivement la place aux synthétiseurs.

Remarquons cependant que l'ancienne peinture n'est d'ores et déjà plus le vecteur dominant de l'image, comme elle a pu l'être au XVe siècle avec le vitrail et l'enluminure. La télévision, la photo et le cinéma ont un poids social supérieur. Particulièrement bien adaptée aux modes de diffusion contemporains, l'infographie, à son tour, est appelée à jouer un rôle considérable dans la grande imagerie du prochain millénaire. C'est à ce titre qu'elle nous intéresse.

Au regard de la peinture, le développement de l'image numérique ne traduit pas un simple changement de support, la substitution d'une surface d'inscription à une autre. L'infographie abolit toute matière, tout substrat physique. Il peut sembler étrange de parler d'abolition de la matière lorsque *le matériel* s'affiche avec tant de complaisance, décline ses fonctions, détaille sans pudeur ses composants, son architecture et sa marque. C'est que la part de la machine dans la création est plus importante que celle qu'y prenaient les pâtes ou les pinceaux. (Il ne viendrait à l'idée de personne d'en signaler la marque au bas d'une toile de Matisse ou de Picasso.) Mais ce matériel omniprésent n'est que l'outil. Or, et voici la nouveauté, cet outil ne travaille, ne sculpte, ne donne forme à aucune matière. Il enregistre, dispose, combine et restitue *des symboles codés sous forme numérique.*

L'infographe conçoit des structures logiques, le peintre effectuait la lente synthèse d'un être concret. La constitution patiente de l'objet s'enracinait dans un rapport de travail, d'amour et presque d'alchimie avec la matière. Matière de provenances multiples, de propriétés diverses, expérimentée longuement, épousée dans ses caprices, parfois forcée, glorifiée dans l'œuvre pour finir. Avant de réaliser son premier tableau, l'apprenti peintre de la Renaissance broyait les couleurs, faisait cuire les colles, pétrissait les plâtres et préparait les panneaux, tous les jours, pendant des années.

Comment préparait-on un panneau de bois au XVe siècle ? Il fallait d'abord trouver de belles planches de tilleul, de saule ou de chêne. On passait ensuite dessus six couches de colle de rognures de parchemin bouillies. Sur ce, des bandes de toile de lin fines et blanches étaient trempées dans la colle et étendues à la main sur le plat du panneau. Cette étape, le marouflage, visait à limiter les effets de la dilatation et de la rétractation du bois. On passait ensuite huit couches de plâtre fin délayé dans la colle chaude. La surface était enfin polie à la pierre ponce. L'artiste pouvait alors dessiner une première esquisse, à l'aide d'un charbon de saule ou d'un stylet d'argent. L'ébauche en grisaille recouvrait le dessin, puis le peintre procédait à l'exécution définitive. Les couleurs n'étaient superposées, après un long séchage de la couche précédente, que pour en approfondir la valeur, jamais pour remplacer un ton, jugé indésirable, par un ton différent. Dans les valeurs claires, la pellicule colorée était volontairement laissée très mince pour que puisse jouer par transparence le blanc du fond.

Cette technique extrêmement lente, puisque entre chaque étape intervenait le temps du séchage, nous a laissé des œuvres exceptionnellement bien conservées. Plus on avance dans l'histoire de la peinture occidentale depuis la fin du Moyen Age, moins les tableaux résistent au temps, car on a voulu faire de plus en plus vite, utiliser des matières moins précieuses, réaliser des mélanges de couleurs inconsidérés, etc. L'image numérique est une technique presque purement conceptuelle, mentale, mais on voit que l'ancienne peinture demandait une conception préalable extrêmement rigoureuse, elle aussi, et que son exécution se déroulait dans un ordre immuable. Cette technique excluait presque totalement le changement, le repentir. Les modifications perpétuelles sont en revanche parties intégrantes de la constitution de l'image numérique. Mais cela n'est justement possible que parce que l'infographie n'a pas affaire à la matière, ne cherche pas à construire un objet physique durable. L'image numérique est en constante métamorphose parce qu'elle reste toujours au plan de la conception.

Les impressionnistes avaient dissocié la couleur et l'objet par l'abandon du ton local, mais ce n'était que dans l'ordre de la représentation. Pratiquement, le blanc restait un oxyde de zinc ; le noir, de l'os calciné ; le bleu, du cobalt ; le rouge, du chrome ou de l'oxyde de fer et l'ocre jaune de la terre de Sienne. En infographie, la couleur résulte d'une pure synthèse optique, capable de balayer indifféremment tous les tons, toutes les valeurs, par simple variation de paramètres. La chimie du pigment n'a plus cours. Le poids terrestre et la charge symbolique des anciennes couleurs ont définitivement disparu. Le bleu outremer ne traverse plus la Méditerranée, l'or est un possible parmi neuf cent mille jaunes.

Les recherches du XXe siècle sur les matières et les objets les plus hétéroclites, bois, métal, plastiques, matériaux de récupération, sont venues s'abîmer sur l'écran plat des terminaux. Il semble que les ready-mades de Duchamp aient exposé l'objet concret dans sa nudité avant qu'il ne soit aspiré par les logiciels. Tàpies et Dubuffet ont peut-être exalté le plâtre, la boue, le sable, les cailloux, le goudron et les toiles de sac parce qu'ils ont senti que la matière se dérobait. Le mouvement support-surface s'est cru révolutionnaire en révélant le substrat matériel de la peinture, sa toile et son cadre de bois ; il n'était probablement qu'un des derniers sursauts du monde d'avant les ordinateurs. De même, dans l'ordre acoustique, la musique concrète a fait entendre le bruit des choses avant que la simulation numérique ne se passe définitivement de la vibration des corps. Comme en écho de ces recherches, Michel Butor, Alain Robbe-Grillet ou Claude Simon ont poussé la description des objets, de leur grain, de leur texture, à un point de perfection proprement hallucinant.

L'art ancien n'exhibait pas la matière parce qu'il reposait dessus en confiance. Les grands artisans ne dénonçaient pas l'objectivité de leurs œuvres, ils la transcendaient dans un sujet. La musique par ordinateur, en revanche, nous donne à entendre surtout le matériau sonore. Les images de synthèse restituent l'apparence hyperréelle des choses. Matières et objets hantent l'univers de la synthèse et de la simulation numérique à la manière de revenants.

La matière pesante et l'objet concret sont devenus synonymes de limite, de résistance, d'inertie. En simulation, toutes les erreurs sont réparables, aucun essai n'a de conséquence. Les repentirs nombreux ne menacent aucune toile de boursouflure. Les instruments virtuels d'un synthétiseur sonore n'ont aucune inertie : une demi-seconde suffit pour les accorder autrement, ce qui eut été impossible avec une harpe, une flûte ou un tambour. Combinaison de paramètres, l'instrument virtuel varie à volonté. On explore le continuum sonore qui va d'un instrument virtuel à l'autre, on ne passe pas sans solution de continuité du timbre d'une cloche de bronze à celui d'un clavecin de corde et de bois.

La couleur, la forme, l'éclairage, la localisation d'un objet simulé en trois dimensions sont modulables séparément car elles ne sont que des variables. C'eut été une autre affaire si elles avaient été les attributs d'un individu concret. Les choses matérielles peuvent *s'analyser* comme des combinaisons de paramètres. Mais, physiquement incarnées, elles sont à la fois moins et beaucoup plus. Les modèles numériques, eux, ne laissent aucun reste à l'analyse. Notre temps préfère les modèles aux objets parce que l'immatériel est dépourvu d'inertie. Le modèle numérique est transformable par essence, comme un joker, comme Protée.

On a longtemps cru la matière principe du changement. Non, la matière est rigidité, frottement, retard, pesanteur, irréductible singularité. Platon avait conçu immobiles les formes intelligibles. Elles sont pour nous le mobilisable absolu. Derniers points de résistance : la vitesse de calcul, la capacité de mémoire. Autant dire l'espace et le temps, conditions de possibilité de l'expérience, fond inéliminable que l'on ne peut résorber tout à fait dans aucune architecture, aucun logiciel. Mais fond qui recule constamment vers le sans-fond d'une opérativité infinie.

Métamorphoses

L'écran s'allume. Émergeant du fond de l'espace, une superbe galaxie en spirale déploie ses bras déchiquetés. Un brutal effet de zoom vous rapproche à une vitesse extrême d'un point précis de l'objet céleste. C'est une chute vertigineuse dans une étoile. Vue de près, l'étoile ressemble à son tour à une nébuleuse en spirale, mais différente de celle qui précède. Vous tombez brusquement vers une zone périphérique de cet amas stellaire. Traversant une supernova en explosion, votre course folle semble viser un point lumineux qui se révèle être, à l'approche, une énorme galaxie en spirale, etc. Fondé sur la théorie des objets fractals de Benoît Mandelbrot, ce film de synthèse fait parcourir au spectateur l'index de toutes les échelles de représentation. Le mouvement de chute ou de montée (ce film est inversible) est virtuellement *sans fin,* car il ne s'agit pas d'images enregistrées mais calculées suivant une fonction mathématique complexe. Voici un exemple de ce qui serait irréalisable sans les moyens numériques.

Dans les applications à caractère purement esthétique, la synthèse d'image n'est le plus souvent irremplaçable que dans certains effets d'animation, de transformation et changement de point de vue. C'est ainsi qu'il est aisé d'explorer visuellement l'intérieur d'objets très compliqués en conservant la plus grande précision. L'image à l'écran représente en effet la projection sur une surface plane d'un univers (numérique) en trois dimensions. Les déplacements du spectateur autour des objets, la visite des faces cachées et des « paysages du dessous » ne mettent alors en jeu que le changement de quelques paramètres. Il aurait été terriblement difficile et long de réaliser de tels effets à la main car, bien qu'il donne l'illusion de la profondeur, le dessin traditionnel est limité à deux dimensions.

La technique de l'interpolation est également spécifique de

l'image et du son de synthèse. Le programmeur fournit à la machine les données correspondant à deux formes définies A et B. L'ordinateur calcule alors la série des formes intermédiaires et les auditeurs, ou spectateurs, assistent à la métamorphose continue de A en B. Les configurations intermédiaires, que le programmeur n'a pas explicitement prévues, ont un aspect souvent surprenant. Dans certains dessins animés traditionnels, on voyait bien des personnages ou des objets se transformer, mais c'était encore sur un fond permanent. Ici, au contraire, c'est l'image entière qui fluctue, totalement plastique, métamorphose sans fond ni reste.

Dans *Sirius*, Stockhausen a voulu rendre compte de la mutation perpétuelle de la nature en utilisant les effets de métamorphose des sons que le synthétiseur a rendu possible. De nombreuses recherches expérimentales ont exploré les transformations graduelles de timbres d'un instrument virtuel à l'autre ou entre le bruit de la mer et la voix humaine. Toutes les déformations, tous les intermédiaires hybrides sont concevables.

Grâce au contrôle de la microstructure du son permis par le synthétiseur numérique, des musiciens comme Jean-Claude Risset, David Wessel ou John Chowning ont produit de curieuses illusions auditives. Le paradoxe du son qui monte et descend en même temps, par exemple, repose sur la dissociation de la hauteur tonale et de la hauteur spectrale : tandis que la fréquence des partiels au sein d'une octave décroît, le centre de gravité des composantes (ou l'enveloppe du son) monte vers les aigus.

L'ordinateur favorise la plupart des projets esthétiques centrés sur les flexions, transformations, dissociations et permutations. Le groupe ALAMO (Atelier de littérature assistée par mathématique et ordinateur) utilise la puissance combinatoire des machines pour leur faire produire un nombre fabuleux de poèmes, sentences ou petits récits à partir d'un vocabulaire de base et de quelques règles syntaxiques : mutations par permutations sans fin. La machine parcourt systématiquement le champ des possibles défini par un algorithme.

L'esthétique de la métamorphose portée par l'art informatique peut être mise en relation avec les possibilités offertes par certains matériaux nouveaux. Les *alliages à mémoire de forme* modifient leurs contours suivant la température ambiante. On leur prévoit des applications en médecine (filtres pour le sang introduits dans les vaisseaux sous forme de fils, verres de contact, etc.) ou en architecture (sécurité incendie). Des sculpteurs se sont emparés des alliages à mémoire de forme pour fabriquer des statues qui changent de modelé automatiquement avec les variations de température. Un refroidissement du temps transformera un buste de femme en buste d'homme.

Depuis qu'ils maîtrisent le feu, les hommes interviennent dans les cycles naturels de transformation de la matière et des formes. L'humanité acquit très tôt le contrôle technique d'une modification rapide des qualités d'un corps ou de l'accélération artificielle d'une synthèse : la céramique, la cuisine. La terre mûrissait les pépites en ses entrailles pendant des siècles ; par le travail du minerai, le forgeron obtient un lingot en quelques jours. En sélectionnant de nouvelles espèces de plantes et d'animaux, les hommes du néolithique provoquèrent une fantastique accélération du temps naturel. Le déchaînement énergétique lié à l'usage du charbon, du pétrole et de l'électricité, les conquêtes de l'industrie chimique accrurent encore le pouvoir transformateur d'une partie de l'humanité, de moins en moins soumise au rythme immémorial des êtres et des choses. La physique nucléaire, l'informatique et le génie génétique représentent une étape supplémentaire et décisive dans la domination des métamorphoses de la matière, de la vie et des messages.

On imaginait Jéhovah façonnant la forme humaine en modelant de l'argile, c'est-à-dire par des pressions extérieures sur une matière plastique et continue. Lorsque la biologie moléculaire crée une espèce nouvelle de bactérie ou de plante, elle n'agit pas le plus souvent par sélection, ou par intervention directe sur le corps de l'être vivant. Elle recombine des données. Tout se passe comme si le génie génétique intervenait sur la série discontinue de symboles qui commandent la forme et le comportement du corps vivant. Les métamorphoses les plus saisissantes dont la science contemporaine puisse s'enorgueillir ne s'accomplissent ni par l'application de forces mécaniques, ni par le pouvoir transformateur du feu, mais grâce au déchiffrement d'une écriture fondamentale et à la rédaction de textes inédits. De même, l'extraordinaire plasticité de l'image et du son numérique ne répond pas à des actions directes sur l'atmosphère élastique ou la surface visible des écrans, mais à l'ingénieuse articulation d'une écriture sous-jacente. C'est bien le message sensible qui mute et varie à la guise du graphiste ou du musicien, mais les mille avatars et modulations de ce message dépendent de séries ordonnées d'opérations élémentaires sur des mots écrits dans un alphabet fini.

La culture occidentale a porté à son plus haut degré d'intensité l'aspiration humaine à maîtriser les rythmes intimes et la vitesse de tous les processus imaginables. L'informatique accomplit cette visée dans la sphère des messages et de l'information. Qu'est-ce qu'un calcul, au sens le plus large du terme, sinon le déroulement d'une suite réglée de transformations, un processus dans l'ordre symbolique, une métamorphose dans l'univers des codes ? Or, les organisations sociales, techniques et peut-être biologiques sont ainsi faites que le plan de l'information codée y commande la plupart des processus macroscopiques et matériels. Lui-même agencement de transformations congruentes, le calcul, feu glacé, se révèle comme le centre secret, le lieu de maîtrise ultime de toutes les métamorphoses. Par la virtuosité de leurs mutations et déformations, l'image et le son numérique donnent à lire le fantasme d'un réel en fusion permanente, le rêve d'une transformation des êtres et des choses exactement contrôlés, le faire incessant du calcul.

L'ŒUVRE-MÈRE ET SES INSTANCES

Du côté de la création, l'utilisation des moyens informatiques incite à la conception de matrices d'œuvres possibles. Du côté de la réception, la médiation de logiciels instaure une relation dite interactive entre les propositions de l'auteur et l'utilisateur du terminal de consultation : celui-ci *actualise* (amène au jour) à son gré une ou plusieurs manifestations du modèle enregistré dans le système. On appellera *instance* l'actualisation sensible que peut engendrer un programme-source, matrice ou hypertexte. Toutes proportions gardées, l'hypertexte est à l'instance ce que la langue est à l'acte de parole.

Il n'est pas nécessaire que les sons, les images ou les textes finalement communiqués aient été composés par ordinateur pour que la création et la réception des œuvres s'organisent suivant ces nouvelles déterminations. Ni le texte ni le récit des romans policiers télématiques, par exemple, ne sont le résultat de programmes. Mais comme le lecteur sur écran peut combiner différents itinéraires de lecture et choisir son parcours dans l'histoire, les auteurs doivent concevoir une matrice de romans possibles. Ils veillent à ce que les modules de récit et d'intrigue s'emboîtent bien les uns dans les autres et forment un texte cohérent quelles que soient les permutations et les détours inventés par le plus capricieux lecteur.

Dans le nouveau régime de création, l'artiste n'assure plus la composition, l'écriture ou le dessin d'un message, mais conçoit un système générateur d'œuvres. Plus exactement, l'œuvre s'identifie désormais à une source de messages possibles, tandis que les séquences sonores, iconiques ou discursives effectivement reçues ne sont plus que les instances particulières d'un modèle préexistant. A supposer qu'il soit possible d'expliciter et de formaliser un style, un programme convenablement conçu serait capable de produire une quantité illimitée de messages répondant aux spécifications du modèle. C'est ainsi qu'à partir de formules fondées sur des analyses statistiques, on a pu produire par ordinateur des sonates à la manière de Beethoven, des poèmes dans le style de Mallarmé, des Mondrian « plus vrais que nature ». Dans l'état actuel de la science informatique, et vu la minceur des crédits accordés à ce genre de recherches, les résultats dépassent rarement la qualité du pastiche. Mais la voie de la formalisation du style est ouverte. Dès lors, toute œuvre, même originale, que l'on pourrait ramener à l'instance d'un modèle génératif, déchoit de son statut de création pour se perdre au sein d'une foule de combinaisons mécaniques.

La *création* doit être irréductible à une série d'opérations précodées. Pour qu'aucun algorithme ne la surplombe, il faut qu'elle se hisse au sommet de la chaîne des déterminations mécaniques. Il n'y a plus de création que celle d'un algorithme irréductible. L'artiste n'a plus à viser le message mais la source, non plus un objet actuel mais un univers de possibles. En achevant la forme procréatrice, l'auteur signe d'un seul coup tous les exemplaires, toutes les variations, toutes les imitations imaginables d'une œuvre présente en chaque instance, mais qui n'est absolument réalisée nulle part.

Le temps de la création subit une modification fondamentale, comparable à ce que serait, dans l'ordre cinétique, le passage du contrôle de la vitesse d'un mobile à celui de son accélération. Il ne s'agit plus, pour l'artiste, de poursuivre en l'améliorant une tradition éprouvée, ni même de découvrir un style et de l'amener progressivement à maturité, mais d'inventer une formule nouvelle, d'explorer ses limites et d'épuiser ses potentialités à chaque acte créateur. Bien entendu, nous n'avons affaire ici qu'à une tendance encouragée par un environnement où la formalisation et l'automatisation prennent une importance croissante. Les artistes qui poussent jusque dans leurs dernières conséquences le raisonnement sur ce que les ordinateurs permettent sont encore rares. Mais, curieusement, la succession et l'obsolescence rapide des styles et des schèmes esthétiques occidentaux pendant le dernier siècle semblent avoir préparé le temps très contracté de la création informatisée.

Les instances de l'œuvre-mère peuvent être librement actualisées par le récepteur, tirées au sort par un programme de génération aléatoire de nombres ou calculées très précisément dans leur forme et l'ordre de leur succession. Dans l'abord de l'œuvre, l'informatique favorise paradoxalement à la fois la liberté, l'indétermination et la règle de fer des algorithmes. Cette problématique du hasard et de la nécessité caractérise d'ailleurs une part importante de la création contemporaine, en particulier dans le domaine musical. Dans *Kontra-Punkte*, Stockhausen calcule le moindre détail sonore suivant une loi inflexible, tandis que les partitions de certaines de ses œuvres se réduisent à quelques lignes d'indications. Avec *Metastasis*, Xenakis propose une des premières musiques entièrement déduite de règles et procédures préalablement définies ; d'autres morceaux, en revanche, sont fondés sur des distributions stochastiques de sons et des lois probabilistes.

Cette oscillation entre l'automatisme pur et le chaos est lié à l'usage de l'informatique, que Stockhausen et Xenakis ont illustré. Il faut mettre en relation les possibilités de choix et d'intervention permises par les logiciels interactifs de consultation avec la vogue des partitions musicales « ouvertes » qui laissent aux interprètes une responsabilité dans la structuration même des œuvres.

Du point de vue de l'auteur d'une œuvre-mère, comme de celui du compositeur d'une « œuvre ouverte », le choix du récepteur en interaction ou de l'interprète est rigoureusement équivalent à un tirage au sort. En effet, l'œuvre a été conçue de telle manière qu'un choix convienne aussi bien que n'importe quel autre. Imaginons maintenant un observateur appréciant de l'extérieur le résultat des décisions de l'interprète ou de l'usager d'un système interactif. Nous retrouvons le même cas de figure : tout se passe exactement comme si l'instance avait échu à la suite d'un coup de dés. La valorisation de l'accès interactif à l'œuvre d'art repose en partie sur l'exaltation de l'autonomie et de la responsabilité nouvelle offerte au public. Mais sous l'angle de la nécessité interne et de la cohérence esthétique du roman, du film, ou de la séquence musicale, on peut remplacer sans inconvénient le libre arbitre du spectateur par une portion de la suite des décimales du nombre *pi*.

Cet arbitraire ou cette indétermination de l'instance rejoint très profondément son calcul détaillé par un algorithme. Dans les deux cas, programmation intégrale ou hasard, l'actualisation de l'œuvre ne résulte d'aucune *intention* de l'auteur. Algorithme ou chaos, la face de l'œuvre tournée vers le jour naît d'un processus aveugle, d'une puissance involontaire.

Il faut bien se garder de confondre la musique aléatoire contemporaine avec les compositions du Moyen Age et de la Renaissance européenne dont les partitions n'indiquaient que les hauteurs et les durées, laissant à la discrétion des exécutants les intensités et l'instrumentation. Si la notation du XVe siècle manquait de précision, c'est que la musique savante n'était pas encore bien dégagée de la tradition orale. D'autre part, on ne spécifiait pas les timbres (les instruments) parce que l'on considérait qu'ils affectaient peu la valeur musicale de l'œuvre, contrairement à notre époque où l'on accorde une grande importance aux couleurs sonores. En revanche, la musique aléatoire du XXe siècle est complémentaire d'une écriture musicale extraordinairement rigoureuse et d'une possibilité de détermination presque absolue du son grâce aux synthétiseurs numériques.

Avec *The Second Law*, Max Matthews a programmé une musique par ordinateur qui utilise des bruits de différentes largeurs de bande, depuis le sifflement à bande étroite de hauteur déterminée jusqu'aux chuintements à large bande. Le titre *The Second Law* fait référence au deuxième principe de la thermodynamique selon lequel l'entropie, ou désordre moléculaire, a tendance à croître dans tous les systèmes physiques isolés. Pierre Schaeffer et Iannis Xenakis ont tous deux tenté de faire naître la musique du bruit, le premier en enregistrant les grincements et la rumeur des choses, l'autre à partir de lois statistiques, le bruit étant alors entendu au sens de la théorie de l'information. Tout un pan de l'art contemporain a voulu explorer la limite entre le bruit et le message, mettant en question ce qui fait qu'une peinture est un tableau, une séquence sonore de la musique, un assemblage de caractères un texte littéraire. La protestation dadaïste, l'écriture automatique, les arts non figuratifs, bruts, informels, tachistes, les toiles absolument blanches de Rauschenberg et les concerts silencieux de John Cage ont poussé jusqu'au bout cette interrogation : à partir de quand le message s'évanouit-il dans le silence ou dans le bruit ?

Le développement de ces tendances est parallèle à l'éclosion de théories scientifiques enveloppant une dialectique du désordre et de la régularité. Wiener et la cybernétique ont popularisé la redécouverte du bruit par la physique. La théorie de l'information de Shannon a mathématisé une approche statistique de la notion de message. Le physicien Heinz von Foerster, le chimiste Ilya Prigogine et le biologiste Henri Atlan ont proposé différentes théories de l'ordre par le bruit.

L'ordre naturel et la complexité du vivant ne sont le fruit d'aucune intention. A l'imitation de la nature, l'art donne à percevoir des signaux involontaires émergeant d'un fond chaotique dont l'interprétation n'est pas fixée par des règles préalables. Voici un poème. Aucun humain n'y a ciselé ses émotions en images. Ni le cœur battant, ni le souffle d'un vivant n'a déposé sa musique dans le rythme de ses phrases.

L'idée qui rassemble ses vers autour d'un centre invisible n'éclaira jamais la nuit d'angoisse ou de sérénité d'un poète. On lit sur l'écran la trace d'une combinatoire mécanique, d'un jeu très compliqué, automatique et sans regard. Comme est peut-être le jeu du monde.

L'œuvre matricielle substitue l'unité du modèle générateur à celle de l'objet actuel. Le réel se laisserait désormais saisir comme la combinatoire des possibles impliqués par un programme-source. Mais il faut soigneusement distinguer les événements *virtuels* des instances *potentielles* que les modèles informatisés tiennent en réserve.

Même s'ils n'ont pas explicitement été prévus par le programmeur, même si leur occurrence dépend de la réception par le système de messages indéterminés, les possibles sont enveloppés dans l'unité du modèle. Ils sont déductibles, en droit, de la série des déterminations antérieures à leur actualisation. Le possible est déjà là dès l'avènement du système formel dont il est un des moments. Le virtuel, en revanche, fait irruption du dehors, jaillit d'un extérieur inassignable. Avant de se manifester au jour, il n'était déductible d'aucun système, ni contenu dans aucune combinatoire, ni réalisé sur quelque mode que ce soit.

L'instance est l'échéance d'un possible précodé, tandis que l'événement surgit du fond chaotique de l'être, ou du néant. C'est pourquoi l'on peut bien parler de la virtualité d'un événement en général mais non de la virtualité de celui-ci ou de celui-là, sauf après coup. Dans l'univers de l'art informatisé, la matrice inachevée ou à venir peut seule être dite virtuelle et sera donc seule objet de création. L'instance, quoique surprenante, bien qu'obtenue par des moyens interactifs, ne peut être que l'objet d'une opération.

Ces distinctions sont valables pour toutes les sphères d'activités touchées par l'informatique. L'informatisation s'accompagne presque toujours d'une tentative pour étendre le champ du possible aux dépens du virtuel. Les scénarios ne prévoient jamais toutes les situations, les simulations laissent fuir quelque chose du réel, les systèmes d'information oublient certains angles d'interrogation, les procédures manquent parfois de pertinence, les logiciels géants échappent à leurs auteurs. Mais les programmeurs intègrent de nouvelles éventualités, enrichissent les banques de données, améliorent les procédures et ramènent l'infinie et jaillissante variété du réel aux cas possibles d'un modèle. Travail de Sisyphe.

De l'interprétation à l'opération

Le destinataire de l'œuvre d'art d'ancien style interprétait un message, le nouveau récepteur instancie une matrice. L'usager des systèmes interactifs organise des modules, ordonne les séquences d'un scénario possible, décide des paramètres d'une image synthétique, etc. Intervenant effectivement dans la définition du produit final, il part d'une multiplicité précodée pour choisir et actualiser un possible. L'acte fondamental de la réception de l'œuvre devient l'opération.

L'opération s'inscrit dans l'espace défini par une combinatoire. L'interprétation, en revanche, part d'un donné fixe, mais on ne peut l'en déduire, ni arrêter ses bornes avant qu'elle n'ait déployé tous ses commentaires. Elle est virtuelle et virtuellement infinie. L'interprétation est à la dotation de sens ce que la création était à l'invention des formes. Autant dire qu'elles sont souvent indiscernables puisque la création se présente la plupart du temps comme interprétation de la nature, d'œuvres antérieures ou d'une expérience intime.

Le destinataire de la culture informatique gagne en effectivité ce qu'il perd en virtualité. Absorbant une partie des compétences du concepteur traditionnel, il joue partiellement le rôle de l'auteur. De ce fait, son action et sa responsabilité dans l'actualisation de l'œuvre-mère prennent le pas sur la quête de sens de l'activité herméneutique. Non que toute signification ait disparu. Celle de l'autonomie du récepteur et de son pouvoir d'agir est, au contraire, particulièrement prégnante. Mais du fait de la priorité accordée aux choix du spectateur, inscrite au cœur même des procédures de consultation, c'est la signification comme *problème* qui tend à disparaître au profit des dilemmes de l'action.

S'il fallait schématiser, nous dirions que l'ancien monde culturel s'organisait autour d'une cascade d'interprétations, tandis qu'un réseau d'opérations trame l'univers contemporain. Mais il faut immédiatement nuancer. Il y avait un substrat opératoire à chaque étape de la tradition interprétative, et des halos de signification nimbent toujours les chaînes opératoires, quelles que soient les dénégations de leurs auteurs (« c'est un pur jeu », « il n'y a pas de message », « seule l'efficacité nous intéresse », etc.). L'absence de signification ou l'idée que chacun est libre de composer la sienne à partir de petits modules de signifiant, cela fait encore sens. Il reste que la contemplation d'un objet diffère profondément de l'instanciation d'une matrice. Aux confins du paysage culturel, un horizon pragmatique s'est lentement substitué à l'horizon sémantique traditionnel. Les modifications affectant la sphère de l'art ne sont que l'indice d'un changement de cap qui engage profondément l'imaginaire social et l'ensemble de la culture.

Comme la plupart des évolutions liées à l'usage de l'informatique, le passage de l'interprétation à l'opération dans la réception de l'œuvre d'art ne doit pas s'analyser comme un « impact » de la technique sur les pratiques sociales mais comme la systématisation d'une tendance préexistante. *Klavierstück XI* de Stockhausen, la *Troisième sonate* de Boulez, les *Archipels* de Boucourechliev, la *Sequenza pour flûte seule* de Berio, *Scambi* de Pousseur : autant d'œuvres musicales qui se présentent à l'interprète comme une invitation à choisir. L'art cinétique, illustré par Vasarely, Sotto, Agam et Schoffer, s'est fait une spécialité de l'œuvre modulaire, multiple, programmée, requérant la participation du spectateur. Sotto a exposé des « pénétrables » changeant d'aspect au gré des mouvements du public. Agam a conçu des tableaux transformables dont tout un chacun pouvait déplacer sur une grille les éléments géométriques de base. Avec *Cent Mille Milliards de poèmes*, Queneau a mis à la disposition de ses lecteurs des vers à recombiner indéfiniment ; et Saporta écrivit en 1965 un roman dont les pages pouvaient être lues dans n'importe quel sens. Aucune des œuvres précitées n'a utilisé l'ordinateur. L'informatique généralise et multiplie la diffusion d'œuvres interactives, modulaires et potentielles, mais, ce faisant, elle amplifie un phénomène antérieur qui plonge de profondes racines dans la culture et la sensibilité contemporaines. L'art informatisé donne à lire une évolution qui déborde largement le milieu des peintres, musiciens, hommes de lettres et critiques d'art. Cette évolution affecte en réalité une strate anthropologique fondamentale sur laquelle reposait la vie sociale depuis des siècles.

La programmation succède au geste ; l'inerte matière est délaissée pour les modèles numériques protéiformes ; libres du temps long des maturations, les codes primordiaux commandent à la métamorphose débridée des êtres et des messages ; le jaillissement du virtuel est canalisé dans la combinatoire des possibles ; partout, enfin, l'ordre de la maîtrise effective et calculée supplante celui de l'interprétation, l'ordre du code celui du signe. L'informatisation de la société est l'indice d'une inversion des rapports de subordination entre langage et calcul.

Il ne s'agit certes pas de la simple substitution d'un univers de part en part technique à un monde reposant sur le pur symbole. Dans le monde du langage, le plan des opérations effectives était interprété, enveloppé par une sphère de significations transcendantes. Le geste ou l'action étaient des virtualités à l'intérieur d'un cadre imaginaire fixé par la tradition. Dans l'univers du calcul, c'est l'ordre de l'information opérationnelle, de la gestion des codes et de l'efficacité brute qui tend à gouverner la sphère sémantique. Le sens devient un possible, un objet de choix à partir d'une puissance d'agir et de trancher : la montée de l'univers du calcul est indissociable d'une aspiration à la liberté conçue comme un pouvoir d'action sur les choses et de sélection parmi les sens.

Le son ne devient rythme ou mélodie que s'il parvient à toucher les fibres mystérieuses qui nouent le corps à la mémoire. Le monde ouvert par une culture vibre dans son chant. Depuis plusieurs siècles, le cycle de la perception musicale des Occidentaux était structuré par ce schéma dynamique : stimulus, crise, attente, satisfaction par le rétablissement d'une harmonie. La plupart des innovations musicales intervenues entre le XVIe et le XIXe siècle ont conservé cette satisfaction finale de l'attente dont l'habitude est profondément ancrée dans l'oreille européenne. Or, la majeure partie des compositeurs contemporains vont à l'encontre de cette habitude perceptive et déplorent l'inertie psychologique et auditive du public. Contrairement à la tradition savante occidentale, les musiques extra-européennes sont très faiblement évolutives. Musiques du retour, de la répétition et de la variation, elles accordent encore davantage que la nôtre à « l'inertie psychologique ». Mais qu'est-ce que cette inertie, sinon le corrélat d'une mémoire culturelle inscrite dans le corps de ses sujets, sinon le sol de sensibilité, de gestes et de goûts sur quoi s'épanouit l'imaginaire social ? De même que la résistance de la matière et l'allure gravide du cours de la nature l'impatientent, l'Occidental prométhéen voudrait donner à l'écoute la plasticité métamorphique des modèles numériques. Il poursuit le paradoxe d'une musique sans tradition, sans mémoire.

Dans leur tension pour se libérer des conventions musicales de tous ordres, y compris en intégrant l'apport d'autres musiques, les compositeurs occidentaux étaient depuis longtemps sur le chemin de l'oreille abstraite et des sonorités expérimentales qui aboutit au synthétiseur numérique. A vouloir créer leurs propres critères d'écoute, les novateurs ont fini par saper les bases du monde musical commun. La grammaire et le lexique de l'ancien langage ont été déconstruits jusqu'à ce que fut atteinte la constitution physique du son. L'ordinateur calcule maintenant des fréquences et des intensités, il provoque directement les variations de la pression atmosphérique. Il opère dans l'univers sonore dont le monde musical de telle ou telle culture n'est qu'un possible contingent.

L'usage des ordinateurs n'accompagne pas la naissance d'une culture nouvelle dont le corps spécifique, les gestes, la mémoire, le langage et les dieux viendraient peupler un monde. Munis de nos machines et de nos sciences, nous nous établissons sur une strate bien antérieure à toute culture et qui les supporte toutes. Nous atteignons le fond sans chair aucune, amnésique, aveugle et infiniment efficace de l'univers. L'univers du calcul.

3

La machine universelle

Une grande structure sous-jacente singularise l'Occident : la machine universelle. Elle est un des secrets de son histoire, la forme cachée de son idéal démocratique, un moteur invisible de son art, le sceau de sa puissance industrielle et scientifique. Le concept de machine universelle a été rigoureusement élaboré dans le champ de la logique mathématique. Mais la grande machine universelle occidentale déployait ses tours et ses combinaisons dans les profondeurs de l'imaginaire social et dix mille aspects de la vie concrète bien avant qu'elle ne fût définie par l'informatique théorique. L'ordinateur n'est que la manifestation technique de cette configuration souterraine. L'objet de ce chapitre est de découvrir les traits de la machine universelle dans la dynamique et les produits de l'art occidental avant que ceux-ci ne soient soumis à l'informatisation.

Mais d'abord, qu'est-ce que la machine universelle au sens mathématique ?

Calculs, algorithmes, machines universelles

Une machine n'est pas nécessairement le moteur d'un véhicule ou bien une chose lourde et bruyante qui transforme la matière en lui appliquant avec violence une force mécanique. Radios, télévisions, centraux téléphoniques, montres à quartz et ordinateurs nous ont habitués à l'idée qu'une machine pouvait *traiter de l'information*, c'est-à-dire transformer suivant une loi déterminée un message d'entrée en message de sortie.

La différence entre un traitement industriel, par exemple, et un traitement informationnel réside dans la faible quantité d'énergie mise en jeu dans la sphère de l'information. Rigoureusement parlant, un traitement industriel est aussi informationnel, puisqu'il s'agit d'un processus par lequel des différences engendrent d'autres différences (ou par lequel une forme est donnée à une matière brute). Mais on réserve la notion de traitement de l'information aux processus mettant en œuvre de petites énergies et qui servent souvent à connaître, surveiller, contrôler, commander, directement ou indirectement, des processus de niveau d'énergie supérieur.

Le traitement d'information par excellence est le calcul. Au sens mathématique restreint, un calcul est un ensemble d'opérations arithmétiques. Nous retrouvons ici la notion d'opération, c'est-à-dire d'action organisée, méthodique, en vue de la production d'un effet déterminé. L'opération mathématique est une combinaison effectuée suivant des règles données sur des êtres mathématiques (par exemple des nombres, des ensembles, etc.) et admettant comme résultat un être mathématique bien déterminé. Si les êtres mathématiques sont convenablement représentés par des éléments physiques, et les règles de combinaisons parfaitement précisées, nous apercevons immédiatement la possibilité de *mécaniser* et d'*automatiser* les calculs.

Nous pouvons donner au mot calcul une extension plus large que son sens mathématique strict. On appellera alors calcul des opérations de tri, de classement, de permutation, de combinaison, de comparaison, de substitution, de transcodification (traduction d'un code à l'autre). Cette extension du sens du mot calcul est parfaitement légitime puisque toutes les opérations précitées peuvent se ramener à la combinaison, plus ou moins complexe, de deux ou trois opérations mathématiques fondamentales. Cela ne nous est pas familier, car lorsque nous nous livrons à des classements, des tris, des traductions d'un code à l'autre, nous agissons, du moins consciemment, de façon directe ou globale. Mais il faut savoir qu'il est souvent possible de décomposer des actions globales en quelques opérations élémentaires répétées un très grand nombre de fois et appliquées dans un ordre déterminé aux objets sur lesquels on opère. C'est ainsi que calcule un ordinateur ; ses circuits de base ne peuvent effectuer que quelques actions très simples, mais ces actions sont combinées entre elles et répétées de telle sorte que des calculs très complexes sont finalement réalisés.

Les objets sur lesquels agissent les circuits de l'ordinateur sont des impulsions électriques. La présence d'une charge électrique représente (pour nous) le chiffre 1, son absence le chiffre 0. Du fait qu'il est possible d'affecter un nombre à chaque lettre de l'alphabet et que tous les nombres peuvent s'exprimer en numération binaire, il est possible de représenter à l'intérieur d'un ordinateur tout ce qui peut s'écrire dans un alphabet ou se traduire par des chiffres. Ainsi, des circuits électriques simples jouant sur la présence ou l'absence de charge électrique, parce qu'ils représentent des opérateurs mathématiques fondamentaux agissant sur des nombres exprimés en base deux, effectuent des calculs extrêmement élaborés, traitent de l'information.

L'exécution d'un travail peut généralement se décomposer en une suite ordonnée d'actes élémentaires. La réalisation d'une multiplication, le classement de mots par ordre alphabétique, tout ce que nous avons appelé calcul, et qui se réduit à des opérations d'arrangement, de combinaison et d'organisation d'un nombre fini d'éléments, peut être rangé dans la classe des travaux décomposables en sous-travaux plus simples.

Pour nous, l'instruction : « classez ces mots par ordre alphabétique », a un sens. L'être humain est un opérateur dont la compétence est extrêmement étendue. Mais imaginons un opérateur dont la compétence est si restreinte qu'il ne peut effectuer que deux ou trois opérations et seulement sur les chiffres 0 et 1 : c'est le cas du circuit de base d'un ordinateur. Pour que l'ordinateur puisse effectuer ce traitement, il faudra donc non seulement que tous les mots soient traduits en suites de 0 et de 1, mais que l'instruction globale : « classez ces mots par ordre alphabétique », soit décomposée en instructions élémentaires exécutables par l'ordinateur. Mais s'il fallait, à chaque fois qu'il y a un calcul à faire, le décomposer en opérations élémentaires convenablement disposées pour qu'il soit effectué par l'ordinateur, il serait plus simple de le faire à la main.

C'est pourquoi les opérations les plus courantes, addition arithmétique, multiplication, etc., sont la plupart du temps déjà câblées dans la machine, c'est-à-dire que les circuits de base sont disposés de telle façon qu'ils réalisent automatiquement l'opération voulue. C'est aussi pourquoi on établit des plans de calcul à l'usage de l'ordinateur non pour *un* traitement déterminé mais pour *un ensemble* de traitements similaires ou une classe de traitements. Ce sont donc les exigences du traitement *automatique* de l'information qui conduisent les informaticiens (ou les usagers de la micro-informatique) à élaborer des algorithmes.

Un algorithme est une suite finie (car il faut que le calcul ne soit pas infini, aboutisse à un résultat) et *ordonnée* (convenablement disposée de façon à aboutir au résultat voulu) *de règles* (ou d'instructions, ou d'opérations) en vue de résoudre une classe de problèmes (de réaliser un certain type de tâches et non pas *un* problème ni *une* tâche).

On dit qu'un problème à résoudre, une tâche à accomplir ont été *formalisés* lorsqu'on a établi la liste des opérations élémentaires, celle des objets sur lesquels s'effectuent ces opérations élémentaires, et qu'on a déterminé précisément dans quel ordre et sur quels objets doivent s'effectuer les opérations. La formalisation d'une tâche, d'un calcul, nécessite l'explicitation de tous ses aspects. Il y a plusieurs algorithmes ou plusieurs formalisations possibles d'un même calcul. Les algorithmes varient en fonction de la compétence de l'opérateur (les instructions « élémentaires » ne sont pas les mêmes) et du facteur optimisé dans l'exécution : plus ou moins grande rapidité, plus ou moins grand degré de généralité, etc.

Les algorithmes sont souvent déconcertants : une fois formalisées, les actions les plus familières perdent leur apparence habituelle. La perception globale disparaît au profit d'une extrême rigueur dans l'explicitation et la description ; le découpage de la réalité n'y est pas fait autour de pôles de signification, mais suivant une logique purement opératoire.

Un programme informatique est donc un algorithme, ou un ensemble d'algorithmes, destiné à conduire entièrement l'exécution d'une tâche, souvent très complexe, à l'intérieur d'un ordinateur ou d'un système informatique. Chaque mot d'un programme ne doit pouvoir être interprété que d'une seule manière par la machine. La syntaxe (c'est-à-dire l'ordre dans lequel doivent se trouver les mots et les signes de ponctuation) d'un langage de programmation est extrêmement rigoureuse. Une virgule en moins ou mal placée, et le programme ne fonctionne pas comme il faut. Les programmes sont stockés dans la mémoire de la machine en même temps que les informations qui font l'objet du traitement. Le programme et les données ayant été introduits dans la machine, le traitement va se dérouler d'une façon entièrement automatique, sans intervention humaine, ce qui lui permet de s'exécuter à une très grande vitesse.

En informatique, les mots « machine » ou « automate » désignent moins le dispositif physique qui effectue la transformation d'un message d'entrée en message de sortie que la structure logique de ce dispositif. La même « machine » (à faire des additions, par exemple) peut s'incarner aussi bien dans une calculatrice à roues dentées, que dans un microprocesseur ou une liste d'instructions que devrait suivre à la lettre un esclave humain parfaitement obéissant. En fait, une « machine » est un algorithme, un programme.

En 1936, près de dix ans avant la construction du premier ordinateur, le mathématicien anglais Alan Turing proposa un modèle extrêmement simple de la machine à traiter l'information. La thèse de Turing était la suivante : tous les processus décomposables en une suite finie et ordonnée d'opérations sur un alphabet restreint qui aboutissent au résultat recherché en un temps fini peuvent être réalisés par une *machine de Turing* ; inversement, tous les travaux qu'une machine de Turing est capable de réaliser sont des algorithmes ou *procédures effectives.* Turing a démontré qu'il existait un grand nombre de tâches *impossibles* à faire exécuter par une de ses machines.

Une machine de Turing peut se trouver dans un nombre fini d'*états* distincts et prédéterminés. A chacun de ces états correspond une manière différente de réagir aux messages d'entrée. Le fonctionnement de la machine se présente ainsi : les données de départ sont codées sur un ruban de papier de longueur indéfinie divisé en cases. Chaque case ne comporte qu'un seul symbole d'un alphabet binaire (0 ou 1). La tête de lecture de la machine n'inspecte qu'une case à la fois. Après chaque inspection de la case face à laquelle se trouve sa tête de lecture, la machine consulte son *tableau d'instructions.* Celui-ci lui indique comment elle doit se comporter en fonction : 1° de *l'état* dans lequel elle se trouve ; 2° du symbole que sa tête de lecture vient d'inspecter. Elle lit par exemple dans son tableau cette instruction : « Si vous êtes dans l'état 12 et que vous inspectez le symbole 0, effacez-le, écrivez 1 à la place, décalez-vous d'une case vers la gauche et mettez-vous dans l'état 13. » La machine exécute cette instruction, puis inspecte la nouvelle case devant laquelle est placée sa tête de lecture. Elle consulte alors son tableau d'instructions qui lui indique, par exemple : « Si vous êtes dans l'état 13 et que vous inspectez le symbole 1, ne l'effacez pas, n'écrivez rien, décalez-vous d'une case vers la droite et mettez-vous dans l'état 5 », etc. La tête de lecture ne peut jamais se déplacer que d'une case vers la gauche ou vers la droite. Lorsque la machine exécute une instruction qui se termine par « stop », elle s'arrête. Pourvu que les données aient été convenablement codées et le tableau d'instructions bien conçu, le résultat du calcul est alors inscrit sur le ruban. A chaque problème calculable correspond au moins une machine de Turing (un tableau d'instructions) capable de le résoudre.

Turing est allé plus loin que la définition rigoureuse de la calculabilité. Il a montré qu'il existait une classe de machines, les machines universelles, capables de résoudre *tous* les problèmes calculables ou de réaliser toutes les procédures effectives.

Une machine universelle possède un tel pouvoir parce que son tableau d'instructions a été conçu pour lui faire imiter le comportement de n'importe quelle machine particulière. On ne fournit donc pas seulement à une machine universelle les données du problème à traiter mais encore la description codée de la machine capable de traiter ce problème. La description d'une machine se ramène en fait à la transcription de son tableau d'instructions. Comme celui-ci est toujours fini et qu'il est agencé suivant une organisation standard, on le représente facilement par une suite de symboles sur le ruban de la machine universelle.

En 1945, dans le *First Draft of a Report on the EDVAC*, John von Neumann proposait de construire un calculateur dont les programmes seraient enregistrés, au même titre que les données, dans une grande mémoire rapidement accessible par l'unité arithmétique et logique de la machine. Von Neumann retrouvait ainsi sur le mode technique le principe du ruban de la machine universelle de Turing et définissait du même coup l'architecture de l'ordinateur moderne.

La machine universelle est l'ancêtre abstrait de l'ordinateur et la description codée de la machine particulière préfigure la notion de programme informatique. Quasiment tous les ordinateurs, même les micro-ordinateurs, *sont* des machines universelles. Ils peuvent en principe effectuer tous les algorithmes et simuler n'importe quelle autre calculatrice. En pratique, ils sont évidemment limités par leur vitesse de calcul et leur capacité de mémoire. On peut également considérer les règles syntaxiques d'un langage formel (un langage de programmation, par exemple) comme une machine universelle, si toutes les procédures effectives peuvent être décrites dans ce langage. En ce sens, au même titre que d'autres langues formelles créées par les logiciens, le basic, le fortran ou Logo sont des machines universelles.

Envisagée comme grande forme organisatrice de la dynamique et des produits de l'art occidental, la machine universelle n'a bien entendu qu'un rapport d'analogie avec l'automate conçu par Turing. Elle possède néanmoins trois caractéristiques essentielles qui permettent de l'identifier sous le même vocable :

— c'est une puissance de tous les possibles, elle a vocation à embrasser et à récapituler le tout, y compris ce qui ne s'est encore jamais manifesté ;

— elle effectue un travail formel (ou syntaxique, ou purement opératoire) sur des signes ;

— les symboles élémentaires sur lesquels travaille la machine universelle sont très en dessous des seuils de perception immédiats.

UNE PUISSANCE DE TOUS LES POSSIBLES

Aux environs de la fin du XIXe siècle, une mutation très importante se produit dans l'histoire de l'art. Pour la première fois l'horizon de l'artiste n'est plus seulement sa propre tradition, ou le carrefour de quelques civilisations voisines, mais la pluralité bigarrée des cultures du monde. Diffusions et influences ne datent pas d'hier, voyageurs et philosophes connaissent depuis toujours la relativité des conventions sociales et des formes de sensibilité. Ce n'est pourtant que depuis le début du XXe siècle que l'homme occidental, et l'artiste en particulier, se trouve confronté directement à toute la diversité des créations humaines. L'unification de la planète par l'Occident commercial, industriel et colonisateur, les progrès des études ethnologiques, historiques et archéologiques, les livres et les revues d'art, la photographie, le cinéma, le disque, la radio, la traduction systématique des monuments littéraires et des récits mythiques des quatre continents mettent l'artiste face à l'ensemble des traditions culturelles passées et présentes.

La multiplication et l'extension extraordinaire des musées au cours des deux cents dernières années illustrent cette évolution. Jusqu'au XVIIIe siècle, il n'existe encore que de grandes collections princières dans quelques capitales européennes. La Révolution française inaugure une politique de création et d'enrichissement des *musées nationaux* qui se répand dans le reste de l'Europe au début du XIXe siècle. Dans une première phase, les collections sont surtout consacrées à l'archéologie et aux civilisations de l'Antiquité. Vers le milieu du siècle, on observe une inflexion vers la glorification des passés nationaux. Après 1850, l'intérêt se porte vers la peinture et l'on commence à fonder des conservatoires d'art industriel ou des arts décoratifs, car on a déjà le sentiment d'une décadence de l'artisanat. A la fin du siècle, de nombreux musées des sciences et des techniques sont institués. Aux alentours de 1900, les muséums, conservatoires, pinacothèques et autres édifices publics rassemblent tous les témoignages de la nature et de l'activité humaine. Au XXe siècle, enfin, le musée *de masse* succède à celui du XIXe, réservé à un petit nombre de professionnels et d'amateurs.

L'influence des arts anciens ou exotiques se fait sentir dès la deuxième moitié du XIXe siècle. Degas s'inspire des estampes japonaises pour ses cadrages plongeants ou plafonnants. Van Gogh trouve dans l'estampe une voie vers des aplats de couleurs vives et le découpage de formes violemment teintées, amplifiées par un trait contrasté. On appelle Bonnard le « nabi japonais ». Gauguin, qui vécut ses premières années au Pérou, est fasciné par l'archaïsme et l'art extra-européen. Sculptures précolombiennes, calvaires bretons, statues égyptiennes, compositions à la japonaise voisinent dans ses œuvres, comme les dieux primitifs d'origines diverses réunis dans son fameux tableau tahitien *D'où venons-nous ? Que sommes-nous ? Où allons-nous ?* (1897). Matisse découvre au cours d'un voyage en Afrique du Nord les possibilités décoratives de l'art islamique. Derain rencontre l'art nègre au British Museum. La statuaire ibérique primitive du musée du Louvre impressionne Picasso. Le musée ethnographique de Dresde révèle à Kirchner les arts nègres et polynésiens. Tous ces peintres se nourrissent des expositions universelles, collectionnent les photos d'art et arpentent les salles des musées d'Europe.

Ne nous méprenons pas ; la présence physique de l'image nippone ou du masque africain ne suffit pas à déterminer une influence. Pour qu'ils passent du statut de curiosité à celui d'objet d'art, il faut que l'artiste qui les regarde soit convaincu de la contingence de sa propre tradition. Les œuvres archaïques ou exotiques ne lui apparaissent comme des encouragements ou des solutions que s'il a déjà fait tout seul une partie du chemin. C'est toute la différence entre Berlioz déclarant, au sortir d'un des premiers concerts de musique chinoise en Europe, que « ça n'est pas de la musique », et Debussy découvrant, stupéfait, la richesse de la musique javanaise à l'Exposition universelle de 1889. Près de quarante ans plus tard, Olivier Messiaen a la révélation de l'art d'Orient à l'Exposition coloniale de 1931. Cette rencontre influence profondément ses recherches rythmiques et, par contrecoup, la formation de la génération actuelle des compositeurs, puisque Boulez et Stockhausen sont notamment ses élèves au Conservatoire de Paris.

Aujourd'hui, n'importe quel possesseur d'une radio à modulation de fréquence a entendu des musiques chinoises, balinaises, africaines et au total beaucoup plus de styles musicaux que Jean-Sébastien Bach. Les livres d'art et les expositions nous donnent une connaissance (superficielle) de la peinture mondiale cent fois supérieure à celle qu'en avait Rembrandt. L'artiste n'est plus porté par une tradition qu'il fera évoluer en la réinterprétant. Il se situe désormais dans un espace où sont diffusées les productions de toutes les cultures, son horizon est l'ensemble des formes possibles. L'art devient la récapitulation de tous les styles, de toutes les époques, de tous les pays, il a pris la forme de la machine universelle.

Cette nouvelle condition se reflète à l'intérieur de certaines œuvres privilégiées qui arrivent à condenser en leur sein comme un univers en réduction. Picasso, peintre aux multiples « périodes », fait de constantes allusions à l'histoire de la peinture. Ses *Demoiselles d'Avignon*, tableau emblématique de la modernité picturale qui ouvre la voie au cubisme, présentent un mélange de manières différentes. Les styles, confrontés dans leur diversité, deviennent objet de peinture. Luciano Berio fait dans *Folk-song* une anthologie des musiques populaires de tous les pays. Certaines de ses œuvres, tels *Labyrinthes II* et *Sinfonia*, sont de véritables collages où défile toute la musique occidentale. Dans *l'Homme sans qualités*, Robert Musil dresse un répertoire général de toutes les « grandes idées » imaginables et le héros du roman, Ulrich, est présenté comme « l'homme des possibles ». Borgès ne se conçoit que sur un fond de littérature comparée. Dans son œuvre, tous les grands auteurs de la planète se réincarnent et tiennent colloque. Voici l'écriture de la bibliothèque mondiale. Avec *Finnegans Wake*, Joyce achève un livre presque impossible, rédigé dans près de vingt langues et récapitulant l'histoire et les mythes de toute l'humanité.

La plongée dans un espace pluriculturel incite à une sorte de métalittérature prenant pour sujet la multiplicité des œuvres, des idées et des langues. De même en peinture et en musique. Mais cet espace suscite également un regard second, détaché, abstrait. Lorsque nous goûtons un masque africain, ce n'est évidemment pas sur le même mode que les Africains contemporains de sa création. Pour ceux-ci, le sens de l'œuvre était donné par un contexte esthétique, social et religieux particulier ; pour nous, le masque irradie et fait surgir le monde qui l'engendra parmi les mille figures du kaléidoscope universel des cultures.

Michael Baxendall a montré que les peintres du quattrocento florentin poursuivaient certains buts précis : inciter à la piété, instruire les gens simples, soutenir leur mémoire en complétant leur vision intérieure des principales scènes de l'Histoire sainte. Le peintre contemporain a perdu sa fonction d'imagier populaire. L'omniprésence d'images produites et diffusées industriellement le confronte à une urgence nouvelle : repenser explicitement les modes institués de représentation.

La *Cinquième symphonie* de Beethoven n'est quasiment pas la même œuvre en 1810, quand l'auditeur moyen n'avait de chance de l'entendre qu'une fois dans sa vie au prix d'un long et coûteux voyage, qu'en 1987, quand quelques gestes permettent à tout un chacun de la réécouter à volonté. Ici encore, la saturation sonore de l'environnement contemporain pousse le compositeur à remettre en question les langages musicaux traditionnels. Les techniques de diffusion massive de l'image et du son contraignent l'artiste du XXe siècle à une rupture indéfiniment répétée de quelque tradition que ce soit s'il veut continuer à *faire événement*.

Le flot médiatique déferlant et l'accès direct à la diversité des productions culturelles de l'humanité concourent au même effet : l'œuvre doit prendre en charge la création *ex nihilo* d'un style et d'une tradition que l'artiste incarne à lui seul. Face au grand tableau de toutes les formes possibles, la tâche nouvelle du créateur est d'y découvrir une case vide afin d'y laisser sa marque. Pour employer une métaphore, nous dirons qu'avant l'assomption de la machine universelle l'artiste devait écrire un nouveau texte, tandis qu'après son avènement, le voilà contraint d'inventer une nouvelle langue.

Comme nous l'avons vu plus haut, si un auteur peut se réduire à une matrice formelle, si ses œuvres sont assimilables à des instances différentes de cette matrice, alors l'artiste de la société informatisée doit passer au niveau logique supérieur sous peine de se voir concurrencé par la machine. Il ne créera plus d'œuvres mais des systèmes d'œuvres et devra se réinventer chaque fois, hors de toute tradition. *Les conditions nouvelles instaurées par la communication mondiale du*

XXe siècle conduisent aux mêmes conséquences que les possibilités logico-informationnelles ouvertes par les ordinateurs. Les systèmes de synthèse d'images et synthétiseurs numériques, petites machines universelles incarnées, sont en parfaite harmonie avec la grande machine universelle.

UN TRAVAIL FORMEL SUR DES SIGNES

Rappelons qu'un algorithme est une suite finie et ordonnée d'opérations parfaitement définies sur un ensemble circonscrit d'objets en vue de parvenir à un résultat en un nombre fini de pas. Une machine de Turing est la représentation d'un algorithme par un mécanisme physique. Les objets sur lesquels travaille la machine de Turing sont des symboles d'un alphabet. Toute considération de signification ou d'interprétation de ces symboles est absolument exclue du fonctionnement de la machine. Celle-ci n'obéit qu'à des règles formelles ou syntaxiques. Une machine de Turing peut être dite abstraite en deux sens :

— elle est le modèle abstrait, formel, de toutes les machines qui calculent la même fonction, quelle que soit la technologie matérielle qui les incorpore ;

— son fonctionnement est intrinsèquement abstrait parce qu'il ne représente ou ne « dit » rien ; il est purement opératoire. Seul un observateur extérieur peut interpréter ou projeter une signification sur un système formel.

A côté d'autres tendances valorisant l'expression, l'émotion, la spontanéité ou l'engagement dans les conflits du siècle, la conception de l'activité artistique comme travail formel sur des signes est un trait marquant de la modernité, aussi bien en peinture et en musique, qu'en littérature.

Déjà, Mallarmé déclarait ne pas écrire avec des idées ou des images mais avec des mots. Il tentait de suivre la « loi interne du langage » presque au moment où commençait l'entreprise d'axiomatisation et de formalisation de l'arithmétique qui allait conduire aux découvertes de Turing. Le fameux *Livre* que sa mort laissa inachevé semble un curieux mélange de spéculations mystiques et de mécanisme combinatoire.

Une bonne part de la poésie du XXᵉ siècle se situe dans la perspective d'un langage sans référence. Les formalistes russes autonomisent les structures verbales. L'écriture *automatique* des surréalistes, qu'il est d'ailleurs très facile de simuler par ordinateur, exclut la visée consciente d'une signification. L'école de « l'écriture » et des recherches textuelles, qui a fleuri en France entre 1960 et 1975 autour de revues comme *Tel Quel*, tendait à considérer le texte comme un objet en soi, moins offert à la lecture du public qu'aux analyses structurales de critiques professionnels. Il est arrivé qu'on aboutisse à des poèmes qui ne disent rien, à des romans non narratifs et, plus généralement, à une littérature non figurative déroulant le fonctionnement abstrait d'un hypothétique système de signes.

Pour un auteur comme Claude Ollier, l'écriture a peu de rapport avec la notation de la parole ou la narration. Il faudrait plutôt la rapprocher de la musique ou de l'« écriture électronique », c'est-à-dire de la programmation. D'une façon sans doute moins radicale, les grands maîtres de la littérature contemporaine, tels Proust ou Joyce, sont passés de la représentation d'événements « intéressants » ou significatifs à la création indissolublement conjointe d'une langue et d'un cosmos. La description de faits n'est plus que le prétexte de cette ambition démiurgique. L'« histoire » n'a évidemment pas la même fonction chez Alexandre Dumas et Franz Kafka.

Le texte littéraire du XXᵉ siècle se rapproche du système axiomatique dont la pureté formelle autorise une multiplicité de *modèles* concrets ou d'interprétations. « Il n'y a pas de vrai sens d'un texte », a dit Paul Valéry. Bien que visant l'ensemble de la littérature, cette idée ne pouvait avoir été émise qu'au XXᵉ siècle et s'applique particulièrement à ses auteurs. La polysémie du *Procès* ou du *Château* est proprement inépuisable, celle de *Finnegans Wake* est délibérée.

L'apparition de la peinture non figurative illustre de façon éclatante le nouveau paradigme artistique. Il ne s'agit pas, comme dans le cas de l'art musulman, d'une interdiction religieuse de la représentation ou d'un iconoclasme. L'abstraction est l'aboutissement logique d'une volonté de briser le langage conventionnel de la représentation et d'une recherche indéfiniment reprise de nouveaux systèmes de signes (impressionisme, pointillisme, fauvisme, cubisme, etc.). Certains peintres aboutissent finalement à une axiomatique, avec ses symboles (formes, couleurs, matières) et ses règles de composition, dont la rigueur et la cohérence interne ont fini par détrôner entièrement le référent extérieur. L'œuvre de Kandinski est à cet égard tout à fait exemplaire, bien que ses théories explicites le rattachent plutôt au romantisme tardif.

La musique est certainement l'art qui se prêtait le mieux à la formalisation abstraite puisque, par nature, elle ne signifie rien. Ce trait ne fut aperçu que récemment, car dans le cas des cultures traditionnelles la musique était liée à la danse, à certaines cérémonies religieuses ou activités collectives, à des moments du jour ou de l'année, si bien qu'elle semblait posséder en propre la signification qui lui était donnée par les paroles des chants ou le contexte social. En se séparant du corps dansant ou chantant, en se détachant de tout environnement spécial grâce au développement des concerts où la musique est écoutée pour elle-même, puis grâce au disque et à la radiodiffusion, la mélodie apparaît dans son essence de poème non figuratif. Boris de Shloezer a parfaitement mis en lumière l'aspect clos de la musique : son contenu coïncide exactement avec sa forme. On ne peut *traduire* une musique en transvasant la même signification dans une autre syntaxe, ni produire de commentaire musical pour expliquer un morceau difficile comme on le fait dans l'ordre du discours.

Toute l'histoire de la musique au XXe siècle est marquée par les efforts des compositeurs pour repenser le langage musical. Les recherches contemporaines accordent un rôle fondamental à la formalisation. L'ordinateur ne fait que conforter et rendre obligatoire une tendance largement préexistante, en particulier dans l'utilisation des techniques sérielles. Ici encore, la cohérence interne de l'œuvre ou l'innovation qu'elle propose en termes de système de signes passe fréquemment avant son audibilité. Mais cela ne sera considéré comme un échec que si on attribue à ces œuvres une visée de figuration ou de plaisir pour le récepteur qu'elles n'ont pas, étant avant tout des travaux formels sur des signes.

En reprenant la théorie des quatre causes d'Aristote, on dira qu'une part importante de la création artistique contemporaine s'est concentrée sur les causes efficientes, matérielles et formelles au détriment des causes finales. L'attention aux gestes spontanés, aux pulsions inconscientes du créateur aussi bien qu'à ses techniques et procédés ressortit à la valorisation des causes efficientes. Le goût de la couleur en soi, des matières, des textures sonores ou picturales, l'importance accordée au signifiant, à la lettre et même à la typographie en littérature trahissent un souci réel des causes matérielles. Nous venons d'évoquer, enfin, l'importance prise par les causes formelles : il faut constater le relatif effacement du sens, ou de l'écoute partagée, à supposer que telle soit bien la cause finale de l'œuvre d'art.

L'art médiéval choisit des sujets religieux : Dieu, les anges, des scènes tirées de l'Écriture. Il prend pour thème ce qui a le plus de signification, ou mieux, la source de toute signification. L'image parle, elle édifie ; pour les initiés, elle crypte un message troisième ou second. La figuration iconique illustre le texte (enluminures), les sermons des prédicateurs ou la liturgie (sculptures d'églises, vitraux). Les scènes de la vie quotidienne des livres d'heures sont des stations sur un parcours circulaire qui reviendra toujours. L'image reflète l'éternité. On peint le sacré, le cyclique, le symbolique.

Regardons maintenant les tableaux du maître d'Aix. Les pommes de Cézanne ne sont pas symboliques sans être non plus des représentations en trompe-l'œil. Elles ne tressent de couronne à aucune puissance de ce monde. Ce sont des objets donnés à percevoir dans leur densité, leur volume, leur forme et leurs couleurs. Pure objectivité qui ne renvoie qu'à elle-même. Les paysages de Cézanne n'expriment pas d'effusion romantique devant la nature, ni de maîtrise intellectuelle par la perspective géométrique. Seulement la présence ontologique de la Provence, de ce paysage-là. Peut-être cela ne pouvait-il arriver que dans la culture qui produit la science moderne, au moment où celle-ci commence à devenir un phénomène social total. La sensation sert à la connaissance de l'univers objectif, et l'on observe des objets de moins en moins « intéressants » (corps pesants, gaz dilatés), jusqu'à ce que les choses volent en éclats et se dissolvent en codes impalpables.

Grâce exquise du symbole médiéval ; fragile et merveilleuse beauté de l'objet moderne, à son tour menacée.

L'OBJET PULVÉRISÉ

En principe, une machine de Turing peut opérer sur des alphabets comportant un grand nombre de symboles et chacun de ceux-ci peut être arbitrairement compliqué, à condition toutefois qu'il existe un moyen de le distinguer de tous les autres. En pratique, cependant, on adopte un alphabet à une seule lettre, un bâtonnet, si bien que les cases du ruban de la machine ne connaissent que deux états : vides ou marqués d'un bâton. Nous avons vu que ce système, si pauvre qu'il paraisse, permettait de coder n'importe quel texte écrit dans un alphabet fini. On sait qu'un ordinateur ne reçoit jamais d'information que sous la forme de 0 et 1. Lorsqu'un capteur numérique détecte une forme particulière, que ce soit un son ou un phénomène visible, il n'appréhende pas, comme nous, une forme globale, mais une suite d'impulsions de type binaire. La théorie de l'information est fondée sur la notion de probabilité d'apparition d'événements dans des situations à deux issues. Ainsi les objets, les processus, les mots sont décomposés, analysés, traités par l'informatique à une échelle si petite qu'il n'y a plus pour nous d'image directement perceptible : seulement une interminable série d'occurrences de symboles, atomes de circonstances qui s'opposent aux macrodécoupages et aux gros éléments de notre vie ordinaire avec ses noms, ses choses, ses unités de sens immédiatement sensibles.

On observe dans la littérature une descente vers l'imperceptible comparable à celle que réalise l'informatique. Proust ou Joyce décrivent des événements infimes auparavant négligés par le roman, méandres du monologue intérieur, sensations analysées jusqu'à l'extrême limite du dicible. La prolifération du langage fait éclater l'identité du héros et la trame de l'action. Le nouveau roman a tenté de saisir le continuum de l'expérience humaine sous-jacent aux unités conventionnelles qui fondent le « bon sens ». La suspension du sens, évoquée au chapitre précédent, est le complément naturel de cette recherche de l'élémentaire au service d'un idéal de précision. Nathalie Sarraute, par exemple, abandonne sujets et objets au profit d'un espace pré-objectif où se distribuent des flux et des nuages plus ou moins aléatoires de micro-événements évanescents. L'écrivain veut se rapprocher du réel en abandonnant les conventions de la narration classique.

Dans *les Corps conducteurs*, Claude Simon pousse la discontinuité jusqu'à mener en parallèle près de vingt lignes de description en passant de l'une à l'autre toutes les trois ou quatre phrases. Pas de suivi chronologique d'un récit chez le prix Nobel français, c'est avant tout l'écriture qui se donne à lire, multiple, bourgeonnante, dissolvant les personnages, l'intrigue et les décors, donnant un relief infini au moindre détail. Dans *Histoire*, tous les fragments narratifs sont représentés sur le même plan, qu'ils évoquent une scène « réelle » ou une carte postale.

Ces tendances de la littérature contemporaine sont parallèles à certaines évolutions de méthode en sciences humaines. La nouvelle archéologie informatisée, lorsqu'elle rencontre un artefact sur un site, ne dit pas, comme l'ancienne, voici une hache ou un grattoir. Elle considère l'artefact comme un ensemble de caractères : lieu de découverte, mensurations, éléments de forme, matériau, etc. Cet ensemble de caractères est confronté à des distributions statistiques de nuages de caractères de même type (figuré sur des graphiques par des nuages de points). Un traitement automatique classe l'artefact dans telle ou telle catégorie provisoire et fluctuante suivant qu'il est plus ou moins proche du barycentre de tel ou tel nuage de points. Ces catégories ou « clusters » ne sont pas fixées *a priori* comme dans les classifications de l'ancienne archéologie (armes de jet, bijoux, tessons, etc.), mais changent avec chaque nouvelle trouvaille puisque ce sont des résultats statistiques.

Le programme taxinomique opérant sur des distributions de caractères codés et l'archéologue « reconnaissant » immédiatement un « objet » appartiennent à deux ères anthropologiques distinctes. La dissolution de *l'objet* globalement et intuitivement sensible accompagne l'informatisation. Corrélativement, le *sujet* qui entretenait des rapports de connaissance et d'action avec les choses fait place à des séries d'opérations élémentaires codifiées par des algorithmes.

Extraordinaire aventure que celle qui a mené la peinture européenne à explorer tout le champ du visible. Chaque civilisation est possédée par quelques sujets privilégiés, formes décoratives, figurations du divin ou scènes de la vie quotidienne. La Chine a ses paysages de brume où l'homme se perd à la limite du vide, la Thaïlande est hérissée de Bouddhas, la Grèce peuple ses cités de corps harmonieux et d'équilibres parfaits. La modernité européenne s'affranchit de tout sujet principal, de tout angle de vue déterminé, de toute échelle et de toute forme de représentation particulière. Cette machine universelle parcourt l'ensemble de l'expérience visuelle possible. N'importe quoi peut devenir objet de contemplation : l'angle d'une porte, un mur blanc, quelques lignes, une tache, la couleur elle-même. L'art non figuratif n'est pas aussi abstrait qu'on le pense : formes, textures appartiennent aussi à ce que l'œil voit. Cette peinture a simplement poussé jusqu'à son terme le détachement à l'égard des sujets et points de vue « intéressants » dont la Renaissance italienne offre un bel exemple avec ses motifs religieux et sa mise en scène perspective. On observe ici encore un éloignement de l'appréhension commune intuitive et des gros découpages conventionnels.

Le cubisme illustre la dissolution de l'objet en composants élémentaires et l'évanouissement du sujet focal qui lui correspondait. Avec Delaunay, Mondrian, Klee et Kandinsky, nous descendons vers le monde de la forme pure et de la couleur en soi, comme si la peinture cherchait les conditions de possibilité de la vision. En 1937, Kandinsky signe une curieuse toile dénommée *Trente*, composée d'autant de cases noires et blanches en damier sur lesquelles se détachent trente pictogrammes respectivement blancs et noirs ; sorte d'alphabet des formes dont on retrouve effectivement les éléments dans les tableaux du maître russe à cette époque.

Ce besoin de codification discontinue est aussi nettement repérable chez Mondrian et toute sa descendance cinétique ; le mouvement atteignant sans doute son point culminant chez Vasarely, dont les œuvres modulaires semblent avoir été réalisées par un ordinateur à une époque où l'on n'imaginait même pas qu'un art informatisé fût possible. Les usagers de la machine universelle technique ne font que prolonger l'action d'une machine universelle imaginaire plus fondamentale.

De nouveau, en musique, l'unité de base n'est plus la note conventionnelle de la gamme, aisément audible, mais une unité acoustique comme le « grain de Gabor », analogue au photon de l'optique. La structure des sons est analysée en timbres, hauteurs, durées, intensités. L'harmonie est décomposée en sinusoïdes pures. Les nouveaux constituants primitifs de la musique sont des paramètres physiques inaudibles en eux-mêmes, sauf à les faire varier indépendamment les uns des autres à l'aide d'un synthétiseur numérique.

La machine universelle opérant formellement sur un univers pulvérisé de symboles élémentaires se présente comme un schéma abstrait convenant aussi bien aux automates calculateurs qu'à certaines évolutions des formes et langages artistiques. Les courants littéraires, musicaux et picturaux invoqués à l'appui de cette thèse, nous l'avons déjà souligné, n'épuisent pas la totalité de l'art européen depuis 1880. Ils représentent néanmoins ce que l'époque a produit de plus neuf et de plus significatif. On peut préférer la profonde humanité du jazz aux recherches sérielles et l'exaltation sur la toile de l'ineffable et pérenne splendeur du monde aux innovations d'un Malevitch. Il reste que les secondes nous livrent plus de secrets que les premières sur les ressorts de la mutation culturelle en cours et la spécificité de l'Occident.

Au cours des pages qui précèdent, nous nous sommes attachés à montrer que la figure de la machine universelle structurait une part significative de la création artistique contemporaine avant même son informatisation proprement dite. Certains artistes utilisent l'ordinateur comme un outil, mais le modèle de l'automate calculateur se laisse déjà entrevoir sous les produits de l'art du XXe siècle. Nous avons repéré ce modèle à deux échelles distinctes : celle des œuvres et celle de la configuration culturelle générale où s'inscrit désormais la création. Bien qu'elle produise des effets nouveaux, analysés comme tels dans un précédent chapitre, l'utilisation instrumentale des ordinateurs entre en résonance tant avec la conception préexistante de l'activité artistique comme jeu formel sur des signes (au plan de l'œuvre), qu'avec la nécessité sentie d'instituer de « nouveaux langages » (au plan du contexte polyculturel et de la diffusion industrielle des messages).

Il nous faut maintenant poursuivre la réflexion sur le paradoxe de l'origine *occidentale* de la machine *universelle.* A cette fin, l'analyse synchronique de l'art contemporain doit céder la place à une étude comparative et diachronique propre à mettre en évidence le profond enracinement historique de la machine universelle dans la culture européenne. L'histoire de la musique européenne jette quelque lumière sur un des problèmes fondateurs de notre tradition : comment une culture singulière peut-elle être capable de viser et d'atteindre l'universel ? Nous verrons en outre que ce paradoxe, générateur de tensions fécondes, n'est sans doute pas étranger au dynamisme historique de l'Occident.

La musique européenne : devenir mécanique

La première caractéristique distinguant la tradition musicale occidentale est son système de notation écrite. D'autres civilisations, il est vrai, ont connu tardivement certaines formes de notation musicale ; mais les Grecs, d'abord, les Européens médiévaux, ensuite, furent les seuls à développer une méthode de notation systématique dans un esprit de rationalisation et d'utilisation pratique, au point qu'ils ont identifié l'œuvre musicale à un objet écrit et qu'ils ont désigné des sons par le mot « note ».

Dès le ve siècle avant Jésus-Christ, l'image du musicien *lisant* apparaît sur certains vases grecs. Les philosophes et savants hellènes, tel Pythagore, forgèrent les notions fondamentales sur lesquelles reposent encore l'analyse et la compréhension de la musique : ton, rythme, mélodie et harmonie. La notation élaborée en Grèce fut fondée sur les rapports abstraits de hauteur entre les sons ; elle fut conçue indépendamment du jeu sur tel ou tel instrument (ce n'était donc pas un simple dispositif mnémotechnique) ; elle était également détachée de correspondances symboliques, mythiques ou autres.

Loin d'être une tendance générale, la préoccupation de conserver et de transmettre avec exactitude l'idée musicale est un trait culturel spécifique. La musique de haute époque était généralement un art de tradition orale et d'improvisation. Le musicien visait moins à respecter la lettre de quelques œuvres que l'esprit de certains genres ou modes musicaux. Dès l'époque classique, en revanche, une partie de la musique grecque fut pensée et composée *pour l'écriture.* Des musicologues comme Aristoxène (IVe siècle av. J.-C.), en essayant de cerner le phénomène musical par des concepts neutres, contribuèrent à l'objectiver, à la séparer du corps et de l'émotion. L'apprentissage des règles de composition et de notation musicales faisait normalement partie de la païdeïa grecque, puis hellénistique. Au IIe siècle après Jésus-Christ, la rythmographie et la mélographie sont parfois citées comme matières d'examen. Contrairement à ce qui se passe en Chine et en Inde à la même époque, les systèmes de notation sont donc largement répandus et utilisés. La théorie musicale était considérée par les Grecs comme une discipline *scientifique* puisqu'elle prenait place au sein du *quadrivium* à côté de la géométrie, de l'arithmétique et de l'astronomie. (On sait que les sept arts libéraux repris par l'université médiévale comprenaient en outre le *trivium* : grammaire, rhétorique et dialectique.) Pendant la période romaine, l'importance de la musique dans l'éducation et la pensée déclina.

Dès l'aurore hellénique, la formalisation, un certain type d'universalisation abstraite et un début de projection de la musique sur un système de signes sont donc déjà réalisés.

La rationalisation et la notation de la musique franchissent conjointement une nouvelle étape au cours du Moyen Age européen, pour parvenir à un certain palier de perfection à l'âge classique. Des neumes du Xe siècle, indiquant simplement la ligne générale de la mélodie, au plan optique du XVIIe siècle, la notation devient de plus en plus précise. Hauteurs, rythmes, mesures, instrumentation et jusqu'aux indications de force et d'expressivité, les moindres nuances finissent par être fixées. L'explicitation et la formalisation croissantes diminuent progressivement le rôle de la tradition, de l'interprétation et de l'improvisation. Le thème de l'ange musicien disparaît de l'iconographie dès le XVIe siècle, parallèlement à la diffusion de l'imprimerie, marquant ainsi le déclin de l'inspiration au profit de la composition et du déchiffrement. L'algorithme se dessine en filigrane à l'horizon de la musique européenne. La limite absolue du processus est la réduction à zéro de la distance entre exécution et composition par la programmation intégrale autorisée par la synthèse numérique et les autres méthodes de l'informatique musicale.

Dans la musique des sociétés non occidentales et encore en Europe avant la Renaissance, c'est le morceau entendu ici et maintenant que l'on considère comme une œuvre. Tout en interprétant un thème traditionnel, le musicien crée en improvisant cette œuvre-ci, singulière et fugace. S'il existe quelques signes écrits, ce ne sont que des aide-mémoire au service de l'interprétation. En revanche, à partir du XVIe siècle européen, c'est une structure abstraite calculée, composée puis chiffrée dans une partition qu'on identifie à l'œuvre. L'interprétation entre alors au service et dans la dépendance d'une structure codée, avant de s'y résorber idéalement dans un programme d'ordinateur. Nous retrouvons au cœur de l'histoire de la musique européenne le noyau de la mutation anthropologique que ce livre essaie d'élucider : un renversement de subordination entre langage et calcul.

Les musicologues s'accordent à reconnaître à la musique occidentale le privilège d'avoir seule développé la *polyphonie*. La naissance de la polyphonie est en étroite liaison avec la perfection du système de notation et la conception de l'œuvre comme objet écrit. De nombreuses musiques extra-européennes connaissent l'*hétérophonie*, c'est-à-dire la primauté d'une ligne mélodique autour de laquelle d'autres voix peuvent tisser des ornements, et *l'homophonie*, à savoir le doublement de la mélodie à l'octave ou à la quinte. La polyphonie véritable n'apparaît qu'au XIIe siècle, quand deux ou plusieurs notes de la voix organale correspondent à une seule note de la voix principale. Les voix organales n'improvisent pas de broderies autour de la voix principale, mais sont bel et bien *fixées à l'avance*. Plusieurs structures rigides indépendantes doivent donc entrer en concordance harmonique à la manière d'un système d'engrenage où chaque rouage possède un rôle. L'automate musical se déroule dans un temps préétabli. La partition, où les voix sont notées les unes au-dessous des autres, permet dès la fin du Moyen Age une mise en scène optique de cette harmonie préétablie. On voit bien l'importance de la notation pour le contrôle d'événements simultanés. Sans s'y réduire complètement, l'activité de composition ressemble de plus en plus à la conception d'une machine abstraite.

A partir du développement de la polyphonie, la musique européenne se sépare pour plusieurs siècles du temps ouvert, libre, planant (comme l'est encore le plain-chant grégorien), de l'Orient, avec ses rythmes dissymétriques et compliqués, pour adopter le rythme pulsé, mesuré, quasi mécanique désormais propre à l'Occident. Comme l'écriture, ce battement régulier se révèle indispensable à l'édification raisonnée d'architectures complexes sur de très longues périodes et favorise tous les jeux formels d'alternances, de symétries, de modulations, de reprises, de contrastes et d'imbrications calculées qui culminent dans *l'Art de la fugue.*

Outre son système de notation et sa polyphonie, la musique européenne se distingue encore des autres par son système *tonal.* La tradition indienne, par exemple, connaît un certain nombre de *modes* musicaux auxquels correspondent l'adoption d'échelles de sons données ainsi que des rythmes, des caractères expressifs et des fonctions sociales particulières. Il est impossible de passer d'un mode à l'autre à l'intérieur d'un même morceau : on parle alors de musique *modale.* Le langage tonal, qui s'affirme à partir de la fin du Moyen Age européen, implique en revanche l'idée de transposition, c'est-à-dire la possibilité de reproduire une échelle semblable à partir de chaque degré de l'échelle de base. Le système tonal appelle donc une gradation continue et homogène de demi-tons facilitant les modulations. On arrive effectivement à la fin du XVIIe siècle à la *gamme tempérée*, qui altère légèrement les sons naturels au profit d'une standardisation complète de l'échelle sonore. Plus rien ne s'oppose au jeu formel des transpositions.

Comme le remarque Roland de Candé, le système tonal est indissociable d'une *neutralisation* de la musique et de l'indépendance relative de ses diverses composantes. En Inde, chaque mélodie est liée à un mode tandis qu'en Europe l'ethos musical est indéterminé ; une chanson populaire peut y devenir cantique, marche militaire ou sujet de fugue, à condition d'en changer le rythme.

La neutralité qui est au principe de la musique européenne est une des causes de son succès auprès des autres cultures. Le phénomène n'est pas isolé. La science moderne, les techniques de pointe, l'économie monétaire capitaliste (fondée sur un équivalent général) sont à la fois des produits typiques de la société occidentale et des dispositifs épistémiques, pratiques et sociaux tenant toute leur puissance d'une fondamentale neutralité. Science, technique ou capital ne sont pas neutres parce qu'ils ne seraient bons ou mauvais qu'en fonction de leur usage, mais parce qu'ils traversent les frontières des identités culturelles beaucoup trop bas sous le sol historique pour que les douanes des diverses traditions puissent reconnaître à temps le passage de l'étranger radical.

La musique européenne : devenir universel

La recherche de *l'instrument universel* est bien antérieure au synthétiseur numérique. Rien n'est comparable dans les autres cultures à l'orgue, au piano puis à l'orchestre, dont toutes les possibilités furent explorées au cours du XIXe siècle.

Que l'on mesure le chemin parcouru depuis les premiers instruments taillés dans les os et la peau de l'animal sacré. Le son flûté que le chaman tirait de l'os était la voix même du fauve sacrifié. Pendant longtemps, l'instrument fut considéré comme un corps pourvu d'un souffle et d'une voix singulière. Rappelons la prédilection des musiciens extrême-orientaux pour les idiophones (instruments non réglables ou objets naturels ne produisant qu'un son). Dans un esprit diamétralement opposé, l'instrumentation européenne a cherché à s'éloigner de la singularité des corps physiques pour aller vers une maîtrise de la totalité des sons possibles. L'instrument fut souvent perçu comme une limitation. Les techniques d'enregistrement et de diffusion font des haut-parleurs (ou des écouteurs) les générateurs de son musical les plus répandus, accentuant encore le divorce entre la musique et les corps, entre la voix et le souffle.

Sur un plan plus général que celui de l'instrument, la musique européenne a vocation universelle parce qu'elle n'est pas enracinée dans la mythologie, la cosmologie ou la métaphysique d'une culture particulière (comme la musique chinoise, par exemple). Il n'existe pas de système de correspondance symbolique qui en fixerait une fois pour toutes les limites. En Europe, la musique est un art laïque, un jeu gratuit où tous les sons se valent.

Dans toutes les parties du monde, actuellement, l'enseignement officiel de la musique s'effectue suivant les principes et la notation occidentaux. Ce fait ne s'explique pas uniquement par la domination économique et politique des anciennes puissances coloniales. Par son abstraction et son détachement de tout substrat concret, l'abord occidental peut facilement traduire tous les autres, il est *objectivement* universel (cela n'implique bien entendu aucun jugement esthétique de notre part). On peut apprendre le solfège et les règles du contrepoint grâce à des manuels imprimés diffusés sur tous les continents ; en revanche, pour se pénétrer des principes de tel ou tel mode persan ou indien, la longue fréquentation d'un maître est indispensable. Dans un cas, tout est explicitement et rationnellement codifié, dans l'autre, il faut saisir l'esprit de la musique au cours d'une expérience dont les ressorts principaux sont indicibles. Bien entendu, lorsqu'il atteint un haut degré de sophistication, même le musicien formé à l'occidentale se retrouve dans le deuxième cas de figure. Il reste que la machine universelle d'origine européenne est plus efficace que l'éveil, par les voies ineffables de l'esprit, d'un corps singulier enraciné dans sa culture.

Alors que la musique était originairement exécution perpétuellement réinventée et répétée, éphémère et recommencée, musique de l'éternel retour, elle entre dans l'espace de l'accumulation, de la construction objective et du progrès lorsque l'Occident s'en empare. Le public connaît bien la transformation des styles et des principes musicaux depuis les trois derniers siècles au point de reconnaître à l'oreille la date approximative de composition d'un morceau. En fait, le dynamisme de la musique européenne est ininterrompu depuis le IXe siècle. Philippe de Vitry, écrivant au XIVe siècle son traité de l'*Ars nova* (opposé à l'*ars antiqua* du XIIe siècle), affirmait déjà consciemment la vocation évolutive de la musique occidentale. Celle-ci accède pleinement à la dimension historique parce qu'elle est notée et fondée sur des critères purement musicaux, culturellement neutres, donc aisément variables. A l'inverse, les autres systèmes musicaux de haute tradition ne connaissent que d'insensibles mutations. Leur transmission est essentiellement orale, un son y est presque toujours plus qu'une vibration de l'air, il peut être mâle ou femelle, vertu, divinité ou talisman. Prise dans un système symbolique qui l'englobe et la contraint, la musique ne peut donner libre cours au jeu dynamique de ses problèmes et solutions propres.

Enfin, et ce n'est pas la moindre de ses caractéristiques, la musique occidentale est la terre d'élection de l'individualité créatrice, puisqu'elle se présente comme une collection inachevée d'œuvres écrites défiant le temps.

Rationnelle, universaliste, fortement évolutive, exaltant l'individu, la musique européenne concentre quelques-uns des principaux traits que l'on s'accorde à reconnaître comme distinctifs de la culture occidentale.

Les recherches du XXe siècle et l'utilisation de l'ordinateur prennent donc leur source dans une histoire très ancienne puisqu'on peut la faire remonter aux origines grecques. Sous l'efflorescence des mondes musicaux incarnés par leurs instruments, leur attachement à des moments et des lieux de la vie sociale, leur mémoire culturelle, leurs motifs indéfiniment repris et réinventés, l'Occident finit par découvrir une dimension sous-jacente à toutes les traditions : l'univers sonore. Un peu comme la science moderne a découvert l'univers physique sous la multiplicité des mondes mythiques et vécus des autres cultures.

A la tradition paradoxale qui découvre l'univers, la machine universelle s'offre non seulement comme outil privilégié mais présente encore l'image spéculaire où elle reconnaît peu à peu l'énigme de son visage.

4

L'invention du calcul

Au fil de quelle histoire singulière l'Occident a-t-il produit la machine universelle, entendue non plus comme grande forme sous-jacente aux manifestations de sa culture mais comme un objet rigoureusement défini de la logique mathématique ? Au bout de quel improbable cheminement a-t-il conçu l'automatisme aveugle de l'algorithme avec tant de clarté qu'il fut capable de construire le mécanisme qui l'incarne dans sa plus grande généralité ?

Le chapitre précédent évoquait sur le mode métaphorique la dimension génératrice de la machine universelle. Il nous faut penser maintenant la lente gestation de ce concept par la tradition occidentale, l'invention progressive du calcul. A l'aube du XXe siècle, la philosophie du premier Wittgenstein illustre la cristallisation d'une vision du monde à partir de quoi les opérations de la logique mathématique pourront déployer toute leur puissance. La Seconde Guerre mondiale, enfin, catalyse à la fois la production des premiers ordinateurs et l'émergence d'un nouveau paradigme scientifique : la cybernétique. Nous vivons encore sur l'hypostase du calcul que la cybernétique a inaugurée.

LE FIL MATHÉMATIQUE : LA DÉMONSTRATION

Les Grecs ont-ils inventé les mathématiques ? Dès la plus haute Antiquité, et sans doute depuis toujours, les hommes ont su compter. La plupart du temps, cette activité numératrice s'est accompagnée de manipulations concrètes : encoches sur des bâtons, nœuds sur des cordes à la manière aztèque ou déplacements de cailloux (le petit caillou se dit *calculus* en latin, d'où le mot français de calcul). L'usage des abaques, bouliers, cartes, jetons, etc., a précédé celui des signes écrits et leur a longtemps disputé la prééminence.

Dès le troisième millénaire avant Jésus-Christ, Égyptiens et Babyloniens savaient calculer la surface des figures planes usuelles, les volumes du cube, de la sphère, du cylindre et de la pyramide. Leurs scribes étaient rompus à la résolution de problèmes d'héritages, d'intérêts commerciaux, d'architecture et de génie fort complexes. Les archéologues ont retrouvé des tablettes et des cylindres portant des tables de multiplication perfectionnées ainsi que les constantes géométriques et techniques utilisés par des calculateurs des deux grandes civilisations du Proche-Orient antique.

Les fragments de manuels découverts dans les fouilles permettent de caractériser assez précisément le style des mathématiques égyptiennes et babyloniennes. Nulle trace de traité théorique déductivement articulé. Aucune démonstration de théorème. Les textes présentent en général une série de problèmes accompagnés de la procédure à suivre pour les résoudre. Les futurs géomètres égyptiens apprenaient à appliquer des formules fournissant à coup sûr des résultats justes. Les scribes de Babylone étaient experts dans l'art d'appliquer des schémas de calcul et de manier des tables numériques. Leurs mathématiques étaient pratiques, empiriques, utiles, mais elles ne démontraient rien. On attendait du mathématicien qu'il donne les bons résultats numériques, non qu'il établisse une vérité nécessaire. En un sens, on peut affirmer que les mathématiques des anciennes civilisations du Proche-Orient étaient limitées au calcul. Ce sont des mathématiques procédurales : on n'y enchaîne pas des raisons mais des opérations. Sur les bords du Nil et de l'Euphrate, l'art des nombres et des figures fut algorithmique avant la lettre.

Presque totalement isolé de la sphère d'influence grecque, la Chine a développé des mathématiques semblables, à bien des égards, à celles qui s'épanouirent dans les États du Croissant fertile. Sur le plan des découvertes géométriques et des techniques de résolution d'équation, les Chinois sont toutefois allés beaucoup plus loin que les Égyptiens et les Babyloniens ; ils ont souvent même précédé les Européens de plusieurs siècles. Mais, comme ceux des scribes de Memphis ou de Ninive, leurs manuels contiennent essentiellement des listes de problèmes suivis de la recette à appliquer pour les résoudre. Sauf de notables exceptions (comme par exemple Li Hui qui vécut au IIIe siècle de notre ère), les mathématiciens chinois étaient beaucoup moins intéressés par les raisonnements que par l'utilité pratique de règles de calcul et de procédés heuristiques. Une bonne part de l'art du géomètre consistait à déplacer et réassembler judicieusement de petites formes géométriques matérialisées par des pièces de bois (« casse-tête chinois »). La résolution d'équations passait essentiellement par la transformation réglée de configurations de baguettes sur un échiquier spécial. C'est dire le caractère concret, opératoire, et même manipulatoire des mathématiques chinoises. Nous retrouvons l'aspect procédural et quasi algorithmique déjà signalé pour les mathématiques des Égyptiens et des Babyloniens.

Les mathématiques grecques tranchent sur celles de leurs antiques et puissants voisins par leur abstraction. Les points, droites, surfaces et volumes qu'elles considèrent sont des figures idéales, indépendantes de tout substrat concret. Le triangle dessiné sur le sable sert à illustrer la démonstration ou à stimuler l'imagination, mais il est entendu que ce n'est pas à son sujet que l'on argumente. Visant les relations et les proportions, les raisonnements s'appliquent aux figures indépendamment de toute valeur numérique. La géométrie grecque est théorique. L'objectif d'un savant comme Eudoxe, par exemple, est avant tout de démontrer des théorèmes, c'est-à-dire de fonder en raison certaines propositions portant sur des objets idéaux. Il ne s'agit pas tant d'indiquer le moyen de calculer une surface que d'expliquer pourquoi telle ou telle relation unit la longueur des côtés à l'aire d'une figure. En quittant les bords du Nil pour les rivages de la mer

Ionienne, nous passons du monde traditionnel de la recette efficace à l'univers nouveau de la démonstration.

Le propre des Grecs est d'avoir inventé, non la géométrie, mais la vérité géométrique. Quand les autres n'avaient en vue que l'efficacité des procédures et l'utilité des calculs, pourquoi ont-ils senti la nécessité de démontrer ?

L'Hellade a défini elle-même son identité par rapport à l'Égypte et à la Perse, héritière de la civilisation mésopotamienne. Dans le récit qui ouvre le *Timée* de Platon, un prêtre de Saïs (citadelle nichée entre les bifurcations du delta du Nil) lance à Solon : « Vous autres Grecs, vous êtes perpétuellement enfants ! Vieux, pas un Grec ne l'est. » Et comme Solon lui demande ce qu'il veut dire par là, le prêtre reprend : « Jeunes, vous l'êtes tous par l'âme ; car votre âme ne renferme aucune opinion antique, de tradition reculée, ni aucun savoir blanchi par le temps. » Le Grec ne tient pas son savoir de la tradition. Il rejoue la connaissance à chaque génération. La vérité ne s'hérite pas, elle doit être fondée ici et maintenant. L'âme grecque est toujours jeune parce qu'elle se tient à proximité de l'éclosion sans cesse réitérée du savoir. Lorsqu'un Égyptien apprend à calculer le volume d'une pyramide, il hérite. Quand Théétète suit une démonstration de Théodore, il assiste à la naissance d'un théorème.

Avant d'être garanti par la pratique, le savoir égyptien l'est par une tradition étonnamment stable qui s'est maintenue presque identique à travers plusieurs millénaires. La science grecque, au contraire, fait face à un horizon de découverte. Tournée vers l'invention, le futur, elle est perpétuellement jeune. Réitérant dans la démonstration l'acte d'établir et de fonder la vérité, la science grecque possède évidemment plus d'affinité avec le moment instaurateur, donc novateur, de la connaissance, qu'avec celui de sa transmission.

Si l'Égypte a représenté à leurs yeux l'ancienneté d'une tradition immémoriale, les Grecs ont considéré la Perse comme le symbole de l'autorité tyrannique. Dans le miroir inversé du despotisme asiatique, l'Hellade a contemplé sa propre liberté. Les cités grecques, autonomes, se donnent à elles-mêmes leurs propres lois. Après avoir connu la monarchie et le pouvoir des tyrans, Athènes invente la démocratie. Mais dès lors que la loi n'est plus dictée ni par la tradition, ni par l'autorité d'un roi reliant la vie de la cité aux puissances du ciel et de la terre, ni même par la force d'un tyran, d'où tire-t-elle sa légitimité ?

Une profonde modification du statut du langage accompagne l'apparition de la démocratie. Lorsque parle le roi ou le prêtre d'une société traditionnelle, c'est la position sociale du locuteur qui fonde l'autorité de cette parole, et, derrière celle-ci, le poids immense des temps originaires, la longue lignée des ancêtres, la terrifiante puissance du sacré. Mais lorsqu'une communauté d'égaux détient le pouvoir politique, qu'aucun d'eux ne peut se prévaloir d'une relation privilégiée aux dieux et aux ancêtres et qu'il s'agit de décider de la loi ici et maintenant, la parole ne peut plus se soutenir que d'elle-même. Pour emporter l'adhésion de l'assemblée, le discours n'a d'autre issue que de se faire persuasif. Un roi n'a pas besoin de convaincre : il lui suffit d'être le roi. L'homme politique, le rhéteur ou l'avocat d'Athènes doivent argumenter contre les propositions d'un adversaire, réfuter, démontrer, convaincre un public de plus en plus expert.

La démonstration mathématique n'était-elle qu'une modalité de la persuasion ? Ne visait-elle qu'à parer à l'avance aux sophismes que les Grecs raisonneurs et de mauvaise foi ne manquaient pas d'objecter à toute proposition, fût-elle frappée du sceau de l'évidence ? En démontrant, ne s'agissait-il que d'emporter la conviction de l'auditeur au cours d'une joute publique où tous les coups rhétoriques étaient permis ? En un sens, oui, mais il s'agissait aussi, et dans le même mouvement, d'atteindre une vérité absolue, peut-être l'unique vérité absolue imaginable dans une société qui avait rejeté l'autorité de la tradition et s'était instituée autonome. Le théorème : seule certitude intangible que puisse accepter l'homme libre, parce qu'elle n'est fondée que sur la raison.

Le fil mathématique : de la clarté à la vitesse

Les Grecs ont transsubstancié ce qui n'était partout ailleurs qu'un moyen de calcul en modèle d'intelligibilité rationnelle. Si les mathématiques n'avaient pas subi cette mutation, la science moderne ne serait pas née. Dès l'époque de Platon, l'effort pour découvrir une cohérence explicative du réel sous le désordre des phénomènes s'identifie avec la recherche de structures mathématiques sous-jacentes. On essaie par exemple de ramener la course visible des planètes à des mouvements réguliers circulaires. Dans la ligne d'une certaine tradition platonicienne, un homme comme Galilée savait que seule une lecture géométrique de l'univers pourrait lui conférer la lumineuse intelligibilité qu'il pressentait possible. La clarté de la raison géométrique rend soudain transparent le monde jusque-là opaque des phénomènes sublunaires. Sous l'ancien cosmos hiérarchique, qualitatif, et presque tout entier abandonné à la contingence, les fondateurs de la science moderne, adossés à Euclide, Archimède et Appollonius, ont su voir des corps mathématiques se déplaçant dans un espace mathématique : « Le livre de la nature est écrit en caractères géométriques » (Galilée). Autrement dit, la géométrie explique la nature, elle en rend raison. Mais cela n'eût pas été pensable si les Grecs n'en avaient fait une source de lumière.

Les *Éléments* d'Euclide sont longtemps restés un modèle insurpassable de théorie déductive. Tous les termes y sont définis. Sauf les axiomes et les postulats, aucune proposition n'y est avancée sans être démontrée. Chaque théorème est logiquement relié aux propositions dont il se déduit, de sorte que l'ensemble de la théorie constitue une architecture rationnelle où tous les éléments communiquent.

Au cours du XIXe siècle, pourtant, les mathématiciens commencent à repérer des failles dans l'édifice euclidien. On remarque que le grand géomètre fait parfois appel à l'intuition spatiale là où la rigueur formelle eût exigé le seul recours à la logique. On découvre également qu'au regard de la pure cohérence déductive, certains axiomes ne sont aucunement nécessaires et qu'ils pourraient tout aussi bien être remplacés par d'autres. Cette découverte donnera naissance aux fameuses géométries non euclidiennes où, par un point, il peut passer une infinité de parallèles à une droite, ou aucune. La notion de théorie déductive, ou encore d'axiomatique, change de sens. Il s'agit moins de démontrer la vérité catégorique de certaines propositions que de construire des systèmes parfaitement cohérents.

Jusqu'à l'âge classique inclus, l'évidence et la clarté des propositions premières, non démontrées, se communiquent par voie démonstrative à toutes les autres propositions. Mais, au XIXe siècle, l'évidence elle-même est suspectée. L'intérêt se déplace vers les problèmes de non-contradiction et de structure interne des systèmes. Les axiomes ne sont plus posés qu'à titre d'hypothèses, de conventions, par-delà le vrai et le faux.

On peut lier cette évolution au dispositif culturel qui commence à se monter en Occident avec le déclin de la référence religieuse comme absolu, l'étude approfondie de la « cohérence interne » d'autres civilisations et l'exploration de la relativité historique des valeurs.

Les mathématiciens éliminent donc de leurs constructions tout appel à l'intuition et dissocient la consistance logique de la vérité catégorique. Les mathématiques sont engagées dans la voie d'une rigueur toujours accrue. On substitue bientôt aux mots du langage usuel, encore ambigus et mal dégagés de leur signification intuitive, des symboles vierges de sens préalable, et par conséquent susceptibles de recevoir exactement et exclusivement celui que leur confèrent les axiomes.

La spécification des règles suivant lesquelles doivent être conduites les déductions valides constitue la dernière étape de la formalisation, franchie aux environs de 1920. Explicitées, les règles de logique deviennent à leur tour hypothétiques et conventionnelles, comme les axiomes. La démonstration d'un théorème dans un système formel s'apparente désormais à la transformation réglée de configurations de symboles, à la manipulation de signes typographiques suivant des procédures exactement définies. L'évidence des enchaînements logiques n'a plus aucune place dans la déduction devenue un strict jeu formel.

Par un détour inattendu, la démonstration s'est métamorphosée en calcul. C'est parce qu'il s'était dégagé de l'algorithme aveugle, mais efficace, en quête de la lumière intelligible de la démonstration que l'Occident retrouve la manipulation de symboles sur un plan supérieur, abstrait et comme purifié, telle qu'aucune civilisation traditionnelle n'aurait pu la rêver.

— *La sémantique* d'un système formel concerne les interprétations concrètes que l'on peut en faire. Étant intrinsèquement dépourvu de toute signification, le système formel se prête à la mise en évidence d'isomorphies structurales entre domaines concrets apparemment sans relations. La même axiomatique peut formaliser plusieurs théories, ou modèles.

— *La syntaxe* d'un système formel se rapporte uniquement à ses caractéristiques internes. Parmi les propriétés syntaxiques d'un système formel, la consistance, la complétude et la décidabilité tiennent une place privilégiée :

• Un système est *consistant* s'il ne contient pas de formule telle qu'on puisse dériver des axiomes à la fois elle-même et sa négation. La consistance répond à l'exigence de non contradiction.

• La *complétude* fait écho au principe du tiers exclu : étant donné une expression bien formée du système, on doit pouvoir démontrer ou sa vérité ou sa fausseté.

• Le problème de la *décidabilité* correspond à une exigence de cohérence apparemment moins drastique que la complétude. On ne demande plus si toutes les expressions sont réfutables ou démontrables, mais s'il existe une méthode définie, ou procédure effective, pour distinguer entre les propositions démontrables (ou réfutables) et les autres.

Kurt Gödel démontra en 1931 qu'un système formel assez puissant pour coder l'arithmétique devait nécessairement être incomplet. Le théorème de Gödel mit un terme à l'ambition, qui était celle des mathématiciens formalistes du début du siècle, d'enfermer toutes les vérités mathématiques dans un système déductif parfaitement cohérent.

En 1936, Alan Turing s'attaqua au problème de la décidabilité d'un système capable de formaliser la théorie des nombres. Pour le résoudre, il lui fallait d'abord préciser la notion de méthode définie ou de procédure effective, car, rappelons-le, la question de la décidabilité concerne l'existence d'une telle procédure pour discriminer entre les propositions qui peuvent faire l'objet d'une démonstration (de vérité ou de fausseté) et les autres. C'est à cette fin que Turing élabora le modèle d'automate qui fut aussitôt baptisé « machine de Turing ». Grâce à la définition parfaitement rigoureuse du concept d'algorithme auquel il était parvenu, le mathématicien anglais pu prouver l'indécidabilité de la théorie des nombres formalisée. Mais, ce faisant, il avait posé les fondements théoriques de l'informatique en inventant la machine universelle. Turing participa d'ailleurs activement à la construction réelle des premiers ordinateurs en Angleterre pendant les années quarante.

On voit le fil continu qui relie la découverte, vieille de vingt siècles, d'un espace totalement abstrait, l'exigence grecque de rationalité, les recherches logico-mathématiques des cent cinquante dernières années et, finalement, la conception des ordinateurs.

Or, cette histoire est aussi celle d'un retournement. L'algorithme rigoureux est bien né de la quête d'un ordre déductif parfait et donc d'un raisonnement toujours plus diaphane, plus transparent à l'éclat du logos. Mais qu'un automate sans regard exécute l'algorithme, et la puissance opératoire passe d'un coup au premier plan. L'Occident avait aimé la lumière de la raison pour sa clarté, il l'adore aujourd'hui pour sa vitesse.

Depuis près d'un demi-siècle, la connaissance bascule peu à peu du côté des procédures effectives, de la computation et de l'information opérationnelle. Notre science ne sera peut-être bientôt plus mathématique. Nous retrouvons l'esprit des antiques civilisations du Proche-Orient, mais nous mettons aujourd'hui à son service une puissance gigantesque. Nous avions obtenu la maîtrise effective par surcroît, en poursuivant la quête rationnelle. Mais l'intelligence n'est désormais plus notre fin. Rendue presque invincible par l'assimilation du logos, Babylone revient.

La lignée logique

En 1938, Claude Shannon publiait aux États-Unis une thèse de doctorat démontrant l'analogie de structure entre le fonctionnement des circuits électriques à commutateurs et l'algèbre de Boole. La conception des composants d'ordinateurs et leur assemblage suit encore aujourd'hui les principes fondamentaux exposés par Shannon.

Toute l'informatique repose sur la découverte que des processus physiques peuvent être exactement isomorphes à des opérations logiques. Il ne suffit pas que le principe soit simplement énoncé (car l'idée d'une machine à démontrer remonte au Moyen Age), il faut encore que l'on jouisse à la fois de dispositifs aisés à mettre en œuvre et d'une logique parfaitement formalisée.

Chacun sait que les circuits de base des ordinateurs exécutent les opérations de la logique booléenne. Mais l'informatique, et l'intelligence artificielle en particulier, fait appel à des notions de logique mathématique beaucoup plus complexes. Le premier langage évolué de l'intelligence artificielle, LISP, s'appuie sur le *Lambda calcul* de Church (un équivalent mathématique de la machine de Turing). La programmation des systèmes experts utilise les travaux de Post sur les *règles de productions* (fondement des grammaires formelles). L'exécution d'un programme en langage Prolog repose sur *le principe de résolution* de Herbrand (formalisation du raisonnement par l'absurde). La « représentation des connaissances » pose aux chercheurs en intelligence artificielle des problèmes souvent résolus par un recours à des logiques hétérodoxes comme les logiques modales, floues, voire non monotones (où les vérités ne sont pas définitives).

Les travaux de Boole, Herbrand, Church, Post, ainsi que nombre de recherches sur les logiques non standards, sont antérieurs à l'apparition des ordinateurs. L'informatique serait impossible sans la logique mathématique et cette dernière est l'aboutissement d'une tradition occidentale multiséculaire.

Il nous faut retrouver l'étrangeté de l'entreprise logique.

— Étrangeté intrinsèque, d'abord, car l'homme a vraisemblablement toujours argumenté, et cela pendant très longtemps, sans avoir besoin d'isoler des lois de l'argumentation. De même qu'un brillant causeur peut ignorer la grammaire, on peut fort bien raisonner sans connaître la logique. Avec la codification juridique, la philosophie ou la grammaire, la logique appartient à ce grand mouvement d'explicitation rendu possible par l'écriture où l'esprit gagne en transparence ce qu'il perd en immédiateté. Remontant le cours naturel de la pensée, le logicien ne s'intéresse pas à la vérité d'une proposition mais à la validité formelle d'une inférence. Il passe de l'objet du raisonnement au raisonnement comme objet.

— Singularité culturelle, ensuite, car une logique à

caractère formel, clairement distinguée des techniques de persuasion, de dispute et d'enseignement, ne s'est véritablement épanouie que dans la tradition issue des Grecs. Hors de l'aire culturelle méditerranéenne, c'est l'Inde qui est allée le plus avant sur la voie de la formalisation du raisonnement. Mais, si loin qu'elle ait été dans cette direction, elle n'a jamais atteint le point où Aristote et Chrysippe (philosophe stoïcien du IIIe siècle av. J.-C.) parvinrent d'un coup : une théorie faisant totalement abstraction de la vérité ou de la fausseté des prémisses, des formules absolument générales dont les termes sont de simples variables. Un des six systèmes de philosophie brahmanique (Darsána), le *Nyaya*, s'est consacré pendant des siècles à l'épistémologie et à la théorie de l'argumentation. Art du débat oral à l'origine, le *Nyaya* devint une science du raisonnement extrêmement élaborée et subtile. Le *Nyaya* produisit en particulier des modèles d'inférence très proches de notre syllogisme. Mais la philosophie brahmanique n'admit jamais comme seul critère de validité la forme de l'implication. L'inférence resta toujours fondée sur la perception ou la révélation. La pure et simple rectitude du raisonnement n'accéda pas à l'autonomie et encore moins à un rôle de fondation, elle ne resta qu'une condition nécessaire. Seule l'école de logique bouddhiste avec Dinnāga (Ve siècle ap. J.-C.) et Dharmakīrti (VIIe siècle ap. J.-C.) dégagea clairement les propriétés formelles du syllogisme et parvint à la notion d'inclusion entre concepts. Mais la visée pédagogique primait encore le souci formel. L'extinction définitive du bouddhisme en Inde à la fin du XIe siècle priva la pensée brahmanique d'une importante source de stimulation et de renouvellement. La chance d'une théorie formelle de la déduction en Inde était passée.

En Chine, des philosophes comme Houei Che (IVe siècle av. J.-C.) et Kong Souen Long (fin du IVe-début du IIIe siècle av. J.-C.) voulurent donner force au principe de contradiction et dégager les concepts de toutes leurs adhérences réalistes, voire magiques. Ils firent à cet effet un grand usage du paradoxe. Ces sophistes chinois, que l'on rattache au courant légiste et nominaliste de l'école des noms (Ming Kia), s'opposaient au courant majoritaire de la pensée chinoise et n'eurent guère de descendance. L'école de Mo

Tseu (philosophe du Vᵉ siècle av. J.-C.) réagit contre les « disputeurs ». Les mëitistes élaborèrent certaines règles de dialectique et tentèrent d'établir les principes du raisonnement correct. Mais cette école ne résista pas aux persécutions contre les lettrés du premier empereur Tsin Che-houang-ti à la fin du IIIᵉ siècle av. J.-C. L'intérêt de la Chine pour une logique de type formel ne se réveilla qu'au contact de l'Occident à la fin du XIXᵉ siècle.

Par contraste avec les grandes civilisations orientales, la tradition de la logique formelle présente en Occident une extraordinaire vitalité ainsi qu'une continuité quasi ininterrompue d'Aristote à Russell, si l'on y inclut le domaine arabo-islamique entre le VIIᵉ et le XIVᵉ siècle.

La fondation aristotélicienne n'émerge pas brusquement du néant. Elle a déjà derrière elle plusieurs siècles de débats publics dans les tribunaux et les assemblées, une histoire de la philosophie longue et mouvementée, ainsi que l'expérience de la rigueur mathématique. Riche de tout cet héritage, Aristote passe au crible les techniques de persuasion des sophistes et la dialectique de ses prédécesseurs.

Il distingue pour la première fois de la rhétorique et de l'art du dialogue un « organon », un instrument intellectuel qui n'a pour objet que la validité formelle des raisonnements, indépendamment du contenu des termes et de la vérité des prémisses. Cet organon nourrira la réflexion philosophique vivante jusqu'à la fin du Moyen Age. Il jouera en particulier un rôle important dans le dégagement d'une sphère autonome de la raison échappant de droit à la domination de la théologie.

Une généalogie de l'informatique doit réserver une place particulière au projet leibnizien de construction d'une *caractéristique universelle*.

Aussi loin que les stoïciens et les philosophes médiévaux aient poussé le remplacement des termes concrets par des variables symboliques, leur logique s'énonçait toujours en langue naturelle. Il en résultait qu'un même raisonnement pouvait être exprimé de plusieurs manières différentes. Un certain idéal d'univocité restait donc hors d'atteinte. D'autre part, la langue naturelle est essentiellement parlée. Les logiciens consignaient par écrit un discours oral, ils ne suivaient pas encore les règles d'une écriture logique. Leibniz, le premier, exposa les principes d'une telle écriture. La *caractéristique universelle* est idéographique, elle exprime donc directement les idées sans passer par l'intermédiaire phonétique. Une syntaxe intégralement rationnelle y remplace l'empirisme et la contingence des grammaires historiques. L'écriture habituelle se contente d'enregistrer la linéarité fugace de la parole ; elle est certes disposée dans l'espace, mais ce n'est qu'une trace du temps. La caractéristique, au contraire, est *radicalement* bidimensionnelle et permanente, deux conditions favorables à la totale sécurité du raisonnement. L'algèbre représentait aux yeux de Leibniz un modèle d'écriture rationnelle, mais elle avait l'inconvénient de ne s'appliquer qu'aux nombres. Il fallait une algèbre générale, une langue philosophique permettant d'exprimer toutes les idées. Une fois l'humanité en possession d'une caractéristique universelle, les discussions de métaphysique et de morale pourraient se résoudre aussi facilement que les problèmes arithmétiques : il suffirait de calculer. Le projet leibnizien vise en effet à faire basculer la déduction du côté du calcul et c'est en cela qu'il est le précurseur de la logique mathématique.

Le pendant de la caractéristique universelle est le *calculus ratiocinator*. Celui-ci constitue le versant opératoire de ce dont la caractéristique est la face expressive. Leibniz retient des mathématiques ce qui fait leur valeur, à savoir d'opérer sur des symboles selon des procédures exactement spécifiées, mais ne limite pas le calcul au domaine de la quantité. Il écrit dans une lettre à Tschirnhaus : « Un calcul n'est rien d'autre qu'une opération au moyen de caractères qui a sa place non seulement quand il s'agit de quantité mais encore dans tout autre raisonnement. » Un calcul ne peut se faire que sur une caractéristique, à savoir sur un système de signes visibles dont les combinaisons et les transformations sont assujetties à des règles sans ambiguïté. Tout naturellement, Leibniz envisage la construction d'une machine à raisonner, mais la conception d'un tel engin se révèle infiniment plus difficile que celle de la machine arithmétique qu'il avait construite dans sa jeunesse.

Les langages de programmation, directement issus du rêve leibnizien de caractéristique universelle, allaient bientôt accomplir la promesse inscrite entre les lignes de tous les textes depuis la première tablette d'argile : l'absolu de l'écriture.

Après Leibniz, les recherches de logique s'engagent sur une voie nouvelle : on tente de réduire la théorie des choses au système cohérent des signes, on veut substituer aux incertitudes du raisonnement l'infaillibilité d'un calcul sur des caractères. Sur ce point, la singularité occidentale est absolue. L'informatique n'apparaît qu'au XXe siècle, mais elle est le fruit d'un travail de plusieurs centaines d'années mené dans une direction totalement originale, spécifique d'une culture particulière.

Ce n'est pas ici le lieu de retracer toutes les étapes de cet effort continu. Retenons que Gottlob Frege (1848-1925) réalisa le rêve leibnizien en mettant au point une « écriture des concepts » *(Begriffsschrift)*, idéographie parfaitement monosémique munie de règles d'inférence intégralement définies à l'avance. Frege voulait fonder tout l'édifice mathématique sur la logique. C'est dans ce but qu'il fut amené à réduire effectivement celle-ci au fonctionnement d'un système formel. En axiomatisant la logique, Frege inaugurait véritablement la logique mathématique. Russell et Whitehead reprirent le projet logiciste en tentant d'éliminer de leur système les antinomies qui grevaient celui de Frege. Ils publièrent de 1910 à 1913 les trois volumes des *Principia mathematica*, somme de logique mathématique et référence obligée de tous les travaux ultérieurs. Au début de ce siècle, le programme logiciste de Russell (déduire les mathématiques de la logique) et le programme formaliste de Hilbert (faire des mathématiques un strict jeu déductif) entraient en résonance.

C'est dans cette atmosphère intellectuelle qu'allaient naître les théories des automates calculateurs de Turing et McCulloch, les théories mathématiques de l'information de Shannon et Wiener, ainsi que la synthèse cybernétique.

La cybernétique

Les cybernéticiens contribuèrent largement à la conception des premiers ordinateurs. Ils jetèrent les fondements de l'intelligence artificielle. Ils introduisirent les concepts et le formalisme logico-mathématique dans les neurosciences. Plus généralement, la cybernétique diffusa un complexe d'idées nouvelles où se composaient les notions de systèmes, d'information, de communication et de calcul. Depuis la Seconde Guerre mondiale, les idées de la cybernétique ont profondément marqué de nombreuses disciplines scientifiques, de la biologie moléculaire à la sociologie en passant par la psychologie. Le mouvement cybernétique a donc joué un rôle considérable dans l'établissement du paradigme computationnel qui prétend aujourd'hui devenir le langage dominant de la science.

L'année 1943 peut être considérée comme la date de naissance du mouvement. Elle vit la publication de deux articles fondateurs : « Comportement, but et téléologie » de Wiener, Rosenblueth et Bigelow et « Un calcul des idées immanent à l'activité nerveuse » de McCulloch et Pitts.

Le premier, sur la base d'une analogie entre les êtres vivants et les machines, propose d'expliquer le comportement finalisé des animaux par la causalité circulaire qui relie les organismes et leur environnement : c'est le fameux *feed-back* ou rétroaction négative. L'inextricable problème de la téléologie du vivant commence à trouver une solution mécaniste.

Le second article identifie le système nerveux à une machine logique et montre qu'un réseau de *neurones formels* (simplifiés) possède la même puissance de calcul qu'une machine de Turing universelle (moyennant l'existence d'organes capteurs, effecteurs, et d'un ruban). L'étude des fonctions cognitives et la connaissance du psychisme en général relèvent désormais d'une science des automates.

Les principaux animateurs de la cybernétique aux États-Unis furent les mathématiciens Norbert Wiener, John von Neumann et Walter Pitts, le neuropsychiatre Warren McCulloch, le physiologiste Arturo Rosenblueth et l'ingénieur en électronique Julian Bigelow. Le mouvement s'organisa autour de nombreuses réunions, colloques et symposiums au premier rang desquels il faut compter les dix « conférences Macy », présidées par Warren McCulloch, qui se tinrent à New York de 1946 à 1953. Ces conférences réunirent, autour du noyau des six animateurs, nombre d'éminents biologistes, neurologues, psychologues et anthropologues (parmi lesquels Margaret Mead et Gregory Bateson).

Logique mathématique et théorie de l'information

Tout le courant de pensée cybernétique, à sa naissance, est marqué du sceau de la logique mathématique. Wiener avait été l'élève de Russell à Cambridge et avait commencé sa carrière en publiant quelques travaux de logique. Il souligne dans l'introduction de *Cybernetics* (son œuvre maîtresse, publiée en 1948) « l'influence cycliquement répétée de la logique mathématique dans l'histoire de la cybernétique ». Selon lui, « la même impulsion intellectuelle qui a mené au développement de la logique mathématique a mené en même temps à la mécanisation idéale ou réelle des processus de pensée ». La fréquente référence au grand ancêtre Leibniz, penseur à la fois du *calculus ratiocinator* et de la « communication des substances » (la cybernétique est une théorie de la communication), ne fait que donner plus de cohérence à ce point de vue.

John von Neumann fut le disciple de Hilbert à Göttingen. Avant d'en venir à la théorie des jeux, à la théorie des automates et à la construction des premiers ordinateurs, il s'était illustré notamment dans l'axiomatisation de la théorie des ensembles et de la mécanique quantique.

On doit considérer Alan Turing comme un membre à part entière du mouvement cybernétique puisqu'il participait activement, après la Seconde Guerre mondiale, aux réunions londoniennes du « Ratio Club » dont faisaient également partie Ashby, Grey Walter et MacKay (qui ont tous trois assisté à certaines des conférences Macy). Lorsque Turing concevait les plans de l'ACE *(Automatic Computing Engine)* au National Physical Laboratory, en Angleterre, son but était de construire un « cerveau artificiel » et il se situait tout à fait dans la ligne de pensée cybernétique des premiers constructeurs d'ordinateurs. Or, Turing est évidemment aussi un éminent représentant de la logique mathématique du fait de son fameux article de 1936 sur les nombres calculables, ainsi que par d'autres travaux moins connus, comme son doctorat sur la logique ordinale passé à Princeton en 1938 sous la direction de Church. Durant ses années de formation, Turing avait été marqué par les influences de Russell — dont il avait médité l'*Introduction à la philosophie des mathématiques* (1919), de von Neumann et de l'école formaliste allemande.

Nous signalions plus haut que Claude Shannon, surtout connu pour sa *Théorie mathématique de la communication* (1949), avait terminé ses études au MIT, en 1938, par un mémoire traitant de l'isomorphie entre l'algèbre de Boole et les montages des circuits électriques. Son intérêt pour la logique ne se démentit pas par la suite. Il publia, par exemple, en 1956, un article prouvant que chaque machine de Turing était équivalente à une machine de Turing ne possédant que deux états internes à condition d'élargir considérablement l'alphabet de la machine à plusieurs états de départ.

Bien que n'étant pas mathématicien de profession comme les précédents, McCulloch s'était intéressé aux mathématiques dès le début de sa carrière. On sait qu'il avait lu les *Principia mathematica* en 1919, et l'on peut dire que cette lecture influença très profondément son orientation scientifique, puisque c'est le calcul des propositions de Russell et Whitehead qu'il prétendit « incarner » *(embody)* dans le réseau neuronal. Du reste, sa vie intellectuelle tout entière, de l'étude de la logique stoïcienne à l'essai d'invention d'une logique probabiliste, témoigne d'une véritable passion pour la logique. Quant à Pitts, enfant spirituel de Russell et Carnap, il avait lui-même déclaré considérer la logique comme la « clef de l'univers ».

Bateson lui-même peut être rangé à bon droit dans cette liste des figures éminentes de la cybernétique qui ont puisé leur inspiration dans la logique. Sa théorie de l'apprentissage, comme sa théorie de la communication, s'inspire explicitement de la théorie des types de Russell et sa fameuse analyse de la double contrainte *(double bind)* est un décalque de celle des paradoxes logiques.

Il y a plus qu'une coïncidence dans l'ascendance logiciste et formaliste des grands fondateurs de la cybernétique. Par-delà leur diversité, ils se rejoignent dans une vision du monde dont la logique est un des pivots.

Le deuxième pivot est évidemment la notion d'information. Pendant les années quarante, Shannon, Wiener et Turing élaborent indépendamment des théories de l'information très semblables les unes aux autres, dans lesquelles la mesure de l'information dépend du logarithme de la probabilité d'apparition du message. Von Neumann et Morgenstern produisent une *Théorie des jeux et du comportement économique* (1947) entièrement fondée sur l'information et le calcul, dont on ne manquera pas de tirer des conclusions concernant tous les domaines du comportement et non seulement de la sphère économique. McCulloch fait dépendre toute son entreprise d'épistémologie expérimentale (rendre compte scientifiquement de l'esprit humain) de l'idée d'information telle qu'elle a été définie par Wiener.

La logique et la théorie de l'information sont reliées par les notions d'opération et de codage.

La notion de codage

Remarquons que depuis Frege (et même depuis le projet de caractéristique universelle de Leibniz) la logique se laisse partiellement saisir comme une affaire d'optimisation du codage. Du côté de l'école formaliste en mathématiques et du progrès de l'axiomatisation, on observe également un effort vers une codification totale et vers le code le moins polysémique possible. Si cette tendance vise la perfection dans la rigueur et la cohérence interne, elle a pour effet de produire une langue monosémique et donc, dans son genre, un outil de communication idéal.

Remarquons aussi que le ressort de la démonstration du théorème d'incomplétude de Gödel réside dans un *codage* adéquat des expressions du système formel incomplet, comme la solution du problème de la décision et la machine universelle de Turing reposent sur le *codage* du tableau d'instructions des machines. Turing et Shannon, de part et d'autre de l'Atlantique, ont tous deux travaillé dans le domaine du déchiffrage et des codes secrets pendant la guerre. Les théories de McCulloch sont fondées sur l'hypothèse que les impulsions nerveuses ne sont pas de simples événements physiques, mais qu'elles *codent* des propositions. Dans le mécanisme de la vision, par exemple, les séquences d'impulsions n'ont pas plus besoin de *ressembler* aux images que nos mots aux choses qu'ils décrivent. L'article de 1943 : « A Logical Calculus of the Ideas Immanent in Nervous Activity », peut être considéré comme un premier essai de déchiffrage du « code neuronal ».

L'exposé de von Neumann au Hixon Symposium (1948) sur la possibilité d'automates autoreproducteurs s'appuie sur un usage judicieux de la *description codée* des automates. Le mécanisme mis en lumière par von Neumann ressemble d'ailleurs trait pour trait au mécanisme naturel qui sera découvert quelques années plus tard par Crick et Watson. Von Neumann avait déjà formulé le principe abstrait du fonctionnement du code génétique et de la réplication de l'ADN. Le même article du mathématicien de Princeton contient une longue discussion sur les mérites respectifs des machines analogiques et des machines digitales, discussion quasi rituelle à l'époque parmi les cybernéticiens, comme celle qui concerne le codage digital ou analogique de l'information dans le système nerveux. Si le débat entre continuistes et discontinuistes remonte au moins aux présocratiques, il faut considérer comme un signe des temps qu'il ait concerné, pendant les années de floraison de la cybernétique, la continuité et la discontinuité des modes de représentation de l'information, des codes, plutôt que celles des choses.

Nous avons indiqué l'importance de la notion de code pour la logique et le champ des automates calculateurs artificiels ou vivants. Il nous reste à montrer le poids de l'idée d'opération dans les théories de la communication et de l'information.

L'idée d'opération

Au cours de la septième conférence Macy, Shannon définit l'information inhérente à un processus stochastique comme « ce qui reste invariant sous tous les encodages ou traductions *inversibles* qui peuvent être appliqués aux messages produits par le processus. En d'autres termes, on définit l'information comme la classe d'équivalence de toutes les traductions inversibles obtenues à partir d'un processus stochastique donné ». Étant donné un traducteur qui opère sur un message, si la traduction est réversible, son « output » contient la même information que son « input ». L'information est donc ce qui est laissé invariant par une série d'opérations réversibles. La communication est alors un cas particulier du calcul : une série d'opérations dont le sens peut être inversé de telle sorte que les données initiales puissent être retrouvées. Dans l'univers physique, en effet, il ne peut y avoir de communication sans support matériel ; or, l'information est codée différemment suivant que l'on passe d'un support à l'autre (supports électriques et atmosphériques pour la communication téléphonique, par exemple). Il n'y a donc pas de communication sans opérations de traduction.

McCulloch décrit la perception comme un mécanisme d'abstraction d'invariants. Comment, à partir d'états d'excitation totalement différents des cônes et des bâtonnets de la rétine, reconnaissons-nous une forme identique telle que le carré ? Comment reconnaissons-nous un *do* ou un *ré* indépendamment du volume du son ou de la hauteur de la note ? Le cerveau doit abstraire des données sensorielles brutes des formes invariantes. Pour expliquer le mécanisme qui calcule l'invariance de la forme sous les variations de la taille, par exemple, McCulloch suppose qu'un dispositif neuronal soumet l'image corticale du stimulus à un groupe de dilatations et calcule ensuite une moyenne sur ce groupe.

La perception, la reconnaissance d'une forme, c'est-à-dire la réception d'un message, résulteraient donc de l'application d'un groupe de transformations aux signaux neuronaux en provenance des capteurs sensoriels. Wiener approuve cette théorie au chapitre VI de *Cybernetics* (« Gestalt and universal ») et confirme qu'une gestalt, une forme, ce qui est transmis dans la communication, est bien une classe d'ensembles interchangeables sous les transformations d'un groupe.

Ainsi, pour les cybernéticiens, la notion de code est au cœur de la logique et celle d'opération soutient le concept d'information. Quant à l'inverse, il est évident que le mot code appartient au vocabulaire de la communication et celui d'opération au lexique de la logistique.

C'est avec les moyens de la théorie de la communication et de la logique que la cybernétique va s'attacher à l'entreprise de rendre compte scientifiquement de l'âme, de l'esprit ou, pour employer une expression plus neutre, de l'« observateur ».

L'âme : définition opérationnelle

La logique est ici un synonyme de la théorie des automates car, comme l'écrit Wiener dans *Cybernetics*, « la science d'aujourd'hui est opérationnelle, c'est-à-dire considère chaque proposition comme essentiellement concernée par des expériences possibles ou des processus observables. En accord avec cela, l'étude de la logique doit se réduire à l'étude de la machine logique ». Suivant la distinction cartésienne de la pensée et de l'étendue, la science du XIXe siècle n'avait su traiter que de l'étendue, et selon la distinction plus kantienne du sujet et de l'objet, elle n'avait pas su comment faire du sujet un objet de science. Le génie de la cybernétique est d'adopter un point de vue à partir duquel la frontière entre l'âme et le corps, l'inerte et le vivant perd toute pertinence et s'efface. L'article fondateur de 1943 de Wiener, Bigelow et Rosenblueth est exemplaire à cet égard. Plutôt que leur perception des êtres soit organisée par la séparation entre machines et organismes, ou que les caractéristiques principalement retenues relèvent de la matière des choses ou de leur dépense d'énergie, les auteurs adoptent une grille de lecture des phénomènes ne faisant appel qu'aux comportements, et plus précisément à la structure des comportements. Les questions posées sont : « Qu'est-ce qui se passe ? Quelle est la logique des événements ? » Le comportement finalisé ressortit à l'organisation des événements et c'est sur le fond de cette saisie originale des phénomènes que se dessine l'explication cybernétique proprement dite. La téléologie, que ce soit dans les machines ou les animaux, est un effet de la structure du circuit de l'information entre les êtres et leur environnement : le feed-back négatif.

La démarche de McCulloch est analogue. L'esprit est envisagé du point de vue de la *structure des événements* psychiques. Il est analysé en « événements élémentaires », les « psychons », correspondant aux impulsions électriques binaires du réseau neuronal. La physique du XIXe siècle ne pouvait pas résoudre le problème de « savoir comment nous savons » parce qu'elle raisonnait en termes de matière et d'énergie. Le XXe siècle a appris à penser dans le langage de l'information, c'est-à-dire celui de la structure des événements.

Comment McCulloch a-t-il pu prétendre qu'une impulsion électrique *était une proposition ?* Entre le processus physique qui se déroule dans un circuit électrique donné et le calcul logique suivant les règles de l'algèbre de Boole qui lui correspond, il existe une identité de structure. Si par une convention, par un codage adéquat, on décide que le passage du courant en tel point du circuit équivaut à « 1 » et que son absence équivaut à « o », alors le circuit électrique ne « calcule » pas moins que celui qui écrit des symboles sur du papier. Du reste, l'essence du calcul n'est-elle pas une manipulation précisément déterminée de symboles ? Précisément déterminée, donc mécanique. C'est pourquoi il n'est absolument pas absurde de dire qu'une machine calcule. On pourrait rétorquer à ces arguments qu'en fait il se produit dans la machine un processus physique qui, en soi, n'a rien à voir ni avec des nombres ni avec des propositions, et que c'est seulement l'utilisateur de la machine qui interprète le résultat du processus en un sens logique ou arithmétique, exploitant ainsi la disposition ingénieuse des circuits, faite en vue de rendre cette interprétation possible. Mais dans ce cas, on maintient la distinction entre une sphère physique des processus matériels et une sphère logique du discours et de la pensée. Or, d'un point de vue opérationnel, cette distinction s'abolit. Il y a des processus physiques observables et la logique concerne l'éventuelle communauté de structure de ces processus. Une proposition n'existe pas en dehors d'événements qui l'incarnent et tous les événements révélant une structure propositionnelle peuvent être appelés propositions.

McCulloch s'était heurté à des objections concernant son identification d'un fait physiologique (une impulsion nerveuse) à un fait psychologique (une proposition), comme par exemple celle du psychologue gestaltiste Köhler au Hixon Symposium : « Certaines discussions sur les impulsions nerveuses et leur mise en équivalence avec des faits psychologiques me font penser qu'il est implicitement supposé qu'un histologiste et neurophysiologiste très savant observe le cerveau humain continuellement, et que cet expert sait toujours comment les impulsions doivent être interprétées en termes psychologiques. Il dit au possesseur du cerveau ce qu'il doit penser quand ces impulsions voyagent dans telle ou telle partie de sa machine corticale. Sans cette aide qu'est-ce qui pourrait en effet induire une personne à penser à une proposition particulière quand une impulsion voyage dans une certaine fibre ? Mais en réalité, il n'y a aucun expert de ce type. » Il faut bien voir que cette distinction entre faits psychologiques et faits physiologiques ne tient pas pour la cybernétique. Il n'y a qu'une seule classe de faits : les faits observables, descriptibles, communicables. L'hypothèse d'un système nerveux qui calcule et la mise en évidence de l'incarnation possible de calculs dans le réseau neuronal visent à rendre compte du comportement extrêmement complexe des animaux pourvus d'un système nerveux. Ceux-ci perçoivent, ont une mémoire, prévoient, etc.

Tout cela s'exprime par certaines relations entre les informations reçues par les capteurs sensoriels de l'animal et celles qui commandent ses organes moteurs : il y a nécessairement des calculs dans la boîte noire. Pour Aristote, l'âme était la forme du corps ; pour les cybernéticiens, ce serait l'organisation des calculs entre l'information afférente et l'information efférente d'un organisme. C'est de cette organisation, et d'elle seule, que la psychologie doit traiter. Il est alors évident que psychologie et neurophysiologie ne font qu'un ; il n'y a qu'une science du traitement de l'information, qui est aussi bien celle des machines à calculer. Le parcours professionnel d'un McCulloch illustre d'ailleurs parfaitement ce dernier point : psychiatre, neurologue, concepteur de circuits électroniques.

Son attitude à l'égard de la conscience est typique. La conscience, en effet, est l'inobservable, l'incommunicable par excellence. Toutes les définitions opérationnelles de la conscience laissent échapper son essence. Par exemple : est conscient celui qui dit qu'il l'est ou celui qui peut porter témoignage de ce qu'il fait, etc. Avec ces définitions, même une machine très simple pourra être qualifiée de consciente. (Imaginons la « voix » d'un ordinateur disant à intervalles réguliers : « Je suis conscient. » Or, dans la conception de McCulloch, ce dont il n'y a pas de définition opérationnelle ne peut être pris en compte par la science, c'est comme si cela n'existait pas. D'où l'absence totale de pertinence d'une critique comme celle de Köhler.

Ainsi, en abandonnant les vieilles divisions de l'être, âme et corps, pensée et étendue, règne animal et minéral, mais en ne considérant plus que des événements et des structures d'événements dans un champ unifié, la science peut rendre compte d'aspects non triviaux du comportement de systèmes et de machines, tels que téléologie, mémoire, reconnaissance de formes, calculs logiques et arithmétiques, communication, etc. Non seulement ces événements relèvent d'explications en termes de calcul et communication, mais ils sont eux-mêmes, en principe, calculables, traduisibles, codables, communicables. En un mot, n'est un événement que ce dont on peut donner une définition opérationnelle. L'indescriptible n'arrive jamais.

LES PRÉMISSES PHILOSOPHIQUES : LE *TRACTATUS LOGICO-PHILOSOPHICUS* DE WITTGENSTEIN

L'éclosion d'un courant scientifique présuppose une façon nouvelle de s'établir dans l'être. Il n'est pas nécessaire que le nouveau rapport à l'être ait été philosophiquement exprimé avant que la science se développe. Une grande philosophie se reconnaît cependant à ce qu'elle précède et contribue à créer le nouvel imaginaire que la science va déployer.

Quelle ascendance philosophique attribuer à la cybernétique ? Des auteurs comme Wiener ou McCulloch sont totalement imbibés par la tradition occidentale et citent abondamment les noms des philosophes célèbres. Leibniz est généralement salué comme le précurseur génial qui a cependant manqué d'une notion claire de l'information. Kant doit également être compté au nombre des inspirateurs de l'« épistémologie expérimentale » puisque McCulloch, poursuivant la lignée des neurologues Rudolph Magnus et Dusser de Barenne, cherche dans l'organisation du système nerveux les structures du sujet transcendantal.

Mais la façon dont la cybernétique a résolu les problèmes philosophiques qu'elle avait choisi d'affronter nous instruit plus. L'élucidation des deux énigmes de l'union de l'âme et du corps et des causes finales en biologie fut rendue possible par l'utilisation de la théorie de l'information et, en général, par une manière nouvelle de penser les phénomènes dont la logique, le calcul, la communication et l'information étaient les principales catégories.

Le *Tractatus logico-philosophicus* de Wittgenstein expose la nouvelle configuration ontologique qui correspond à l'essor de cette pensée scientifique. Comme nous le verrons, c'est seulement une fois le monde posé comme étant « tout ce qui arrive » que la théorie de l'information peut s'appliquer universellement et résoudre ou, mieux, dissoudre, le problème de l'union de l'âme et du corps. Il ne s'agit pas ici de faire l'exégèse de la philosophie du premier Wittgenstein pour elle-même, mais d'illustrer la précession d'un imaginaire radical sur le mouvement des sciences, des techniques et de l'économie.

La saisie originale de l'être des cybernéticiens s'était donc déjà déployée, et du premier coup avec une parfaite rigueur, dans le *Tractactus logico-philosophicus*, Wittgenstein, disciple tourmenté de Frege et de Russell, fut un des grands inspirateurs du cercle de Vienne et du positivisme logique, entre les deux guerres. Le *Tractatus* influence encore profondément la philosophie analytique anglo-saxonne. Ce que les fondateurs de la cybernétique avaient mis en œuvre sur le mode techno-scientifique, Wittgenstein l'avait exprimé sur le mode philosophique plus de vingt ans auparavant. La Première Guerre mondiale, au cours de laquelle le philosophe viennois avait rédigé son célèbre traité, marque donc, en même temps que l'ouverture du XXe siècle politique, celui du XXe siècle métaphysique. Le *Tractatus* contient les prémisses philosophiques de la grande métamorphose culturelle qu'il est convenu d'appeler l'informatisation de la société.

Pour Wittgenstein, comme pour les cybernéticiens, la logique signifie bien plus que la science du juste raisonnement. « La logique n'est pas une théorie mais une image réfléchie du monde. La logique est transcendantale » (6. 13 — les chiffres à la suite des citations indiquent le numéro des aphorismes qui composent le *Tractatus*). Le monde ne peut être perçu qu'à travers la logique : « La logique remplit le monde, les limites du monde sont aussi ses propres limites » (5. 61). Le monde est coextensif à la logique. Wittgenstein pousse ce système très loin. Toute la description des structures du monde qui occupe le début du *Tractatus* (jusqu'au 2. 1) et présente les relations entre les objets, les états de choses, etc., s'éclaire si l'on remplace « objet » par « symbole », « état de choses » par « expression bien formée », et « monde » ou « totalité des états de choses existants » par « langage formel ». Wittgenstein modèle le monde de façon qu'il soit optimalement adéquat au langage formel qui doit le décrire. Son univers répond à une exigence de représentativité par des « tableaux » discrets, numériques. Il fallait que l'univers soit ainsi structuré pour que les cybernéticiens lui fassent correspondre un sujet transcendantal en forme d'automate fini. Quant à l'idée suivant laquelle « chaque question qui se peut absolument résoudre par la logique doit pouvoir se résoudre, sans plus » (5. 551), elle implique la prééminence pratique de la logique, celle-ci étant la clé de toute question. Dans la ligne de ce principe, la solution d'un problème coïncidera bientôt avec l'exhibition de la procédure effective ou du programme capable de le résoudre.

Mais qu'est-ce que la logique pour Wittgenstein ? L'essence de la communicabilité. Dire que le monde est logique, c'est affirmer sa transparence au logos. On ne peut rien dire qui ne soit logique car la logique est le lieu du dicible (3. 032 : « Représenter par le langage quelque chose de contraire à la logique on ne le saurait pas plus que représenter en géométrie par ses coordonnées une figure contraire aux lois de l'espace... »). Les espaces du possible, du dicible et du pensable se superposent exactement sous l'égide de la logique. (3. 03 : « Nous ne saurions rien penser d'illogique, parce que alors il nous faudrait penser illogiquement », et 3. 031 : « ... Nous ne saurions *dire* d'un monde illogique ce que serait son aspect. ») La transmissibilité exige la logique. L'univers logique de Wittgenstein est du même coup celui de la communication idéale, des langages parfaits. Rien n'y est réfractaire à la traduction (« ... Tout langage de signes correct doit pouvoir se traduire dans tout autre langage de ce genre... », 3. 343). Et les traductions doivent se faire par simple substitution, mécaniquement. (« La traduction d'une langue dans une autre procède en traduisant non pas chaque proposition de l'une dans une proposition de l'autre, mais rien que les parties constitutives de la proposition. ») Si les langues n'étaient pas toutes des langages parfaits, on se trouverait évidemment devant les difficultés bien connues de la traduction automatique.

Comme « la proposition est l'image logique de l'état des choses », les processus mécaniques ou strictement déterminés sont au fond de la même nature que des traductions ou des calculs. En gardant à l'esprit le strict parallèle établi par Wittgenstein entre les états de choses, ou les faits d'un côté, et les propositions de l'autre, on verra que les notions de processus et de calcul sont équivalentes. Suivant cette équivalence entre processus physique et série d'opérations logiques, McCulloch affirmera qu'un calcul des propositions a lieu dans le réseau neuronal *sans qu'il soit besoin d'un sujet supplémentaire pour émettre les propositions ou interpréter le processus*. Ce point est capital, car c'est grâce à la « relation interne de représentation qui existe entre le langage et le monde » que pourra être résolu, au sens de dissous, le problème de l'union de l'âme et du corps. « Le disque, le phonographe, la pensée musicale, les notes, les ondes sonores, tous se trouvent les uns les autres dans cette relation interne de représentation qui existe entre le langage et le monde, la structure logique leur est commune à tous » (4. 014). La pensée, le symbolisme (les notes dans l'exemple), les objets matériels (le disque), les processus physiques (les ondes sonores), les dispositifs mécaniques de traduction (le phonographe), sont tous placés sur le même plan des *faits* et réunis par la structure logique. C'est moins d'un parallélisme entre un ordre physique et un ordre logique qu'il s'agit, que d'une équivalence entre états de choses par l'intermédiaire de leur contenu logique commun.

Nous atteignons ici le cœur ontologique du *Tractatus*, délivré dès le premier aphorisme : « Le monde est tout ce qui arrive » (1) ; « Le monde est l'ensemble des faits, non des choses » (1. 1). Descartes considère un monde de choses, c'est pourquoi il distingue entre la *res extensa* et la *res cogitans*. Le monde de « tout ce qui arrive », le monde des événements, est celui de la théorie de l'information, car celle-ci n'a pas de rapport avec la nature des symboles mais avec leur occurrence. Une science articulée par la théorie de l'information présuppose l'existence d'un univers d'événements descriptibles et traduisibles. Un événement, un état de choses, une occurrence, un fait, une décision, cela se mesure mais n'a pas de dimension, cela s'observe, se transmet, relève d'une définition opérationnelle, et c'est pourtant « immatériel ». L'attribution de l'immatérialité à l'information, sans être absolument incorrecte, risque cependant d'induire en erreur si l'on croit que l'*autre* de la matière est l'idée. Un bit n'est ni une particule de matière, ni un élément d'idée, c'est un atome de circonstance. Une science qui analyse ses objets du point de vue de l'information comprend le monde comme « tout ce qui arrive », elle adopte donc dans une certaine mesure la disposition fondamentale envers l'existant sur laquelle est fondé le *Tractatus*. (Dans l'exemple du phonographe, nous appellerions contenu informationnel identique sur des supports différents ce que Wittgenstein nomme structure logique commune d'états de choses en relation de représentation interne. Le mot n'y est pas mais l'idée de l'information est évidente.) Cette disposition fondamentale est le secret de la dissipation du « mind-body problem ». En effet, selon Wittgenstein, les propositions, tableaux des faits, sont aussi des faits, reliés aux faits qu'elles représentent dans une identité de structure (dans le cas de propositions vraies ou de tableaux fidèles), et le tableau logique des faits *constitue* la pensée. La pensée est donc d'essence factuelle, comme le reste de « ce qui arrive ». Si les propositions, donc les descriptions, sont des faits, inversement, les faits participent de la même essence que les descriptions : « Indiquer l'essence de la proposition, c'est indiquer l'essence de toute description, donc l'essence du monde » (5. 4711). L'essence du monde est celle de toute description : logique, nous dirions informationnelle.

Dans le monde du *Tractatus* tout repose sur le même plan, il n'y a pas de hiérarchie ni de transcendance *interne* à l'univers logique et descriptible. Wittgenstein exclut la théorie des types de Russell, les fonctions qui seraient à elles-mêmes leur propre argument et *a fortiori* toute idée de hiérarchie enchevêtrée. Son monde est à l'abri du paradoxe parce qu'« il n'y a pas de sujet pensant capable de représentation » (5. 631) qui aurait introduit une véritable distinction d'essence entre les choses et leur représentation. Ou, pour mieux dire, ayant construit un monde sans paradoxe, intégralement logique et descriptible, un monde d'information, il constata qu'il n'y avait pas de place en son sein pour un sujet pensant se représentant le monde. « Où dans le monde remarquerait-on un sujet métaphysique ? » (5. 633). Ici gît l'explication du principal mystère de la psychologie calculatoire de la cybernétique : qui énonce les propositions en transit sur le réseau neuronal ? Qui les reçoit ? Personne. Où est le sujet qui utilise ce code ? Nulle part.

L'INDICIBLE

Il faut indiquer maintenant une divergence irréductible entre la philosophie du *Tractatus* et les théories de la première cybernétique (1943-1953). Wittgenstein, s'il ne voit pas de sujet métaphysique *dans* le monde, l'établit à ses bornes et même identifie le monde au sujet : « Je suis mon propre monde » (5. 63). Ce dernier pas, pourtant cohérent, faire contenir tout l'univers informationnel par le sujet, un McCulloch ou un Wiener ne le franchirent jamais. Il reviendra à la seconde cybernétique de donner une expression scientifique à la notion de sujet-monde de Wittgenstein. Heinz von Foerster fut un des principaux animateurs de ce courant. Il dirigea de 1958 à 1974 un laboratoire d'informatique biologique (Biological Computer Laboratory — BCL) au département de génie électrique de l'université de l'Illinois. Une bonne part des travaux du BCL fut consacrée à l'étude des mécanismes circulaires qui fondent à la fois la vie et la cognition : autoreproduction, autoréférence, auto-organisation. La simple rétroaction n'épuise pas la circularité fondamentale du processus biologique. Il ne suffit pas de dire que si un être vivant agit sur son environnement, il perçoit en retour les résultats de son action. L'être vivant, en tant que processus cognitif, organise ce qu'est pour lui le monde. Il « calcule » une réalité à l'intérieur des contraintes fixées par son système nerveux, la disposition de ses capteurs sensoriels, son expérience passée, etc. Son action, au sens fort, sur son environnement est à la fois perception, organisation et élaboration de ce qui est, pour lui, la réalité ; et c'est en fonction de cette réalité calculée par lui qu'il va repercevoir, réorganiser, réélaborer ce que sera son monde propre, et ainsi indéfiniment. L'auto-organisation fait ici coïncider l'organisation de soi et celle de la réalité dans un processus circulaire infini. C'est ainsi que l'univers extérieur ne peut contenir la moindre information. La notion d'information n'a de sens qu'à l'intérieur du monde du sujet. Une bactérie, une huître, un requin, un Parisien et un Pygmée appartiennent au même univers physique, mais la plupart de ce qui est information pour l'un ne l'est pas pour les autres. Ils vivent dans des mondes différents. Les biologistes de l'école dite « de Santiago », Humberto Maturana et Francisco Varela, ont récemment poursuivi de passionnantes recherches dans la ligne de la deuxième cybernétique.

La seconde grande différence entre Wittgenstein et, cette fois-ci, toute la cybernétique et le projet d'intelligence artificielle qui en est issu, tient à la place et au statut de l'indicible.

Dans le *Tractatus*, l'indicible échappe à toute traduction, à tout calcul logique. Les opérations n'ont pas de prise sur l'inexprimable. Or « il y a assurément de l'inexprimable. Celui-ci se montre, il est l'élément mystique » (6. 522) ; et encore : « Ce qui peut être montré ne peut être dit » (4. 1212). Qu'est-ce qui se montre sans se dire ni se coder formellement ?

« Le tableau peut représenter chaque réalité dont il a la forme. Le tableau étendu dans l'espace peut représenter tout ce qui est spatial, le tableau coloré tout ce qui est coloré, etc. » (2. 171). « Cependant le tableau ne saurait représenter sa propre forme de représentation : il ne fait que la montrer » (2. 172). Par exemple, une peinture colorée montre qu'elle est colorée, elle ne le dit pas. On ne peut représenter l'espace des couleurs mais seulement peindre un tableau déterminé. Imaginons que l'on écrive « l'espace des couleurs » : n'est-ce pas une façon de le représenter ? Évidemment non ; seulement de le désigner. L'expression « l'espace des couleurs » ne représente pas cet espace au sens où un tableau représente un paysage, avec une correspondance entre les éléments du tableau et ceux du paysage, car la représentation implique une identité de structure logique.

Wittgenstein veut simplement dire que le médium, ce dans quoi ou grâce à quoi on représente, est inexprimable. Par exemple l'espace, les couleurs, les sons. En revanche, si les sons ou les couleurs ne peuvent se coder, ils peuvent se montrer et donc aussi se percevoir. Or, cette perception des « formes de représentation » est par définition de l'ordre de l'incalculable, elle échappe à l'univers des informations, des codes et des opérations. Pourtant, nous voyons la couleur des tableaux et nous entendons le son des voix. Les informations portées par la voix peuvent se coder, se transmettre, se traduire et donner lieu à des calculs, mais le son de la voix, la nature sonore de la voix par laquelle transitent les informations ne peut que se montrer. Se montrer et non se transmettre, car *le montrable est toujours déjà là, il n'est pas événementiel.* Vous ne pouvez pas montrer la couleur bleue à un aveugle bien que vous puissiez lui transmettre la structure logique d'un tableau coloré. Vous ne pouvez faire écouter une voix à un sourd bien qu'il vous soit possible de lui communiquer le message qu'elle apportait. L'information (la structure logique) reste invariante par toutes les opérations de traduction, mais *les langues dans lesquelles sont traduits les messages ne sont pas elles-mêmes des messages* ; cela ne les empêche pas d'être perçues, bien qu'aucun automate logique ne puisse en reconnaître la forme ni les traduire. Qui donc les perçoit ? A qui le monde des couleurs se montre-t-il puisqu'une machine à calculer ne peut ni le recevoir comme une information, ni le calculer comme un résultat ?

On pourrait chercher une solution à cette difficulté en imaginant que l'occurrence d'un message dans une langue plutôt qu'une autre soit considérée comme l'événement pertinent et constitue donc une information. Mais cela nous mènerait à une hiérarchie potentiellement infinie de langages, de langages de langages, etc. Or, le système de Wittgenstein évite ce type de hiérarchie et les paradoxes qui risquent de lui être inhérents. D'autre part, une telle façon d'envisager l'information inclurait nécessairement la notion de pertinence, dont le monde purement logique du *Tractatus* est absolument dépourvu (6. 4 : « Toutes les propositions sont d'égale valeur »). On considérerait une séquence d'événements tantôt sous l'angle de sa structure, tantôt sous l'angle du médium spécifique en lequel elle s'incarne. Mais en toute rigueur, dans ce cas, c'est à deux séquences d'événements distincts que nous aurions affaire et, finalement, à deux mondes différents dont les états de choses seraient composés d'objets différents. Les espaces dans lesquels circule l'information sont indicibles parce qu'on n'a pas le droit de changer d'axiomes, de monde, en cours de route.

La seconde région de l'indicible concerne la structure logique commune aux états de choses, aux propositions, aux séries d'événements qui se représentent et se traduisent mutuellement. En effet, en essayant d'exprimer telle structure logique, vous devez nécessairement employer une langue ou dessiner un tableau ou penser à des symboles etc., et ce qui sera communiqué sera donc un tableau ou une proposition structurée par la « multiplicité logique » en question, mais jamais cette multiplicité elle-même. Vous ne pourrez jamais exprimer ce que toutes les traductions d'une phrase ont en commun, mais seulement donner une traduction supplémentaire. Vous « montrerez » le *sens* de la proposition en accumulant les traductions, mais vous ne communiquerez jamais que des propositions.

A qui indiquerez-vous la signification ? Aucun automate logique, neuronal ou électronique ne peut saisir un sens incalculable et inexprimable.

Ainsi, le monde de « tout ce qui arrive », ou encore de « ce qui peut être dit », exclut par en bas notre milieu de vie : l'espace, les couleurs, les sons, les langues formant médium pour d'éventuels messages, et finalement toute l'épaisseur sensible du monde. Il exclut par le haut ce pourquoi nous vivons et toutes les significations en général. L'élément « mystique » inexprimable est donc extrêmement vaste. Le monde strictement calculable et communicable se réduit à une mince pellicule de l'être, celle des événements, parcourue par le jeu des opérations et des traductions.

L'entreprise de la cybernétique et de l'intelligence artificielle doit beaucoup à la philosophie du premier Wittgenstein, puisque le monde dans lequel elle s'établit a été édifié pour la première fois en toute rigueur par celui-ci. Mais les cybernéticiens conçoivent l'homme comme un automate logique traitant de l'information. Ils se sont donc arrêtés au dicible et, oubliant *qui* ils étaient, ils ont négligé l'inexprimable que leur montrait Wittgenstein. C'est pourquoi, si la cybernétique et ses rejetons dépendent de Wittgenstein, ils n'en sont pas pour autant toujours dignes. Ils se sont définitivement installés dans la logique, l'information et le calcul, alors que Wittgenstein demandait qu'on y passe pour en sortir. La limite entre le dicible et l'indicible demeure aujourd'hui encore un enjeu. La cybernétique triomphante des années quarante et cinquante affectait de ne pas même l'apercevoir et prit pour l'être le jeu des opérations, la ronde des traductions et le kaléidoscope logique des événements.

5

Le paradigme informatique

L'emploi croissant de concepts informatiques et cybernétiques dans diverses disciplines, l'usage de plus en plus fréquent de simulations numériques pour étudier les phénomènes, ou la tendance à la mise en algorithme des raisonnements scientifiques sont différentes manifestations de l'émergence d'un paradigme du calcul. Ce paradigme n'est pas un corps de doctrine systématique ayant ses partisans et ses adversaires déclarés. Il se dessine au contraire peu à peu au fil des métaphores, des procédures et des habitudes de la recherche. L'utilisation toujours plus massive des ordinateurs et des systèmes de documentation automatique favorise incontestablement son extension, bien qu'il ne la détermine pas automatiquement. Mais une multitude de petits changements, quoique dispersés et peut-être localement imperceptibles ne concourent pas moins à la combinaison d'un ensemble de critères, de schémas intellectuels, de modes de représentation et de principes méthodologiques d'une redoutable cohérence, dont la notion de calcul constitue justement le centre secret.

Les enjeux de l'opération en cours sont multiples. Sur le versant ontologique, les systèmes physiques, vivants, psychiques sont-ils des machines à traiter l'information ? Sur le versant méthodologique, y a-t-il une seule rationalité scientifique, codifiable et applicable en droit à tous les objets ? Enfin et surtout, le but de l'activité scientifique est-il de prévoir et de calculer toujours mieux ou de rendre intelligible et d'éclairer le monde qui nous entoure ?

Calcul et méthode

Un nouveau rapport à l'expérience

La pratique de la simulation sur ordinateur se répand dans les champs les plus divers : mathématiques, physique nucléaire, astrophysique, cosmologie, météorologie, sismologie, chimie, avionique, gestion, économie, démographie, histoire, etc. Un des premiers effets de l'usage de la simulation numérique est de conférer un caractère expérimental à des disciplines qui ne le possédaient pas, comme la cosmologie ou la démographie. Le changement est essentiellement pratique. Rien n'interdisait, en effet, aux chercheurs en astrophysique ou en histoire économique de formaliser des ensembles de relations logiques explicites entre des variables, de faire varier systématiquement les différents paramètres pour étudier le comportement du modèle, puis de comparer les résultats au phénomène en grandeur vraie. Mais avant les ordinateurs, cette possibilité de principe se heurtait à une impraticabilité de fait, le moindre calcul un peu compliqué pouvant occuper plusieurs années d'une équipe de mathématiciens chevronnés.

Bien entendu, les simulations numériques ne sont pas de véritables expériences puisqu'elles ne portent pas sur les phénomènes mais sur des modèles de ceux-ci. Il faut néanmoins remarquer que l'expérience scientifique classique opère déjà une manière d'idéalisation, de purification et de construction artificielle de son objet. On peut donc considérer la simulation numérique comme un degré supplémentaire dans l'artifice visant le contrôle et la purification du phénomène.

La simulation numérique permet de *tester des hypothèses* beaucoup plus facilement que par la simple observation de phénomènes sur lesquels le chercheur scientifique est incapable d'agir. La pratique de la simulation met le modélisateur dans la nécessité d'expliciter et de justifier le choix de ses variables, ainsi que de formuler une description quantitative précise des relations supposées de cause à effet. La « testabilité » des hypothèses et la formalisation rigoureuse des modèles rapprochent fortement la psychologie, l'économie, la sociologie ou l'histoire des sciences exactes, au moins sur le plan méthodologique.

Dans les disciplines, comme la physique, qui avaient traditionnellement accès à l'expérimentation, la simulation numérique ajoute un troisième terme à la théorie et aux résultats empiriques. Dans cette nouvelle configuration, l'activité théorique consiste moins à rendre compte de tous les résultats qu'à sélectionner les modèles qui pourraient avoir une signification physique. Le réel est ici pratiquement appréhendé comme un modèle parmi une prolifération de modèles possibles, alors que l'ancienne physique était censée partir uniquement de résultats réels pour dégager le modèle sous-jacent qui les rendrait cohérents. Certes, l'expérience de pensée et l'imagination de modèles possibles ont toujours fait partie de l'activité scientifique. Il reste que l'ordinateur transforme l'expérience de pensée, de bricolage artisanal qu'elle était, en entreprise systématique à grande échelle.

Une des plus curieuses modifications liées à l'usage des simulations numériques est celle qui affecte aujourd'hui les mathématiques. Traditionnellement considérées comme le royaume de la déduction, elles prennent à leur tour un caractère expérimental. Des simulations numériques d'objets mathématiques peuvent infirmer, confirmer ou faire naître des *conjectures*. La conjecture ne devient cependant *théorème* qu'une fois démontrée. On rencontre ici les limites du calcul, car les démonstrateurs automatiques n'ont encore jamais démontré à ce jour de théorèmes significatifs qui n'aient déjà été prouvés par un mathématicien en chair et en os. Or, en mathématique, seule la démonstration éclaire et rend raison du théorème. Le calcul laisse prévoir, suscite des hypothèses, donne plus de poids à certaines conjectures, il n'explique pas.

L'extraordinaire puissance de calcul statistique et d'analyse des données qui sont offertes par l'informatique se conjugue à la simulation pour renforcer le caractère empirique et inductif de la recherche informatisée. L'analyse des correspondances, l'analyse en composantes principales, l'analyse factorielle, les programmes de classification automatique ainsi que de nombreuses autres méthodes statistiques nées avec l'informatique autorisent des traitements extrêmement complexes sur des masses énormes de données qui seraient restées muettes sans les ordinateurs. Il faut ajouter à la puissance de calcul statistique proprement dite les efforts de mise en scène visuelle des résultats par image synthétique qui permettent au chercheur d'appréhender sur un mode sensible d'immenses tableaux de chiffres autrement illisibles.

Limites de la simulation numérique

Comment un calcul, par essence discret, pourrait-il toujours simuler adéquatement un processus continu ? Dans son livre *le Calcul, l'Imprévu*, Ivar Ekeland donne l'exemple du carambolage de quelques boules sur une table de billard. Si nous entrons dans un ordinateur les positions et vitesses initiales de toutes les boules et que nous attendons en sortie les positions et les vitesses à un temps ultérieur, le résultat de la simulation risque fort de n'avoir rapidement plus aucune signification. A cela, deux raisons principales. Premièrement, l'ordinateur ne peut travailler qu'avec un nombre fini de décimales en négligeant les décimales supplémentaires. A chaque nouvelle opération, les erreurs d'arrondi s'amplifient jusqu'à dénaturer grossièrement le résultat final. Secondement, le système réel est soumis à une multitude de perturbations qui vont de la respiration de l'expérimentateur dans la pièce au mouvement d'un noyau d'hydrogène sur Alpha du Centaure. Or, ces perturbations deviennent vite significatives, si bien que le résultat du calcul, même exact, n'en sera pas moins très éloigné du résultat observé.

On sait que les trajectoires des vaisseaux spatiaux naviguant vers la Lune doivent être corrigées à intervalles rapprochés en fonction de leur vitesse et de leur position *réelle*. Les ingénieurs de la NASA savent parfaitement que les ordinateurs, pourtant extrêmement puissants, dont ils disposent ne peuvent calculer le trajet exact des engins spatiaux uniquement à partir des conditions astronomiques et astronautiques initiales.

Un autre type de limite des simulations numériques tient au choix du langage de description. Dans le cas d'une simulation, toutes les décisions quant à ce qui pourrait être pertinent pour l'évolution du système étudié ont été prises d'un seul coup, au moment de la formalisation du modèle. L'expérience réelle, au contraire, peut toujours laisser apparaître l'importance d'un facteur auquel on n'avait pas pensé au moment de sa mise au point. Cela ne signifie pas qu'une simulation numérique est incapable de surprendre le chercheur, mais que les genres de surprises que peuvent offrir la simulation et l'expérience réelle ne sont pas du même ordre. Nous retrouvons ici la différence entre possible et virtuel. Le résultat d'une simulation, même surprenant, était logiquement contenu dans un ensemble de possibles précodés par l'algorithme et les données. Les surprises qui surviennent au cours d'une expérience réelle, en revanche, peuvent provoquer un changement dans la façon d'appréhender le phénomène et amener le chercheur à redéfinir l'objet même de son étude. La surprise « réelle » est capable d'ouvrir un nouveau champ de virtualités.

Il est des disciplines, comme l'histoire, où la légitimité de la simulation est problématique. Une école d'histoire économique américaine, la *New Economic History*, a mis à l'honneur l'utilisation de modèles formels précisément quantifiés simulés sur ordinateur pour étudier des questions du type : « L'esclavage dans le Sud avant la guerre de Sécession était-il réellement une entrave au développement économique ? », ou : « Peut-on vraiment considérer l'extension du chemin de fer comme un facteur fondamental de la croissance américaine au XIXe siècle ? » Les modèles mis au point essaient de prévoir ce qui serait arrivé si les planteurs avaient utilisé des salariés agricoles et si l'on avait creusé des canaux et construit des routes plutôt que d'étendre le réseau ferré. Pour certains historiens traditionnels, de telles simulations n'ont aucun sens car elles supposent que l'on puisse faire varier *seulement* les facteurs dont on veut peser l'importance historique, toutes choses étant égales par ailleurs. Or, disent les historiens traditionnels, le « toutes choses égales par ailleurs » n'a aucun sens en histoire. Il serait au contraire très raisonnable de penser que si le Sud n'avait pas été esclavagiste, ou si les chemins de fer ne s'étaient pas développés, énormément d'autres faits de mentalité, de société et d'économie auraient *aussi* été différents. Ce qui enlève toute valeur aux conclusions des simulateurs.

Les nouveaux historiens de l'économie répondent que presque tous les historiens utilisent implicitement le « conditionnel irréel » chaque fois qu'ils tentent de déterminer les causes d'un phénomène historique. (Si le nez de Cléopatre avait été plus court, la face du monde en eût été changée.) Au lieu de le faire de façon vague et implicite, ils jugent beaucoup plus conforme à la démarche scientifique d'utiliser le « conditionnel irréel » de manière explicite et formalisée. C'est seulement à cette condition que les hypothèses sur le poids causal de tel ou tel facteur historique peuvent être *testées*.

Le débat sur l'usage de la simulation en histoire recouvre un enjeu plus profond. Y a-t-il, en droit, homogénéité des procédures méthodologiques et des modes d'explication légitimes d'une discipline à l'autre ? Doit-on reconnaître une seule méthode scientifique, quitte à l'adapter à des objets divers, ou bien, au contraire, faut-il admettre une hétérogénéité fondamentale entre les approches rationnelles d'objets aussi différents que l'univers physique et le monde historique ? Si l'on se décidait pour une acception unique et rigoureuse du concept de causalité, par exemple, alors aucun historien, économiste ou psychologue ne pourrait parler de cause sans formaliser un modèle quantifié où la cause en question s'incarnerait dans la liaison fonctionnelle de quelques paramètres. On voit le risque de stérilité qu'une telle exigence pourrait faire courir à nombre de disciplines. Comment *quantifier* le rôle de l'imaginaire social, par exemple ? Cela ne signifie pas que la modélisation ne soit souvent utile et légitime par plaques locales, mais seulement qu'il serait néfaste d'en faire une condition de scientificité *a priori*.

Les ordinateurs permettent d'utiliser des outils statistiques sophistiqués, donnent accès à la simulation de modèles numériques et contribuent largement à la formalisation des procédures de la recherche. Ils peuvent ainsi conférer un caractère inédit de rigueur et d'exactitude aux sciences humaines. L'informatique serait donc plus qu'un instrument scientifique. Capable de faire passer une discipline d'un état préscientifique au statut de science exacte, elle serait un opérateur métascientifique. Dans le débat épistémologique en cours, l'ordinateur renforce le camp de la méthode scientifique unique parce qu'il lui donne pour la première fois les moyens de ses ambitions.

Expliquer, calculer

Pour évaluer correctement le rôle de la simulation numérique, il importe de distinguer soigneusement la mise en algorithme et la modélisation numérique d'une part, la mathématisation et la théorie d'autre part.

La simulation vise avant tout à prévoir ou à reproduire le comportement du système étudié. En intelligence artificielle, par exemple, le calcul sert souvent à obtenir une certaine *performance* cognitive, sans prétendre l'atteindre par les mêmes moyens que l'esprit humain. Le modèle sous-jacent au calcul est donc instrumental, ou opératoire, plutôt qu'explicatif.

La mathématisation d'un phénomène, en revanche, a pour objectif premier d'élucider sa structure fondamentale, de le rendre intelligible, de mettre en évidence les paramètres pertinents capables d'en rendre compte rationnellement. La capacité prédictive ne vient que par surcroît, pour confirmer la justesse de la théorie mathématique.

En un sens, la théorie physique d'Aristote était prédictive : le feu monte, la terre descend, les mouvements de la sphère céleste sont réguliers, etc. La théorie newtonienne, prédictive elle aussi, découvre d'abord *une autre structure du réel* : espace homogène, corps s'attirant en fonction de leurs masses et de leur distance. La formule mathématique de la loi de la gravitation exprime dans tous les cas la nature des interactions en jeu, elle permet de plus de prédire parfois le comportement de systèmes simples. Dès que trois corps sont en jeu, la théorie mathématique, bien qu'elle propose un schéma correct, ne permet plus de calculer précisément l'évolution du système à partir de ses conditions initiales.

La différence entre calcul et mathématiques ressort encore de la comparaison classique entre les physiques de Newton et d'Einstein. Sur le plan du calcul, c'est-à-dire, au fond, d'un point de vue opératoire, la théorie newtonienne peut être considérée comme un cas particulier de celle d'Einstein, moyennant une légère approximation. En revanche, sur le plan du modèle mathématique décrivant la structure de la réalité physique, les deux théories sont radicalement différentes.

Disons qu'en général une théorie mathématique ne permet pas nécessairement de prédire et que les calculs, même utiles et corrects à des fins de prédiction, peuvent parfaitement s'effectuer sans théorie ou à l'aide d'une théorie fausse. Il existe en général un très grand nombre d'algorithmes capables d'arriver au même résultat.

L'usage de l'ordinateur favorise massivement la simulation opérationnelle, la prédiction et le calcul. Ici encore, l'idéal scientifique est en jeu. Les théories mathématiques sont-elles des fictions utiles pour faciliter les calculs, mais dont on pourrait à la limite se passer au profit d'algorithmes performants ? La science doit-elle au contraire viser à rendre intelligible, à expliquer la réalité, le calcul ne jouant à cet égard qu'un rôle instrumental ? La fin ultime de la science est-elle l'opération ou l'interprétation ?

La formalisation du raisonnement scientifique

La mise en algorithme du raisonnement scientifique peut être envisagée sous deux points de vue, normatif et descriptif. L'approche normative est le fait de l'école logiciste en sciences humaines. L'abord empirique et descriptif est généralement soutenu par des informaticiens.

On rencontre sous la plume d'archéologues, d'historiens ou d'économistes des déclarations parfaitement explicites sur l'idéal du logicisme : toutes les opérations intellectuelles par lesquelles un scientifique passe d'une collection initiale de données à ses propositions finales doivent pouvoir être effectuées par un automate calculateur. Le raisonnement est ici entendu comme l'ensemble des techniques de traitement de l'information utilisées par le chercheur. Pour juger de la rigueur d'un raisonnement, sa programmabilité est un critère essentiel.

Les logicistes déplorent que, dans de nombreux travaux en sciences humaines, les propositions présentées par les chercheurs comme des conclusions valides ne résultent en réalité ni de déductions logiques dont on connaîtrait clairement les prémisses et les différentes étapes, ni de raisonnements inductifs probabilistes corrects à partir de séries définies de données d'expérience ou d'observation.

La programmation du raisonnement suppose l'explicitation de toutes ses étapes. Elle impose la transparence, la publicité des moyens employés par le chercheur. La possibilité de discussion rationnelle est augmentée, tandis que beaucoup d'erreurs sont évitées. Le critère de la programmabilité dissuade enfin de publier les auteurs qui comptent sur des artifices rhétoriques pour convaincre le lecteur plutôt que sur la cohérence de leurs raisonnements et la testabilité de leurs conclusions.

La définition des données initiales peut elle-même faire l'objet d'une procédure informatisée. En archéologie, comme on l'a vu, on se gardera de ranger immédiatement un artefact découvert sur un champ de fouille dans telle ou telle catégorie (hache, grattoir, etc.) en fonction d'une reconnaissance informelle immédiate. On préférera décomposer l'objet en caractères et confier son classement à un programme taxinomique, ou la détermination de son identité à un algorithme de reconnaissance de forme.

Un algorithme n'opère pas sur des données appréhendées dans leurs significations immédiates et informelles. Il ne traite que les symboles de la description des données, au sens typographique du mot « symbole ». C'est pourquoi la programmation du raisonnement implique toujours en amont *le codage uniforme* de toutes les descriptions de faits.

Comme elles doivent être testables, les conclusions seront elles-mêmes exprimées dans un langage congruent avec le code de description des faits. L'exigence d'un certain type de rigueur provoque donc une forte pression vers la standardisation du langage scientifique.

L'utilisation croissante des banques de données et des langages documentaires incline également à la normalisation des idiomes scientifiques, mais pour d'autres raisons que la rigueur logique. Une meilleure communication entre les équipes, une utilisation optimale des réseaux de téléinformatique, la portabilité des programmes, autant d'arguments en faveur de la standardisation des langages, dans la perspective d'une rationalisation du travail scientifique.

La normalisation des langages peut entrer en opposition avec la stricte logique de la recherche. Supposons que la proposition obtenue au terme de la chaîne de calculs symbolique soit infirmée par les faits. Le chercheur doit alors soupçonner soit que la collection de faits qui fonde ses inductions est insuffisante, soit qu'une ou plusieurs des prémisses de ses déductions sont incorrectes, soit enfin que le langage de description utilisé ne reflète pas adéquatement les paramètres pertinents pour le problème à résoudre. Un langage implique une théorie.

Plus encore que l'usage de la simulation numérique des phénomènes, l'exigence de mise en algorithme programmable du raisonnement scientifique accompagne une prise de parti épistémologique en faveur de l'unité de la méthode scientifique. Un des principaux objectifs du logicisme est la métamorphose des sciences humaines en « vraies » sciences. Les sciences humaines ont-elles tout à gagner en formalisant leurs opérations intellectuelles de la sorte ? Il est douteux que la dimension herméneutique ou interprétative de la recherche puisse se ramener entièrement à des calculs inductifs et déductifs ainsi qu'à des tests programmables.

La formalisation du raisonnement scientifique peut être envisagée sur un mode beaucoup plus descriptif et pragmatique. Cette deuxième voie est en général adoptée par les informaticiens spécialistes de l'intelligence artificielle cherchant à constituer des systèmes experts reproduisant fidèlement les raisonnements des chercheurs. Dans ce cas, l'informaticien ne tente pas d'imposer une norme de scientificité à l'historien ou à l'archéologue, mais le conduit à expliciter le plus parfaitement possible un grand nombre de savoir-faire implicites et d'opérations intellectuelles sous-entendues.

Il est rare qu'on aboutisse par ce moyen à la construction de systèmes formels décidables et complets. Les structures *ad hoc* et les règles heuristiques auxquelles parviennent les programmeurs ne garantissent pas contre les erreurs, les contradictions ou les circularités logiques, mais elles permettent peut-être de les déceler plus facilement. Même si les systèmes obtenus ne sont pas totalement cohérents, la mise à plat des procédures intellectuelles autorise leur automatisation effective, leur multiplication et leur exportation. De plus, l'expérience de la formalisation de leur savoir-faire est souvent pour les chercheurs l'occasion d'une réflexion épistémologique féconde.

Dans l'état de sciences humaines telles que l'histoire et l'archéologie, les spécialistes en intelligence artificielle constatent que les raisonnements ne sont formalisables que par segments et non d'un bout à l'autre de la chaîne de la recherche. Il reste que la mise en calcul de plaques locales du travail intellectuel impose de proche en proche, en amont et en aval de ces zones calculées, un accroissement de rigueur formelle ainsi qu'une pression vers le codage uniforme des données.

L'intelligence artificielle rencontre dans la simulation du raisonnement scientifique le même type de problèmes théoriques que dans ses autres applications. Pour que les programmes soient autonomes, il faudrait qu'ils soient capables d'apprendre et qu'ils puissent mettre en œuvre une hiérarchie indéfinie de connaissances sur la connaissance (métaconnaissances), ce dont aucun programme n'est encore vraiment capable. D'autre part, les simulations automatisées de raisonnements scientifiques fonctionnent à l'intérieur d'une problématique fixe. On n'en connaît pas qui sache poser de *nouvelles questions*, quoique cela semble être la principale vocation du chercheur.

Le néomécanisme

Le paradigme du calcul ne se réduit pas à l'utilisation de méthodes. Certains courants scientifiques tendent à considérer leurs objets comme des machines, et les processus dont ils sont le siège comme des calculs.

L'ancien mécanisme, celui de Descartes, devait rendre compte des phénomènes en termes de figures et de mouvements, d'imbrications géométriques, de chocs et de poussées. Il devait mettre en scène des portions d'étendue interagissant par contact sous peine de ne pas fournir de véritable explication. Il s'agissait d'éliminer de la description scientifique l'action à distance ou l'effet de principes mystérieux auxquels on ne pouvait assigner ni forme précise ni situation dans l'espace. Au XVIIe siècle, le parangon de la machine était l'horloge.

Au XIXe siècle, c'est la machine à vapeur qui lui succède et le mécanisme s'adjoint le vocabulaire des bilans énergétiques. Les problèmes se déplacent ; on veut comprendre le fonctionnement des moteurs qui animent les processus physiques, chimiques, biologiques et même sociaux ; comment l'énergie se transforme et se dissipe.

Au XXe siècle, la machine par excellence est l'ordinateur et le mécanisme suprême, celui qui régule tous les autres, est le traitement de l'information. Le mécanisme calculatoire répond à une exigence de rigueur maximale dans la description ou la détermination d'un phénomène. Il procède de façon à évacuer toute la marge d'indétermination et d'interprétation portée par le langage naturel et toute la zone d'erreur et de flou inévitables dans nos rapports avec l'univers physique.

L'exigence de spécification parfaite, l'idéal de ce que l'on pourrait appeler le mécanisme absolu a fait quitter le domaine incertain des chocs, des contacts, des poussées et de l'imbrication des figures, a mené à l'abandon de la polysémie du langage naturel pour la découverte d'un lieu abstrait où des séries ordonnées d'opérations exactement définies sur des objets précisément circonscrits ne font plus qu'un avec les règles syntaxiques d'une langue privée de sémantique. Dans le paradigme calculatoire, rendre compte rigoureusement d'un phénomène biologique, neurologique ou psychologique, c'est en donner autant que possible un modèle en forme de traitement de l'information. Pour le cognitivisme orthodoxe (Herbert Simon, Marvin Minsky), par exemple, il n'y a pas de description rigoureuse qui ne soit isomorphe à un programme d'ordinateur. Seymour Papert considère l'informatique comme une « science de la description des comportements complexes ». L'opération épistémologique en cours tente de constituer les objets de la biologie et des sciences de la cognition autour du traitement de l'information, comme les mathématiques avaient constitué l'objet physique à l'aube des Temps modernes. Mais le nouveau mécanisme ne répond pas seulement à une abstraite exigence de rigueur, il permet surtout de rendre intelligible certaines dimensions du vivant et de progresser dans l'étude de la cognition.

En biologie

En biologie, le néomécanisme réconcilie la causalité finale avec la causalité efficiente, seule autorisée par l'idéal scientifique. En faisant intervenir le stockage, l'échange et le traitement des messages au lieu de se limiter à la pesée des forces ou aux transformations de l'énergie, on peut proposer des descriptions rationnelles de comportements stables et finalisés. Des mécanismes de feed-back rapportent au système l'effet de ses précédentes actions sur l'environnement. Semblant poursuivre un but situé dans l'avenir, le dispositif complexe n'agit en fait qu'en fonction des messages qu'il reçoit. La finalité devient immanente au système. C'est ainsi que de nombreux phénomènes de régulation, d'homéostase ou encore d'emballement et de croissance deviennent intelligibles.

En quel sens peut-on parler de computation dès le niveau cellulaire ? On sait qu'un des principaux problèmes de la biologie consiste à rendre compte de l'organisation stable du vivant malgré le deuxième principe de la thermodynamique. Supposons qu'un panneau isolant sépare les deux parties d'un récipient clos. L'une des parties contient du gaz froid, l'autre du gaz chaud. Si nous retirons le panneau, le chaud et le froid vont se mélanger. Au bout d'un certain temps on ne pourra plus observer de différenciation macroscopique à l'intérieur du récipient : la loi de l'entropie croissante aura produit son inéluctable effet. A quelles conditions peut-on remonter le courant de l'entropie, ou du moins s'y maintenir, comme le font les êtres vivants ? Pour élucider cette question, le physicien James Clerk Maxwell (1831-1879) se livra à une expérience de pensée : replaçons le panneau isolant au milieu du récipient. Les deux compartiments sont maintenant également tièdes. Perçons dans le panneau une ouverture minuscule près de laquelle se tient un petit démon. Celui-ci ne laisse pénétrer dans le compartiment de gauche que les molécules lentes et dans celui de droite que les molécules rapides. Au bout d'un certain temps, la différenciation macroscopique entre une partie chaude et une partie froide sera rétablie et le deuxième principe de la thermodynamique aura été vaincu ! En fait, Maxwell n'avait pas tenu compte de la dépense d'énergie lumineuse nécessaire à l'information du démon : s'il avait été dans le noir, il n'aurait pu discerner la vitesse des molécules. Pour que le démon puisse continuer son travail indéfiniment, on est obligé de faire intervenir une source d'énergie extérieure au récipient. Dans le cadre d'un système strictement isolé, le démon ne pourrait que retarder momentanément l'entropie, après quoi, l'énergie lumineuse ayant été dissipée, le gaz retournerait lentement au désordre statistique.

Il reste que l'opération computo-informationnelle consomme une quantité d'énergie infiniment plus faible que celle qu'il aurait fallu dépenser, par exemple, en chauffant le compartiment de droite avec une résistance électrique et en refroidissant celui de gauche au moyen d'un réfrigérateur.

Avec son apologue du démon, Maxwell avait montré qu'un opérateur microscopique capable de sélectionner des molécules avec une grande précision favorisait remarquablement la remontée du courant de l'entropie par un système. Or, grâce à leurs propriétés de stéréo-spécificité, les protéines sont capables de « reconnaître » d'autres molécules d'après leur forme. Les protéines globulaires que sont les enzymes provoquent électivement des réactions chimiques. Il existe donc bien de petits opérateurs dans la cellule pourvus d'une grande spécificité d'action et d'un pouvoir discriminatif microscopique. Or, l'opération de tri appartient typiquement à l'univers du calcul et de la programmation. Tout se passe comme si une enzyme, par exemple, obéissait à un algorithme de la forme : « Si la molécule est X, faire ceci, sinon examiner la molécule suivante. »

La plupart des boucles régulatrices simples du type inhibition rétroactive, activation rétroactive, activation en parallèle et autres peuvent également s'interpréter en termes de programmes pourvus de branchements conditionnels du type : « Si X *et* Y, alors faire ceci. Sinon, cela. »

Le mécanisme de synthèse des protéines à partir de l'information génétique semble également relever du traitement de données numériques. On sait que chaque triplet de nucléotides d'une séquence codante de l'ADN est traduit par un acide aminé et un seul, à l'arrivée d'une chaîne d'opérations complexe mais relativement bien définie qui met en jeu l'ARN messager, l'ARN de transfert, l'ARN ribosomal ainsi qu'un certain nombre d'enzymes. Un message écrit dans un alphabet de quatre lettres (les séquences codantes de l'ADN) est traduit dans un alphabet de vingt lettres (les vingt acides aminés dont les protéines sont composées). Ce type de décodage ressortit parfaitement au domaine des algorithmes et de la computation.

Les choses se compliquent un peu si l'on avise que la traduction du message génétique a besoin de ses résultats, les enzymes, pour se dérouler effectivement. Autrement dit, si computation il y a, celle-ci est nécessairement circulaire et chaque élément du calcul biologique y joue à la fois le rôle de donnée, de programme et d'opérateur. La circularité n'est pas nécessairement incompatible avec le concept de calcul tel qu'il a été élaboré par la logique mathématique et la théorie des fonctions récursives. De remarquables travaux ont déjà été réalisés dans le domaine fascinant de la computation circulaire. Rappelons que dès 1948, au Hixon Symposium, John von Neumann exhibait un modèle d'automate autoreproducteur, fini, discret et parfaitement cohérent sur le plan logique.

Neurologie et sciences de la cognition

En neurologie, les concepts de calcul et de traitement de l'information permettent d'assigner un substrat physiologique à ce qui était traditionnellement considéré comme le domaine réservé de l'âme, de la pensée ou de l'esprit. En un sens, la machine à calculer de Pascal avait déjà prouvé qu'un dispositif matériel pouvait réaliser des opérations qui semblaient réservées à l'intellect. Mais les calculatrices dont on disposait jusqu'au début du XXe siècle étaient encore limitées à l'arithmétique et les machines à raisonner construites au XIXe siècle, tel le « piano logique » de Jevons, faisaient figure de curiosités. L'incarnation des processus mentaux, conçue non comme un acte de foi matérialiste mais comme un objet de description rigoureuse, n'apparaît vraiment qu'avec les progrès de la logique du début du XXe siècle.

Rappelons les principales étapes qui ont rendu théoriquement possible la neurologie computationnelle. En 1910, Russell et Whitehead formalisent le calcul des propositions. En 1931, Gödel met en correspondance réglée les opérations de la logique et celles de l'arithmétique. En 1936, Turing donne la description d'un dispositif physique capable de résoudre tous les problèmes logiques et arithmétiques à condition que la solution puisse être atteinte au bout d'une série finie d'actions élémentaires sur des symboles discrets. En 1943, McCulloch et Pitts mettent en évidence l'isomorphie entre la dynamique des états d'un réseau de neurones idéalisés ou formels, et le calcul des propositions dans le système de Russell. Ils démontrent en outre qu'un réseau de neurones formels (c'est-à-dire un modèle simplifié du cerveau) possède les mêmes capacités de calcul qu'une machine universelle de Turing pourvu qu'on lui adjoigne un ruban de longueur indéfinie et une tête de lecture-écriture. Cette condition semble raisonnable puisque la plupart des hommes savent tracer des signes mnémotechniques sur différents supports et les relire. En bref, des automates physiques peuvent réaliser toutes les opérations intellectuelles descriptibles de façon finie et non ambiguë et le cerveau pourrait bien être un de ces automates. Cela ouvre à la fois le programme d'une partie de la neurobiologie contemporaine et celui de l'intelligence artificielle.

En informatique, le déroulement d'un programme de haut niveau peut être considéré indépendamment de l'architecture électronique de l'ordinateur qui le supporte. L'hypothèse de base de l'intelligence artificielle et d'un fort courant de la psychologie cognitive est qu'il existe, dans le cas de l'intelligence humaine, un niveau du traitement de l'information relativement distinct du détail des calculs neuronaux. On s'efforce donc d'abstraire les algorithmes de traitement de l'information situés au niveau le plus élevé et le moins lié au matériel biologique pour les transplanter sur un matériel technique. Les algorithmes sous-jacents aux comportements intelligents seront intégralement explicités. La pensée, si longtemps rétive à se laisser appréhender par l'analyse rationnelle, peut être décomposée en opérations élémentaires sur des symboles et reproduite à volonté. Nous retrouvons ici l'exigence de précision et le dessein d'éliminer les principes vagues et mystérieux des explications scientifiques qui caractérisent le mécanisme.

Ontologie ou métaphore ?

La description des phénomènes en termes de calcul ou de traitement de l'information relève-t-elle de la simple analogie, de la métaphore heuristique, de la modélisation à des fins de prédiction mais sans prétention ontologique, ou bel et bien de l'identification des objets étudiés à des machines ? La situation, à cet égard, est loin d'être simple et la simulation numérique sur ordinateur de phénomènes de toutes natures, de plus en plus fréquente dans la recherche scientifique, contribue à brouiller ces belles distinctions. Il est néanmoins possible de dégager une forte tendance néomécaniste, transversale à différentes disciplines, pour laquelle l'usage des concepts informatiques et cybernétiques est réaliste et non seulement pragmatique ou métaphorique.

Les grands noms de la cybernétique des années quarante et cinquante, Norbert Wiener, Warren McCulloch et Ross Ashby, n'hésitaient pas à affirmer que les systèmes vivants et sociaux étaient des systèmes de traitement de l'information et l'homme, une espèce particulière du genre machine. Les fondateurs de l'intelligence artificielle, Herbert Simon, John McCarthy et Marvin Minsky, pensaient fermement et pensent encore que l'intelligence est un mécanisme, au sens turingien du terme. Dans le sillage de l'intelligence artificielle, un bon nombre de tenants de l'école de psychologie dite cognitiviste ont soutenu des propositions identiques.

Dans le domaine de la biologie moléculaire, un auteur aussi éminent que Jacques Monod identifie effectivement la cellule à une usine chimique cybernétiquement régulée, l'ADN à un programme codé, etc. Le co-Nobel de Jacques Monod, François Jacob, n'écrit-il pas dans *la Logique du vivant* que ce sont dorénavant les algorithmes du vivant que l'on étudie dans les laboratoires de biologie ?

En marge de la puissante biologie moléculaire, certains courants de biologie théorique soutiennent également une ontologie mécaniste du vivant. Heinz von Foerster, animateur du Biological Computer Laboratory (le nom du laboratoire d'informatique biologique est à lui seul tout un programme), Henri Atlan ou Fransisco Varela, quoique dissemblables par leurs approches et leurs conclusions, partagent néanmoins le cadre de référence fondamental du néomécanisme.

Poursuivant l'orientation donnée à la neurophysiologie par Warren McCulloch (sans être d'ailleurs toujours conscients de cette filiation), des chercheurs comme Jacques Paillard ou Jean-Pierre Changeux identifient carrément le cerveau à une machine et les neurones à des processeurs d'information. Bien entendu, cela ne signifie pas que le cerveau ressemble trait pour trait à un ordinateur. Il en est au contraire très différent. Mais un système de traitement de l'information a beau s'auto-organiser, fonctionner en parallèle, de façon probabiliste et sans distinction précise entre logiciel et matériel, les processus qui s'y déroulent n'en sont pas moins des calculs.

Les succès de l'ontologie computationnelle sont particulièrement éclatants en biologie moléculaire, en neurologie et en psychologie cognitive. Mais d'autres disciplines, comme la physique, sont également en cause. Citons ici la conclusion d'un article du physicien anglais Stephen Wolfram, publié en 1984 : « Les chercheurs utilisent l'ordinateur depuis assez peu de temps, mais l'informatique a déjà modifié l'étude des phénomènes naturels : on étudie aujourd'hui des phénomènes beaucoup plus complexes que ceux que l'on pouvait envisager auparavant, et le type de concepts et d'objets étudiés a changé en raison de l'outil utilisé : l'ordinateur. Cependant le changement est encore plus fondamental, car un nouveau mode de pensée scientifique est apparu. On considère désormais les lois scientifiques comme des algorithmes et l'on étudie beaucoup de ces algorithmes sur ordinateur ; d'autre part, on considère les systèmes physiques comme des systèmes informatiques traitant l'information à la manière des ordinateurs. » Le lecteur remarquera le passage de la méthodologie à l'ontologie.

Comme nous l'avons vu, le néomécanisme est antérieur à l'utilisation massive des ordinateurs dans la recherche scientifique et répond à certaines exigences théoriques d'intelligibilité des systèmes stables, de la vie ou des comportements intelligents. Mais si le néomécanisme ne s'explique pas uniquement par l'utilisation des ordinateurs, il est certain qu'elle le renforce. D'autre part, un univers physique pensé comme un gigantesque traitement de données et une cognition formalisée comme un calcul renvoient l'un à l'autre, offrant la perspective d'une philosophie naturelle unifiée et cohérente. Que le monde soit connaissable devient intelligible puisqu'un calcul peut en simuler un autre, et l'existence de systèmes cognitifs perd de son étrangeté au sein d'un univers omnicalculant.

Réorganisation dans les sciences

Bien qu'ayant vocation à devenir le paradigme dominant, le néomécanisme est évidemment contestable et contesté. Soulignons que l'enjeu du débat n'est pas seulement métaphysique. Il implique également le choix de problèmes et d'objets privilégiés, et l'usage préférentiel de certains formalismes mathématiques.

En ce qui concerne les formalismes mathématiques, il est clair que les outils continuistes et géométriques, comme ceux que proposent la théorie des catastrophes par exemple, entrent mal dans le cadre du néomécanisme. Les méthodes de simulation numérique, en revanche, sont très souvent congruentes avec l'appréhension des phénomènes en termes de calcul, particulièrement en psychologie cognitive.

En ce qui concerne le choix des problèmes et des objets privilégiés, signalons le relatif déclin de l'embryologie après la Seconde Guerre mondiale, qui tient peut-être à la difficulté qu'a eue cette discipline, de tradition organiciste, à reformuler ses questions dans les termes du néomécanisme.

Si la biologie moléculaire a pris pour objet d'étude privilégié la bactérie, c'est que le mécanisme cellulaire de synthèse des protéines à partir de l'information génétique est universel, essentiellement identique chez l'amibe et l'éléphant.

L'apparition du cognitivisme calculatoire a redistribué la configuration théorique ainsi que les rapports de forces institutionnels en psychologie : déclin du béhaviorisme et marginalisation de la gestalt-psychologie. Beaucoup de questions classiques de la psychologie telles que l'apprentissage ou la perception ont été traduites dans les termes de la résolution de problèmes, qui se prête particulièrement bien à la mise en algorithmes.

Le nouveau mécanisme est souvent sensible aux arguments de ses adversaires, notamment en psychologie cognitive ; il ne doit donc pas être considéré comme un ensemble de théories closes et figées régnant sans partage sur la communauté scientifique. En revanche, il existe bien un programme néomécaniste. Force est de constater que le débat scientifique et philosophique tend de plus en plus à se polariser autour des problèmes et dans le langage que le néomécanisme a réussi à imposer.

Le paradigme du calcul porte un projet de « durcissement » des sciences humaines et même de disciplines comme la physique. Au cours d'une étude sur les communications entre physiciens et informaticiens dans un centre de calcul du CNRS, Philippe Breton a observé que les informaticiens reprochent implicitement aux physiciens leurs tâtonnements, leurs bricolages et leurs démarches au coup par coup. Il arrive que les informaticiens réussissent à « retourner » un physicien pour le convertir aux vertus des méthodes formelles et générales.

Les ordinateurs peuvent être utilisés à n'importe quelle fin et n'imposent en eux-mêmes aucune philosophie particulière. Mais l'informatisation de la recherche scientifique favorise *en fait* une philosophie des sciences à la fois *inductiviste* — parce qu'elle offre d'extraordinaires possibilités de traitement de données —, *instrumentaliste* — par le rôle grandissant de la simulation numérique — et *logiciste* — à cause des nouvelles possibilités de mécanisation effective de la plupart des étapes du travail scientifique. On dira que l'opérationnalisme ne caractérise pas adéquatement ce paradigme puisqu'il existe une ontologie computationnelle et donc un réalisme du calcul. On peut répondre que ce réalisme est précisément la saisie d'une réalité intégralement opérante, psychisme y compris. Il faut donc admettre, à côté de l'instrumentalisme méthodologique, un opérationnalisme ontologique.

Il serait cependant vain de vouloir absolument faire coïncider le paradigme du calcul avec telle ou telle philosophie des sciences préexistante. Le phénomène en cours est nouveau et doit être perçu comme tel. Le néomécanisme, l'usage des simulations numériques, la mise en algorithmes des raisonnements, la normalisation des langages et la diffusion de l'information par banques de données progressent ensemble et se renforcent mutuellement.

Par l'extension du néomécanisme, le calcul est du côté de l'objet. Par les résultats de la biologie, de la neurologie, de la psychologie cognitive et de l'intelligence artificielle, il objective le sujet. Par les effets épistémologiques de l'informatisation, il structure enfin la communauté scientifique en tant que sujet collectif.

La mutation proprement épistémologique est largement supportée par des transformations relevant plutôt de la sociologie des sciences. Depuis la fin de la Seconde Guerre mondiale, un cycle dynamique s'est constitué où la science, la technique, l'industrie et l'armement sont tour à tour fins et moyens sur l'horizon d'une course planétaire à la puissance. La recherche est de plus en plus programmée par des instances économiques, militaires et administratives à qui le paradigme du calcul fournit d'utiles critères de décision. Dans la compétition que se livrent les laboratoires des pays industrialisés, le dépôt d'un brevet, la découverte d'une molécule ou la conception d'un nouveau produit avant les autres dépendent bien souvent de la rationalité du système de documentation automatique, de la puissance de calcul ou de la subtilité des logiciels de simulation dont on dispose. L'essor du paradigme du calcul s'appuie sur une évolution sociale et institutionnelle qui lui est favorable.

Si nous élargissons encore notre champ de vision, force est de constater que l'algorithmisation des savoir-faire individuels ou collectifs, la simulation de portions du réel à des fins de prévision et l'usage de langages codés pour l'alimentation et la consultation de réseaux de documentation automatique ne concernent pas le seul domaine de la recherche scientifique. L'émergence du paradigme du calcul n'est sans doute que le moment épistémologique d'une plus vaste mutation. Avec les progrès de l'informatisation, le préétablissement des possibles se substitue aux jeux de la virtualité et de l'inventivité locale, l'ordre du calcul et des opérations effectives tend à gouverner la sphère du sens et de l'interprétation. Autant de signes d'une bifurcation culturelle fondamentale vers l'attracteur du calcul.

6

Le processus et la vie

Calcul et processus : le donné et le construit

Nous citions plus haut la phrase en forme de manifeste de Stephen Wolfram : « On considère désormais les systèmes physiques comme des systèmes informatiques traitant l'information à la manière des ordinateurs. » Une telle déclaration n'est sans doute que l'expression d'un courant très marginal parmi les physiciens contemporains. Mais cette façon de voir pourrait se répandre rapidement, favorisée non seulement par l'usage croissant des simulations numériques dans la recherche, mais encore par l'émergence d'une culture où les ordinateurs tiennent lieu de référence intellectuelle majeure.

Comment ne pas être tenté, en effet, par l'analogie entre la nature, ses lois et les expériences qu'y monte le scientifique, d'une part, et les micromondes numériques, les algorithmes qui les régissent et les simulations qu'y déclenche le chercheur, d'autre part ? Qu'est-ce qui distingue la nature, au sein de laquelle nous sommes nés, du modèle informatique que nous construisons ?

Le monde réel est bien entendu plus grand et plus compliqué que le micromonde numérique. Mais il a contre lui d'être régi par des lois fixes, et l'on peut simuler autant de petits univers hypothétiques qu'on le désire. Dans cette vision des choses, la réalité physique est perçue comme un immense « data processing », un calcul aux dimensions de l'univers.

Quel est le statut exact de cette saisie du réel ? Il ne s'agit ni d'un rapport immédiat aux phénomènes (les pures et simples données des sens), ni de la constitution de concepts ou d'objets scientifiques au moyen de définitions opératoires et de relations répétables entre des mesures. Nous avons plutôt affaire à l'image des choses telle qu'elle est médiée par une intelligence culturellement informée. C'est le phénomène tel qu'il se donne avant la formalisation scientifique, mais déjà organisé, déjà mis en scène.

Lorsque Poincaré, par exemple, écrit dans *la Valeur de la science* que, pour donner toutes les conditions d'un phénomène qui se produit à l'instant t + dt, il faudrait décrire l'état de l'univers tout entier à l'instant t, il ne se situe pas sur un plan strictement scientifique. La physique moderne, en effet, ne considère pas des occurrences singulières (impliquant la situation de *tout* l'univers à un instant donné) mais des classes de phénomènes, les propriétés constituant les classes étant associées à des observations *répétables*.

Si un physicien déclare qu'un phénomène envisagé dans la plénitude de son épaisseur concrète n'a quasiment aucune chance de se reproduire *exactement* une seconde fois, il n'énonce pas non plus de loi scientifique. L'interaction universelle et la singularité du devenir appartiennent à une mise en scène préscientifique de l'être, mais qui se nourrit de représentations provenant de la science et commande en partie la mise en forme des objets scientifiques. Il s'agit en fait d'une métaphysique implicite. Un aristotélicien ne croira pas à l'interaction réglée de toutes les parties de la réalité physique, un stoïcien sera persuadé de l'éternel retour de tous les phénomènes avec le détail infini de leur complication. Cette représentation du monde qualitativement déterminée correspond, si l'on veut, aux « principes synthétiques de l'entendement pur » chez Kant. Seulement, le philosophe de Königsberg rapportait tous ces principes à un sujet transcendantal éternel, tandis que nous les attribuons à des sujets historiques situés dans leur époque et leur culture. Lorsque l'on prétend que les systèmes physiques traitent de l'information, c'est-à-dire calculent, on adopte d'emblée une métaphysique implicite, une certaine représentation de ce que les choses *sont*. Par certains aspects, la métaphysique du calcul est totalement nouvelle, quoiqu'elle prolonge par ailleurs une ancienne tradition mécaniste. Notre ambition n'est pas de réfuter le néomécanisme mais, prenant au sérieux l'idée que le devenir physique serait un calcul, de mettre en évidence certaines implications de la métaphysique computationnelle.

Depuis les travaux de Gödel, Turing, Church, Kleene et Post, datant des années trente et quarante de ce siècle, nous disposons de définitions rigoureuses de ce qu'est un calcul, de ce dont il est capable et de ses limites. La théorie des automates, la théorie des fonctions récursives, en plein développement depuis quelques lustres, produisent chaque année leur moisson de théorèmes. Le calcul est un objet des mathématiques et de l'informatique fondamentale. La théorie du calcul est entièrement déductive. Remarquons déjà l'opération qui consiste à penser un donné naturel, l'atmosphère terrestre et la multitude de ses météores, par exemple, sur le mode d'un objet construit. La couche gazeuse qui entoure notre planète calculerait les climats, les nuages, la neige et les lignes isobares en fonction de la rotation de la Terre, de l'énergie reçue du soleil et de son état antérieur. Mais la météorologie est-elle une science déductive ? A l'évidence non, puisque l'observation y joue un rôle prépondérant.

Le donné atmosphérique peut être appréhendé de cent façons différentes, comme un ensemble de phénomènes immédiatement sensibles (une tempête, un beau temps clair), ou comme la combinaison de mesures de pression, de température et d'hygrométrie. Il peut être envisagé dans le court terme (passage d'une perturbation) ou dans la très longue durée (climat océanique). Les calculs nécessaires à la prévision du temps peuvent se faire à toutes les échelles de précision imaginables, et pourraient en principe intégrer une énorme quantité de faits et de mesures allant de la configuration astronomique jusqu'au vol d'une libellule en passant par la surface variable des forêts, tous les événements de l'univers ayant un rôle possible dans l'évolution du temps.

Si l'on dit que l'atmosphère calcule, à quelle échelle ce

calcul se déroule-t-il ? La computation, au sens strict, définit une échelle de description unique : celle des symboles et des opérations élémentaires. Or, aussi finement que nous descendions dans la précision des données, il y aura toujours un niveau de description plus serré. Aussi exhaustif que soit notre algorithme, on pourrait encore en construire un qui prenne en compte de nouveaux détails.

Dira-t-on que la « computation naturelle » est la limite à l'infini d'une série d'algorithmes de plus en plus précis et exhaustifs ? A supposer que cette limite existe, elle impliquerait un saut dans le continu qui ferait justement perdre au calcul son essence discrète et finie. Ainsi, la discontinuité fixée du calcul laisse échapper par le bas le détail infini de la réalité naturelle. Mais cette réalité fuit encore la mise en algorithme par le haut, tout au long de l'échelle graduée des niveaux de description. Douglas Hofstadter compare l'atmosphère terrestre au « matériel » d'un ordinateur et le temps qu'il fait au logiciel. Le mouvement simultané des molécules gazeuses est identifié au « langage-machine », c'est-à-dire au niveau de description le plus décomposé et le plus fin possible, tandis que les brouillards, cumulo-nimbus, ouragans, saisons et alizés sont assimilés au « langage évolué », c'est-à-dire au niveau de description le plus global et composé. Hofstadter suggère que l'utilisation d'un niveau de description intermédiaire (petite trombe, rafale, etc.) permettrait de mieux prévoir le temps.

La comparaison du célèbre philosophe de l'intelligence artificielle souffre de deux défauts touchant la distinction et l'homogénéité des niveaux. Les langages de programmation de différents degrés de composition sont relativement isomorphes, ils se traduisent et s'emboîtent les uns dans les autres. Un fil déductif relie une instruction en basic à un transfert de bits dans quelque registre de la machine. L'explication des tornades et celle des périodes glaciaires, en revanche, relèvent de paramètres et de mécanismes très hétérogènes ; on n'y trouve pas l'homothétie interne, l'empilement récursif de structures semblables si caractéristiques des rapports entre langages de programmation. De plus, les niveaux de langages de programmation sont parfaitement distincts et cloisonnés, ce qui ne semble pas être le cas pour les phénomènes atmosphériques. Les deux, trois, quatre ou cinq plans emboîtés d'un calcul automatique sont évidemment construits par nous de toutes pièces, et ce sont donc des niveaux réels. Au contraire, les niveaux de description des phénomènes naturels sont choisis parmi le feuilletage infiniment différencié de toutes les échelles possibles, le long d'une gradation continue de niveaux ou, ce qui revient quasiment au même, ils sont découpés à l'intérieur d'une unité naturellement indivise. On dira que le degré auquel nous choisissons de focaliser notre vision n'est pas totalement arbitraire. Les tourbillons, nuages, anticyclones ou climats imposent un certain réglage de notre perception sur une échelle particulière par leur permanence dans le temps et leur connexion interne dans l'espace. Mais, chacun de ces phénomènes définissant son propre niveau, il existe une quantité indéfinie de niveaux « objectifs » potentiels. Et surtout, aucun cloisonnement ne sépare les différentes échelles, chaque phénomène plonge des pseudopodes plus ou moins importants aux étages inférieurs et supérieurs, peut naître et mourir de perturbations minuscules. Le vol d'un papillon provoque un déplacement d'air qui influencera un an plus tard la totalité du temps sur la terre. Le météorologiste Lorenz a baptisé cette surprenante découverte l'« effet papillon ».

Ainsi, les processus naturels ne se ramènent pas à quelques niveaux construits et bien distincts entre lesquels jouent des algorithmes de traduction de telle sorte que ce qui se passe en haut peut se déduire de ce qui arrive en bas et vice versa. Il faut essayer de penser une continuité potentielle de niveaux de description qualitativement hétérogènes, où les phénomènes dessinent des zones plus ou moins denses et à travers lesquelles se propagent certains effets sans que l'on puisse clairement établir leur appartenance à telle ou telle échelle.

Temps, déterminisme, instabilité

Un calcul consiste essentiellement en manipulation et recombinaison de symboles atomiques. Une fois l'alphabet fixé, et cet alphabet est nécessairement fini, on ne peut envisager aucun nouveau symbole qui serait à mi-chemin entre deux symboles initiaux. D'autre part, les opérations sur ces symboles sont elles-mêmes discrètes. Les étapes du calcul sont discontinues. Entre un état du calcul et l'état immédiatement postérieur, on ne peut déterminer aucun état intermédiaire.

La différence éclate immédiatement avec le simple mouvement d'une molécule d'oxygène, qui est évidemment continu. Même si l'on adoptait une métaphysique discontinuiste, on serait au moins forcé d'admettre que beaucoup de processus physiques se laissent adéquatement décrire par des fonctions mathématiques continues. Or, la continuité suppose l'existence de différences infiniment petites. On sait au moins depuis Maxwell et Poincaré qu'une variation aussi petite que l'on voudra dans les conditions initiales d'une dynamique physique peut avoir des répercussions extrêmement grandes sur son cours ultérieur. Une mesure d'une précision infinie étant physiquement à jamais hors d'atteinte, les processus instables ou sensibles aux conditions initiales sont pratiquement indéterminés, comme l'auditeur des bulletins météorologiques en a souvent fait l'expérience.

L'algorithme et les données qui déterminent le cours d'un calcul, en revanche, peuvent être connus avec une précision infinie. Le déroulement du calcul est intégralement et pratiquement déterminé par l'ordre des instructions et la série de caractères inscrits dès le commencement sur le ruban de la machine. Cela ne signifie pas qu'il soit toujours prévisible. Connaissant le programme et la collection de symboles sur lesquels il doit opérer, on ne peut toujours prédire, par exemple, au bout de combien de temps le calcul va s'arrêter, ou même s'il s'arrêtera jamais. Mais il est pratiquement déterminé parce qu'étant donné un calcul, on peut toujours en programmer un deuxième qui se comporte *exactement* comme le premier. C'est cette reproduction des « mêmes causes » pour obtenir les « mêmes effets » qui ne peut être toujours obtenue dans le cas des processus instables.

Il faut clairement distinguer déterminisme et prédictibilité. Le déterminisme postule que l'état d'un système (généralement : l'univers) à un instant étant donné, l'état de ce système à tout instant ultérieur est déterminé. La prédictibilité concerne la possibilité de prévoir effectivement l'évolution d'un système quelconque. Les deux notions sont relativement indépendantes.

Supposons, par exemple, que le libre arbitre existe réellement ou qu'un univers parallèle exactement semblable au nôtre se mette soudain à évoluer différemment. Les mêmes causes pourraient alors produire des effets différents. Il n'y aurait donc pas de déterminisme absolu, c'est-à-dire pas de déterminisme du tout. Cela ne nous empêcherait pas de prévoir le retour du soleil pour le lendemain matin.

Supposons, au contraire, que nous vivions dans un univers véritablement déterministe, certains phénomènes, comme le temps qu'il fait, resteraient de toutes façons imprévisibles, non parce qu'ils seraient *fondamentalement* indéterminés, mais parce qu'il faudrait, pour qu'ils soient *pratiquement* déterminés, une connaissance d'une précision infinie portant sur un nombre gigantesque de variables, donc humainement inaccessible. La connaissance pratique devrait alors distribuer les systèmes en fonction de leur instabilité, distinguer des zones de prévisibilité variable, différencier les domaines suivant que l'imprécision des mesures entraîne plus ou moins de conséquences.

En fait, nous ne savons pas si l'univers est déterministe ou non, et aucun dispositif expérimental imaginable ne peut décider entre l'une et l'autre thèse. Ni le déterminisme ni l'indéterminisme absolus ne sont donc des propositions scientifiques. En revanche, l'indéterminisme pratique des systèmes instables resterait dans les deux cas inhérent à la finitude humaine.

Si l'on prétend qu'un système physique traite de l'information, et donc que le processus dont il est le siège est un calcul, on se range, qu'on le veuille ou non, sous la bannière métaphysique du déterminisme, car la machine de Turing est déterministe par construction. Bien entendu, de ce que l'on puisse concevoir une machine entièrement déterminée, il ne s'ensuit nullement que toute la réalité puisse être légitimement pensée sur son modèle.

C'est ici le moment de considérer les différents rapports au temps des systèmes physiques instables et des automates calculateurs. La mesure des conditions initiales d'une dynamique physiquc quelconque est nécessairement approximative. Mais un système instable ou sensible aux conditions initiales donne au cours de son évolution dans le temps des renseignements de plus en plus précis sur l'état exact dont il est parti, car les différences infinitésimales du début sont amplifiées ou conduisent à des états attracteurs distincts. Rappelons que, pour la théorie mathématique de la communication, la quantité d'information, exprimée en bits, mesure la *réduction d'incertitude* apportée par un message. Si le message, qui peut être le résultat d'une observation, est *déductible de données antérieures*, il ne porte aucune information. Depuis quelques années, les physiciens savent évaluer la quantité d'information produite par une unité de temps dans un système turbulent ou oscillant entre plusieurs attracteurs. On estime, par exemple, que le carambolage de quelques boules de billard sur une table parsemée d'obstacles cylindriques fournit à l'observateur un bit d'information par seconde sur son état initial. On imagine donc l'extraordinaire quantité d'information produite par le moindre phénomène atmosphérique. La notion vague de temps créateur prend soudain figure quantitative et mesurable.

Dans l'ordre de la computation, c'est le calcul irréductible qui, intuitivement, avoisine le plus l'instabilité du processus naturel. Rappelons que la succession des états d'un automate effectuant un tel calcul irréductible ne peut être connue que par la simulation intégrale du calcul lui-même. Il n'existe aucun algorithme « plus rapide » permettant de prévoir l'évolution de l'automate. Mais lorsque l'on dit ici « plus rapide », il faut comprendre « comportant un nombre inférieur de pas de calcul ». Il ne s'agit pas de vitesse physique mais de logique. En fait, si le même algorithme irréductible était exécuté sur une machine lente et une machine rapide, l'observation de l'automate véloce permettrait de prévoir une part de plus en plus étendue de l'évolution du tardif. On remarquera qu'une telle comparaison est absolument impensable dans le cas d'un système physique instable, aucun artifice n'autorisant à accélérer un processus naturel sans le transformer du même coup. Mais c'est du point de vue de la production d'information que la différence est la plus radicale. Qu'un calcul soit irréductible ou non, il ne fait que condenser, développer, dérouler, expliquer ou exprimer l'information déjà contenue dans l'algorithme et les données qui le commandent. Du point de vue de la théorie de l'information, un calcul ne produit pas le moindre bit d'information. (Quoiqu'il puisse en *éliminer* : en effectuant la somme 2 + 3 + 4 = 9, on fait disparaître de l'information puisque, à partir de 9, il est impossible de retrouver les nombres, 2, 3 et 4. 9 pourrait aussi bien être produit par 7 852 − 7 843 ou 8 + 1. Les opérations arithmétiques et logiques ne conservent que l'information *utile*, d'où leur intérêt.) Le calcul traduit ou détruit le message porté par une collection de symboles en suivant les instructions d'un programme. Le processus naturel, lui, allonge sans trêve, à chaque seconde, inépuisablement, le texte d'un message infini.

La mise à l'écart sélective de nombreuses dimensions des phénomènes naturels qui accompagne la constitution des objets scientifiques est une chose. La métaphysique suivant laquelle on pourrait penser le devenir physique comme computation en est une autre. La première est inévitable, la seconde peut être légitimement refusée. Nommer traitement d'information le processus naturel, c'est aplatir le donné sur le construit ; c'est postuler la traduction transparente d'un niveau de description à l'autre quand tout nous indique une hétérogénéité à explorer ; c'est retourner subrepticement au déterminisme laplacien lorsque la science contemporaine nous invite au discernement des instabilités et à la découverte d'un temps producteur.

Vie et calcul : continuité, historicité

L'idée qu'un processus physique est un calcul n'est pas encore très répandue. En revanche, la théorie suivant laquelle les êtres vivants sont des systèmes de traitement de l'information est en passe de devenir un lieu commun. Elle permet de rendre compte de la nature cognitive de nombre d'aspects du processus biologique alors que l'ancien mécanisme, dont elle hérite en partie, expliquait mal l'intelligence et la finalité immanente aux êtres animés. De la bactérie au cerveau humain, les systèmes vivants trient, décident, infèrent, communiquent, traduisent, apprennent, mémorisent, reconnaissent, anticipent — toutes opérations cognitives qui doivent nécessairement être réalisées par un dispositif physique précis dès lors que l'on refuse de faire appel à une hypothétique force vitale ou à la providence divine. Or, nous connaissons des montages matériels intégralement descriptibles capables d'assurer toutes ces fonctions cognitives : les systèmes de traitement de l'information, dont la machine de Turing est le modèle général.

Lorsque l'on dit que la paramécie ou la grenouille computent, on n'émet pas une proposition scientifique réfutable ou démontrable par une série d'expériences appropriées. On manifeste une certaine manière de penser le vivant. Quoique n'appartenant pas au strict domaine de la science opérationnelle, cette pensée n'en est pas moins rationnellement discutable. Nous disposons en particulier d'un point d'appui extrêmement sûr : les définitions de ce que sont un calcul et un système formel obtenues par la logique mathématique du XXe siècle. Il est donc possible d'examiner rigoureusement les faits dont nous disposons concernant le processus biologique, afin de vérifier s'ils se laissent adéquatement subsumer sous le concept de computation. Mieux, nous pouvons comparer ce dont est capable une computation à ce qu'une pensée du vivant exige de comprendre : l'historicité, la singularité et la subjectivité de l'être animé. Ces traits spécifiques du vivant sont présents dès le niveau de la cellule et c'est à cette échelle que se focalisera notre examen.

Ici, de deux choses l'une. Ou bien l'on emploie le mot « computation » au sens strict et, comme nous allons le voir, il est faux de prétendre que le vivant calcule. Ou bien on l'emploie dans un sens très vague, et l'on fait fi de l'une des principales conquêtes de l'esprit humain au XXe siècle. Les succès de la biologie moléculaire, le développement des biotechnologies, les nouvelles techniques de gestation ou de conception appliquées à l'homme ont mis la biologie en honneur. Parallèlement, les sciences du vivant servent à divers champs théoriques de réservoir de métaphores et de modèles. Bien plus, on tente de fonder biologiquement l'étude de la société, de la culture ou du psychisme humain.

C'est pourquoi le problème de distinguer entre le mécanique et le vivant prend une actualité nouvelle. Parler de computation au sujet des êtres animés ne peut qu'entretenir la confusion et augmenter le nombre de ceux qui, croyant invoquer la vie, ne se réfèrent en réalité qu'à sa caricature mécanique.

On sait qu'une computation est un ensemble d'opérations discrètes sur des éléments atomiques. A première vue, il en est de même des processus biologiques : les molécules sont des entités discrètes et les réactions chimiques où ces molécules interviennent ont lieu, ou non, sur un mode discontinu. Seulement, ces réactions se déroulent dans un cadre spatio-temporel qui, lui, est continu. Or, les paramètres géométriques, topologiques et chronologiques jouent un rôle non trivial dans la plupart des processus biologiques.

Un des exemples les plus simples de variable continue est tout bonnement la vitesse. Vitesse d'une réaction, d'un ensemble de réactions, vitesse de réponse à des messages d'origine interne ou externe, vitesse de transport d'une molécule ou d'un flux de molécules... L'action catalytique des enzymes vise précisément le contrôle de ce paramètre fondamental de la plupart des processus biologiques, qui, je le répète, est continu.

La situation dans l'espace de certaines enzymes ou de la matrice protéique fibreuse qui traverse le cytoplasme d'une cellule, par exemple, ne semble pas non plus être indifférente. La distance par rapport à la membrane cellulaire ou au noyau (dans le cas des eucaryotes) peut jouer un certain rôle. Or la distance est une variable continue.

Un dernier exemple, topologique, illustrera la nature continue d'aspects non triviaux du processus biologique : celui de la forme de la molécule d'ADN, qui a été beaucoup étudiée ces dernières années. On a découvert que la structure géométrique de l'ADN, son degré de torsion ou de surenroulement, déterminait la vitesse de transcription de nombreux gènes. Certaines configurations topologiques rapprochent l'un de l'autre des éléments codants et régulateurs très éloignés sur la molécule considérée comme une simple séquence linéaire. Orientations dans l'espace, formes et voisinages sont donc des paramètres fondamentaux pour l'intelligence de l'expression génétique. Si la disposition séquentielle des acides nucléiques est d'essence discrète, il semble bien que les torsions, déformations et plis multiples de la molécule d'ADN ont lieu dans un espace continu tridimensionnel. Or, ces variables topologiques sont fondamentales pour le contrôle et la modulation des transcriptions du génome. En fait, les biologistes savent depuis peu que si les protéines (en général) ne se déformaient pas en permanence, elles n'auraient aucune activité biochimique.

Tout cela ne signifie évidemment pas que les aspects continus du processus biologique ne puissent pas être simulés par des algorithmes appropriés. Mais une chose est d'admettre qu'on puisse représenter un processus par un calcul, une autre est de prétendre qu'il *est* un calcul.

Si l'on considère le vivant comme un objet scientifique observable de façon réitérée et forcément approximative, la différence entre processus discontinu et continu n'est pas très grave. C'est du point de vue d'une pensée du vivant (qui peut considérer des objets singuliers) que la différence devient fondamentale. Seule la continuité, et donc la possibilité d'un nombre infini d'états et de variations infinitésimales ayant des effets non négligeables, peut permettre d'appréhender le temps historique, et non combinatoire, de l'être vivant.

Si l'on assimilait la cellule à un système de traitement de l'information, ce serait sous la forme d'un *automate à états finis* capable de « lire » des messages en provenance de l'univers extérieur et de lui en transmettre. Seul l'ensemble cellule + environnement serait équivalent à une machine de Turing, que l'on peut considérer comme un automate à états finis muni d'un ruban qui, lui, est de longueur indéfinie. Dans ce modèle, la cellule est la partie « automate à états finis » de la machine de Turing, tandis que l'environnement est figuré par le ruban au nombre de cases potentiellement infini.

Cette précision était indispensable car elle touche au point capital de l'historicité du vivant. L'état interne d'un automate à états finis ne correspond pas à une histoire singulière mais à une certaine classe d'équivalence (potentiellement infinie) d'histoires possibles. Autrement dit, un automate à états finis peut repasser indéfiniment par le *même* état quoique son histoire antécédente soit différente à chaque passage. Bien plus, au bout d'un certain temps, qui dépend du nombre (fini) d'états possibles de l'automate, il *doit* repasser par les mêmes états. Le temps de la machine est cyclique et répétitif.

Non seulement cette représentation mécanique du vivant empêche de penser la singularité historique de l'être animé, mais elle réduit encore le nuage indistinct de virtualités qui précède son devenir à une simple combinatoire de possibles précodés.

Certains automates possèdent un nombre astronomique d'états possibles. De plus, la dynamique de ces états est imprévisible car elle correspond à un algorithme irréductible. Des réseaux de petits automates simples sont capables de comportements surprenants d'une extrême complication. Il existe enfin des automates probabilistes tirant au sort la nature et l'ordre des opérations qu'ils effectuent. (Bien entendu, ce tirage au sort est effectué par un algorithme et non par un dispositif physique du type roulette ou lancer de dés. Il s'agit donc d'un « hasard programmé ».) Dans tous les cas, nous avons affaire à des systèmes exactement reproductibles. Pourvus d'entrées identiques et munis d'algorithmes jumeaux, ils répéteront imperturbablement les mêmes opérations sur les mêmes symboles.

Dans le cas de processus naturels, et de processus biologiques en particulier, répétons que la reproduction de conditions initiales identiques avec une précision infinie est impossible. Il faudrait pouvoir contrôler, par exemple, les positions, orientations et vitesses d'un grand nombre de molécules avec une exactitude absolue. Un changement de température du milieu, une contraction du cytoplasme, le déplacement d'une protéine au sein de la double couche de phospholipides de la membrane, un bombardement radioactif, le glissement silencieux d'un répresseur dans le sillon de la double hélice, la maturation sélective d'une séquence d'ARN messager dans le noyau d'un eucaryote, autant d'événements probables, sans doute, mais qui contribuent à l'élaboration d'une histoire singulière, par l'indétermination de leur occurrence précise dans le temps et l'espace, et le réseau entrecroisé de leur interaction. Il n'est pas exclu qu'une fluctuation infinitésimale puisse, dans certaines circonstances, avoir des conséquences, pour la globalité du système vivant considéré, sans mesure avec l'amplitude du petit écart.

Tentons de pousser jusque dans ses ultimes conséquences la proposition : « la cellule compute ». Si elle était vraie, cela signifierait qu'à chaque instant son comportement serait entièrement déterminé par ses entrées et son histoire antécédente (représentée par son état interne à l'instant t-1). Il faudrait alors qu'existe en droit, sinon en fait, une liste de tous les états possibles de la cellule et que chacun de ces états soit déterminé avec une précision infinie. Il faudrait, d'autre part, que toutes les entrées possibles puissent être réduites à une combinatoire de symboles élémentaires et que chaque entrée soit elle aussi connue avec une précision infinie.

Mais cela est impossible, puisque aussi bien l'état interne de la cellule que ses entrées sont définies, entre autres, par des variables continues. Cette continuité ne constituerait pas un obstacle insurmontable si l'on pouvait lui substituer sans changement significatif une approximation discrète. Malheureusement, on ne peut fixer de seuil *a priori* au-dessous duquel *on soit certain que de petites variations ne seront pas pertinentes pour l'histoire de la cellule*. Dans certaines circonstances, une fluctuation infinitésimale peut décider d'une bifurcation globale. L'établissement d'un tableau fini mettant en rapport tous les états avec toutes les entrées possibles est donc irréalisable, ce qui ne doit pas nous étonner, vu notre incapacité à connaître le donné naturel avec une précision infinie.

Si la cellule computait, son comportement dans le temps relèverait d'une combinatoire de possibles précodés. Si, comme je le pense, elle ne compute pas, *tout se passe comme si elle inventait son histoire*. Soit dit en passant, cela remet en question l'appréhension du phénomène biologique en termes de gros concepts dichotomiques du type hasard et nécessité, message et bruit, erreur et computation, qui ne s'imposent avec une telle évidence que parce que l'on a d'abord supposé un mécanisme là où on aurait pu concevoir, par exemple, une dynamique physico-chimique concrète avec des attracteurs et des instabilités.

Rien n'empêche de simuler le comportement d'une cellule par ordinateur ou de construire des modèles computationnels du vivant heuristiques, éclairants et même opérationnels. Mais la question qui nous importe est de nature ontologique : l'être du vivant est-il fondé en computation ? Nous répondons résolument : non.

ÉCHELLES DE DESCRIPTION, SENSIBILITÉ

De nombreux phénomènes se laissent notoirement appréhender sur un mode continu ou discontinu suivant l'échelle à laquelle on a décidé de les étudier, ou en fonction du niveau d'approximation qui semble le plus pertinent pour leur intelligibilité. Dans le cas de la computation, le problème de choix de l'échelle ne se pose pas, car un calcul n'est intelligible qu'au niveau de ses opérations et symboles élémentaires. Impossible d'imaginer par en dessous une échelle plus fine. Quant aux niveaux supérieurs ou plus englobants que pourraient représenter par exemple des emboîtements successifs d'algorithmes, de macroprocédures ou de niveaux de description, ils sont constructibles en droit à partir du niveau élémentaire de façon absolument transparente et déductive. Le calcul n'existe qu'à une seule échelle ; autrement dit, la computation ne fait qu'un avec sa description.

Les problèmes les plus cruciaux de la biologie contemporaine s'alimentent au contraire des fossés qui séparent les échelles d'observation. Quelles règles permettent de passer d'un niveau à l'autre ? On ne peut déduire la description des macromolécules des équations de Shroedinger, valables à l'échelle atomique. L'interaction des macromolécules ne permet pas de conclure au modèle de la cellule. Le raisonnement qui mènerait de la description des cellules et de l'énoncé de leurs lois d'interaction au fonctionnement d'un organisme est encore hors d'atteinte, sans parler du rapport entre les dynamiques neuronales et la pensée.

Le réductionnisme analytique est bien l'horizon de la majeure partie de la science contemporaine. Mais, le long de son chemin, cette science, qui rêvait de déduire le tout de l'interaction des parties, découvre sans cesse des niveaux intermédiaires ayant leur consistance propre et des échelles d'observation dont l'importance était insoupçonnée. Bien que l'économie de description soit son idéal (presque tout devrait découler de quelque formule fondamentale), elle allonge constamment la liste variée des connaissances et multiplie les points de vue pertinents.

Le battement uniforme de la computation semble n'avoir presque rien de commun avec le nœud de cycles et d'histoires, de retours et de vitesses qui maintient l'unité provisoire du vivant. Dès la cellule, la vie entrelace plusieurs échelles de temporalité. A un certain degré de résolution, on observe, par exemple, le rythme rapide du métabolisme que pourrait symboliser le changement périodique de concentration en adénosine triphosphate. Ce phénomène est lui-même sous-tendu par les processus microscopiques de régulation de la glycolyse. Les mécanismes de la reproduction cellulaire se déroulent dans un temps cyclique beaucoup plus long. Quant au temps de la phylogenèse, pétri de bifurcations et de virtualités, dialectiquement lié à l'évolution de l'écosystème, il n'est intelligible qu'à une échelle chronologique encore plus vaste, bien qu'il intègre, d'une manière pour longtemps mystérieuse, toutes les vitesses et tous les rythmes du vivant. Pas de chemin simple et déductif, au royaume de la vie, entre la succession des opérations élémentaires et la buissonnante complexité de l'histoire.

Imaginons une intelligence divine capable de connaître l'univers dans ses moindres recoins avec une précision infinie. On peut alors concevoir que l'inextricable entrelacs du local et du global, du lent et du rapide, et le mixte vivant d'aventure et de stabilité qui en résulte se résolvent pour cet être omniscient à la régularité d'un calcul. Quant à nous, êtres humains finis et mortels, nous sommes obligés de distinguer entre ce que nous construisons, et que nous pouvons connaître parfaitement à l'échelle où nous l'avons construit, et ce qui nous est donné par la nature et que nous sommes forcés d'explorer pour le comprendre toujours mieux, sans espoir de le connaître jamais parfaitement. Or, justement, le calcul est construit tandis que la vie est donnée.

Réexaminons la tâche consistant à établir une liste de tout ce à quoi un être vivant peut être sensible. Elle ne serait possible en droit que si l'être animé était un automate. Par construction, la machine logique ne reçoit comme information que ce qui est écrit dans un certain alphabet en respectant certaines formes précodées. Le reste est non pertinent. Mais est-il possible de définir *a priori* tout ce qui peut intervenir dans un processus biologique et de quelle manière ? Pourra-t-on distinguer, *à l'avance* et *précisément*, bruits, messages et contextes au sein de la pelote embrouillée que sécrète l'interaction d'un vivant et de son milieu ?

Un des sens repérables de l'évolution est l'ouverture croissante des êtres vivants à l'univers extérieur, c'est-à-dire l'enrichissement progressif de leur monde propre. Il ne faudrait cependant pas pousser trop loin cette idée vers la caricature d'un progrès cumulatif et linéaire. Bien que l'espèce humaine, « sommet de l'évolution », ait accès au monde de la culture et des idées, elle souffre aussi de limitations eu égard à la richesse olfactive du chien ou du rat, aux couleurs que voient certains oiseaux et insectes, aux ultrasons captés par les chauves-souris, à la sensibilité directe au champ magnétique des bactéries magnétotactiques, à la perception immédiate des forces électriques et des chocs moléculaires dont bénéficient les organismes microscopiques, etc.

Mais quittons la bactérie et considérons le projet de dresser une liste finie de tout ce à quoi un homme peut être sensible à toutes les échelles imaginables, des fluctuations chimiques dans ses cellules jusqu'aux idées mathématiques et aux descriptions de la carte du ciel, en passant par les nuances de couleur des fleurs de montagne et les subtiles inflexions de voix de ses congénères. Il est évident que ce programme n'est absolument pas raisonnable. Il faudrait découper différentes échelles, définir pour chacune d'elles des unités d'information pertinentes, relier la signification de tous les messages possibles à leur contexte, tous les contextes possibles à des métacontextes, etc. Cela ne saurait être qu'arbitraire, contingent et transitoire, sauf objectif opérationnel précis. Une telle liste ne pourrait d'ailleurs jamais être finie parce qu'il s'invente chaque seconde quelque chose de nouveau au sein de l'espèce humaine, et que cette nouveauté contient en puissance d'imprévisibles redistributions de signification et l'ouverture d'insoupçonnables espaces d'action, de pensée et donc de vie.

Sans doute l'algue bleue possède-t-elle un monde propre

moins riche et moins extensible que celui des vertébrés supérieurs. Mais ce n'est qu'une différence de degré, car nous sommes les descendants des organismes procaryotes qui ont régné sans partage sur la biosphère pendant trois milliards d'années.

Certaines mésanges ont appris à percer la capsule protectrice des bouteilles de lait déposées à l'aube par les laitiers sur le perron des demeures anglaises. C'est là un exemple classique de la façon dont les organismes peuvent modifier leur propre environnement. Dans ce cas, l'apprentissage des mésanges n'a consisté ni à découvrir une règle à partir de faits (induction) ni à prévoir certains faits à partir d'une règle (inférence déductive), mais bel et bien à faire émerger tout à la fois règles et faits là où elles auraient pu ne rien percevoir du tout, à l'instar d'autres oiseaux. Peut-on dire que la possibilité des bouteilles de lait était inscrite dans le programme génétique de ces petits passereaux ? A l'évidence non. Leur nouveau comportement n'était pas contenu par quelque combinatoire sous forme positive et dénombrable. *Une virtualité vint au jour qui n'était repérable qu'après coup.* Mais l'histoire ne s'arrête pas là, car comme le remarque Stephen Jay Gould, en modifiant leur environnement, les mésanges ont mis en place de nouvelles pressions sélectives. Supposons que la distribution du lait en Angleterre demeure identique pendant des siècles, des becs de forme différente et certaines aptitudes comportementales se verraient alors favorisés par la sélection naturelle. En tant que membre d'une espèce, l'être vivant croît et meurt au sein d'un monde clos et stéréotypé. Mais dans certaines circonstances exceptionnelles, imprévues, marginales, ou pour peu qu'un isolement protège et amplifie quelques différences, un processus de spécialisation se développe. Parce qu'elle est un des moteurs de l'extraordinaire buissonnement des espèces, la sensibilité à de nouveaux aspects de l'univers extérieur, c'est-à-dire l'invention d'environnements inédits, est essentielle au vivant.

Le mécanisme réalise des possibles, la vie fait éclore parfois des bouquets de virtualités nouvelles.

Subjectivité

Ce que l'être serait d'un autre point de vue que celui de la vie, il nous est impossible de l'imaginer. Impossible, mais pas interdit. La notion même de « point de vue » implique au sens propre la vision et au sens figuré la pensée, ou tout au moins quelque forme de sensation. Il n'y a de monde que pour les vivants. Cherchez ce que devient la trame d'une histoire ou la géographie d'un lieu lorsqu'elles ne sont plus imaginées ni perçues ! Même lorsque nous évoquons la Terre à l'époque de sa genèse, avant que la première algue n'ait senti le soleil, c'est encore nos yeux de vivants qui survolent la planète déserte. Pour sentir les choses comme elles sont et non telles qu'elles nous apparaissent, nous devrions nous y fondre et cesser de sentir.

La bactérie est déjà sujet. Elle aime, elle accourt, elle mange, quelque molécule lui répugne, elle fuit. Elle néglige certaines informations, d'autres lui sont vitales. Un monde existe pour elle. Une pensée du vivant doit rendre compte de la subjectivité de son objet.

Or, la computation est impuissante à *fonder* la subjectivité du vivant sur le plan de l'être, elle ne parvient pas non plus à *expliquer* l'émergence d'un « pour soi » sur le terrain épistémique. (Il est bien entendu dans tout ce qui va suivre que le fait d'être « pour soi » ou sujet ne suppose nullement la conscience.) Penser le phénomène biologique sur le mode de la computation interdit de rendre compte de la subjectivité ou de la proto-subjectivité de la vie pour au moins deux raisons :

— l'absence d'une sémantique interne au fonctionnement d'un système formel ;

— l'indépendance du calcul par rapport à tout substrat physique particulier.

Premièrement, le fonctionnement d'un système formel est intrinsèquement et totalement syntaxique. Seul un observateur extérieur est capable, en l'interprétant, de lui conférer une dimension sémantique. Il en résulte que si le vivant était un pur computeur, il n'aurait pas d'univers sémantique propre, de « pour soi », de subjectivité, puisque la signification de son fonctionnement ne pourrait être donnée que d'un autre point de vue que le sien. La circularité ou l'enchevêtrement de mécanismes syntaxiques ne change rien à l'affaire. Un mégasystème computant circulaire ou polybouclé, même très compliqué, n'en demeure pas moins limité à la pure syntaxe.

Secondement, un calcul est essentiellement indépendant du matériau physique sur lequel il se déroule. Dans le fonctionnement d'un ordinateur, par exemple, il faut distinguer les états physiques de la machine, dont la structure est d'ailleurs fondamentalement continue, et les états logiques discrets. La même succession d'états logiques peut s'incarner dans une multitude de machines physiquement différentes. Le rapport entre états logiques et physiques est contingent. Cela est si vrai que certains chercheurs en intelligence artificielle espèrent pouvoir extraire les algorithmes sous-jacents à certaines performances intellectuelles humaines afin de les faire exécuter par des ordinateurs. Cela suppose que la pensée ou certains segments de la pensée ne sont pas nécessairement liés au matériel biologique, et découlent logiquement de la thèse bien connue suivant laquelle l'activité mentale est un traitement de données, c'est-à-dire un calcul.

Si l'on croit, suivant la forte expression d'Edgar Morin, que la computation est l'être même du vivant, on est obligé d'accepter une indépendance relative de la vie et de son incarnation physico-chimique. Pire : une indépendance relative du sujet et de sa situation singulière dans l'espace et le temps. On est forcé d'admettre un sujet qui n'est plus l'enfant des circonstances et de l'histoire, un sujet auquel ni l'ici ni le maintenant ne sont consubstantiels.

S'il fallait absolument penser l'être vivant comme une machine, nous dirions que c'est une machine dont les états logiques sont indissociables des états physiques, une machine dont chaque état physique est susceptible de faire sens. Mais, dès lors que l'on pose l'union essentielle du physique et du logique comme caractère fondamental du vivant, on rencontre l'indétermination, la singularité, l'histoire, les circonstances, la chair même de la vie, et l'on quitte du même coup l'univers formel de la computation.

En fait, nos deux objections à la constitution du sujet par le calcul sont profondément liées. Peut-être le système formel reste-t-il enfermé dans la syntaxe parce qu'il n'est qu'un jeu autarcique sur des symboles et n'atteint jamais de lui-même la référence à l'objet. Or, nous ne croyons pas que la signification se laisse enclore dans un renvoi circulaire de signes à d'autres signes. Il a bien fallu qu'elle touche un jour l'objet, qu'elle contienne, ne fût-ce qu'à l'état de trace, quelque élément de localisation spatiale. Il nous semble que la signification prend sa source dans un « ici » et un « ceci » originels, même de façon lointaine et indirecte. Pas de signification sans incarnation. Mais si le cercle de la computation symbolique ne fait pas émerger de signification, ni donc de sujet, la simple dynamique physico-chimique n'y parvient pas non plus, fût-elle autocatalyque. Or le vivant s'extrait du tissu causal de l'univers physique pour se constituer en source de sens et en centre d'un monde.

La vie noue l'un à l'autre une gerbe de temps cycliques et un échangeur bouclé de chemins et d'espaces. Elle crucifie sur les spirales entrelacées de ce nœud quelque chose comme un protolangage.

Il est difficile de ne pas penser au langage, en effet, lorsque l'on considère le rapport non directement causal entre les séquences de nucléotides de l'ADN et les chaînes d'acides aminés des protéines. Ce rapport est gratuit, chimiquement contingent, il n'en est pas moins universel et constant, moyennant l'interprétation de la cellule vivante. De là à penser que ce rapport est conventionnel et à attribuer aux configurations de l'ADN une nature symbolique, il n'y a qu'un pas. La dimension symbolique des processus cellulaires ne concerne pas uniquement la relation entre ADN et protéines. Jacques Monod a souligné l'aspect indirect et arbitraire de nombreux signaux chimiques eu égard à leurs fonctions biologiques.

Il nous faut donc penser à la fois la dimension symbolique et la réalité matérielle, objective, des processus biologiques. Alvaro Moreno a récemment proposé de distinguer au moins deux niveaux dans la grande roue autoréférentielle du vivant. Pour fixer les idées, on peut identifier ces deux niveaux à la molécule d'ADN, d'une part, et à la cellule prise comme un tout, d'autre part. Chaque niveau serait pleinement symbolique en tant qu'il interprète et décrit l'autre, mais il serait également complètement objectif et matériel en tant que référence de la description et de l'interprétation de l'autre niveau. Le rapport objet-symbole, et donc la sémantique, serait alors intrinsèque au processus vivant et non laissé à l'interprétation d'un observateur extérieur.

Un tel modèle de l'autoréférence et de la subjectivité a beaucoup plus d'affinité avec *le langage naturel* qu'avec le langage formel de la computation. A l'indétermination, à la singularité historique et à la continuité du processus physique (qui n'est pas un mécanisme) répondent l'ambiguïté, l'immersion dans un contexte et la continuité du processus symbolique total (qui n'est pas un calcul).

L'impossibilité de penser le « pour soi » du vivant à partir du mécanisme computationnel nous semble illustrée par la position d'Henri Atlan, un des auteurs contemporains qui a exploré le plus loin la fécondité de la notion de traitement de l'information. Le biologiste hiérosolymitain réussit à rendre compte de l'auto-organisation, de la création de complexité à partir du bruit et même de l'autocréation du sens dans le cadre d'un modèle computationnel du vivant. Mais il est bien clair que l'autocréation du sens chez Atlan ne s'identifie absolument pas à l'auto-institution d'une source de sens. La signification qui émerge de l'interaction entre un automate et une série de messages aléatoires n'existe que pour un observateur. Il est impossible d'appréhender le pour soi du vivant uniquement à partir de la computation. Ayant conçu la vie comme un mécanisme de traitement de l'information, l'auteur de *Entre le cristal et la fumée* déclare en substance : « Rien ne prouve que je doive accepter l'intentionnalité pour n'importe qui d'autre que moi-même. » Cette position, qui renvoie le pour soi au domaine de l'éthique, est sans doute la seule cohérente avec le paradigme néomécaniste.

La computation ne peut pas fonder la subjectivité du vivant car elle n'intègre ni le sens, ni la spécificité du médium physique. De ce fait, le calcul ne peut engendrer ni le médium du sens, à savoir le sujet incarné, ni le sens du médium, c'est-à-dire le monde qui est l'autre face du sujet.

7

De la cognition

Le sexe des anges

Les ordinateurs arriveront-ils un jour à modifier eux-mêmes leurs programmes ; à sentir, à penser et à parler comme vous et moi ? Questions qui soulèvent autant de passions qu'au Moyen Age les disputes sur le corps des anges et l'esprit des animaux et qui n'ont finalement, comme celles-là, d'autre objet que de déterminer la nature de l'homme et sa place dans l'univers. Pendant que ce très ancien débat se poursuit en ayant seulement échangé les mots émoussés de la théologie contre le lexique acéré de la technologie, la société subit une profonde mutation.

Quoique le mythe moteur de l'intelligence artificielle soit bien la création d'un double mécanique de l'humain, l'enjeu pratique de cette discipline touche d'abord à l'émergence de savoir-faire professionnels inédits et à la formalisation de compétences jusqu'alors inséparables de leur gangue opaque d'expérience vécue. Nul ne sait jusqu'où l'intelligence artificielle haussera les performances des machines. On ignore surtout à quel degré de symbiose parviendront les hommes et les ordinateurs au sein des nouveaux réseaux sociaux qui s'ébauchent avec l'extension de la télématique, l'utilisation croissante de l'imagerie numérique, du traitement de texte et des systèmes experts. Bientôt, la transmission et le contenu même du savoir seront transformés. Assisté de prothèses linguistiques et sensorielles, relié aux banques de données, pourvu d'extraordinaires capacités de calcul en temps réel, l'homme informatisé inaugure des pratiques sociales et culturelles encore partiellement inconnues, comme on aborde aux rivages d'un continent inexploré. C'est ce que nous avons examiné dans le premier chapitre de ce livre.

L'informatique ne structure pas seulement les pratiques, elle contribue encore, et peut-être surtout, à cristalliser de nouvelles représentations collectives. Sherry Turkle a montré dans son ouvrage *The Second Self* (« le second soi ») comment un nombre croissant de nos contemporains s'emparent des images de l'ordinateur et du programme pour se penser eux-mêmes. L'ordinateur, au-delà de son usage efficace, devient un filtre mental, un instrument intellectuel, un modèle pour comprendre le réel, la vie, l'humanité. C'est pourquoi la polémique sur les limites de l'intelligence artificielle ou la valeur des thèses cognitivistes déborde le champ clos du petit monde académique. Elle est le symptôme d'une mutation anthropologique.

On n'essaiera pas ici de fixer *a priori* les bornes que l'intelligence artificielle ne franchira jamais : au royaume de l'ingéniosité industrieuse, presque rien n'est impossible. On ne discutera pas de performances mais d'être. Que sont la mémoire, la perception, l'intelligence ? Qu'est-ce que l'homme enfin ? Sans doute ne faut-il point prétendre apporter de solutions définitives à ces questions immenses. On peut du moins faire sentir l'urgence renouvelée de les penser. C'est un des termes essentiels de la mutation anthropologique en cours : on ne pourra bientôt plus nommer, désigner, représenter que l'opération, le « faire », l'interaction. Tout ce qui n'agit pas pénètre dans un cône d'ombre, une zone aveugle, s'évanouit peu à peu jusqu'à l'oubli, jusqu'à l'impensable.

Il ne s'agit donc pas de savoir ce que peuvent faire ou pas les machines, mais de reconnaître ce qui, dans l'homme, n'est pas de l'ordre du faire. Si nous perdions la souvenance de cette dimension-là de l'humain, il y a fort à parier qu'elle s'anéantirait effectivement, car notre espèce, historique et culturelle, décide en partie de ce qu'elle devient. Comme ceux qui ne savent plus qu'ils sont libres tombent réellement en esclavage, nous deviendrons peut-être des processeurs d'information lorsque nous aurons oublié qui nous étions.

La mémoire

Dissipons un premier malentendu au sujet de la mémoire : il faut distinguer restitution d'information et souvenir. Une des sources de la confusion est l'anthropomorphisation des ordinateurs. Dans la machine, ce qu'on appelle « mémoire » est un dispositif d'enregistrement et de transmission. Chaque bit d'information reçu est envoyé vers une adresse, stocké, renvoyé vers une autre adresse (éventuellement celle d'un organe de sortie) et ainsi de suite, exactement comme dans un système postal. Or, la mémoire humaine ne restitue pas au monde extérieur les informations qu'elle y avait captées comme une honnête administration rendrait un dépôt. Nous traduisons le passé, nous n'en gardons qu'une idée, qu'un parfum. Lorsque je me souviens d'une symphonie ou d'un repas, je ne rejoue pas la musique intégralement, je ressers encore moins le repas.

La mémoire ne peut être séparée des autres aspects de la cognition et de l'expérience humaine que conceptuellement. Aucune perception, par exemple, ne serait possible sans la mémoire immédiate qui relie une sensation à la suivante, à supposer qu'une sensation instantanée soit possible. Le son n'existe que dans un rapport chronologique entre ses différentes parties. Nous ne saurions percevoir les fréquences, donc l'aigu et le grave, que par une synthèse de la mémoire. *A fortiori* un mot, une phrase, une mélodie n'ont d'existence que pour un être capable de souvenir. La plupart des sensations résultent de différences de qualité ou d'intensité et nous n'appréhendons la différence, le changement, la variété qui donnent relief au monde sensible que par une mise en relation, une comparaison continuelle entre le passé qui s'éloigne et le présent déjà passé. On pourrait à la rigueur imaginer une impression visuelle instantanée, puisque la vue atteint des objets fixes ; mais le mouvement de l'œil supplée à l'immobilité des choses, et même si l'ombre et la lumière pouvaient nous être données dans l'instant, nous ne pourrions de toutes façons connaître des *images* que par la mémoire.

Que Mnémosyne construise la continuité qui fonde la perception ou qu'elle se meuve au sein de la mystérieuse unité temporelle du sujet percevant, elle est indispensable à toute impression consciente.

Bergson affirme dans *Matière et Mémoire* que le passé se survit sous deux formes distinctes : dans des mécanismes moteurs et dans des souvenirs indépendants. Le premier genre de mémoire correspond aux habitudes, aux automatismes construits par l'expérience. On peut encore l'identifier à l'apprentissage conçu comme élaboration d'algorithmes. L'autre type de mémoire se rapporte à la chaîne de nos souvenirs singuliers, au fil de notre histoire individuelle, à la conscience de notre continuité dans le temps. Jusqu'où le mécanisme calculatoire peut-il rendre compte de la mémoire ?

L'élaboration d'algorithmes, ou la mémoire du premier genre

L'induction

Pour avoir des chances de survivre, nous devons être aptes à prévoir, même inconsciemment, les événements futurs à partir des faits passés. Or, seul un système pourvu de mémoire peut accomplir une inférence inductive, car il est impossible de prévoir la suite des événements à partir de la seule tranche des faits présents. Pour modéliser selon les principes du néomécanisme un être capable d'activité cognitive, il faut construire un calculateur inductif. Ce calculateur doit réduire progressivement son incertitude au sujet des messages pertinents qui peuvent lui parvenir de son milieu.

A cet égard, un enregistrement du passé, aussi fidèle et détaillé que l'on puisse l'imaginer, serait sans valeur. Von Foerster a fait remarquer qu'un tel enregistrement parfait ne nous donnerait pas la moindre indication quant au futur, à moins que nous n'employions les services d'un démon. Celui-ci se déplacerait à toute vitesse le long de l'enregistrement en comparant les valeurs de chaque nouvelle entrée dans le système avec les valeurs stockées, puis il calculerait sur cette base la probabilité de distribution des prochaines entrées. Mais le problème de la mémoire est déplacé sur le démon qui joue maintenant le rôle du véritable calculateur d'inférence inductive. Pour ne pas remonter à l'infini, considérons donc directement la construction du démon lui-même, personnification de la structure d'un réseau capable d'inférence. Une machine qui aurait une véritable mémoire du premier genre, et non seulement des capacités de stockage d'information, devrait pouvoir *modifier sa propre organisation* de telle sorte que les contraintes de l'environnement soient de mieux en mieux intégrées par sa structure. La mémoire algorithmique et la cognition dans sa dimension de calcul inductif tiennent presque tout entières à cet homomorphisme tendanciel, à cette complémentarité opérationnelle avec son environnement que vise le système.

La reconnaissance

Il est peu vraisemblable qu'un mécanisme cognitif naturel compare chaque image qui nous parvient des nerfs optiques à *toutes* les images stockées dans quelque grande iconothèque intérieure pour déterminer à qui ou à quoi nous avons affaire. Lorsque nous rencontrons une personne pour la deuxième fois, nous ne la voyons ni sous le même éclairage ni sous le même angle qu'à notre première entrevue. Comment faisons-nous pour la reconnaître ? On peut faire l'hypothèse que nous avons élaboré, lors de notre première rencontre, un réseau de calculateurs électrochimiques capables d'extraire des informations visuelles qui affluent à notre cerveau les traits caractéristiques de cette personne, son identité invariante sous les conditions changeantes de la perception. La mémoire ou l'apprentissage seraient donc liés au changement des modalités opérationnelles d'un système calculateur.

Contentons-nous pour l'instant de cette approche, plus complexe que la simple notion d'enregistrement. Elle est propre à rendre compte de la mémoire opérationnelle (du premier genre) dans les termes du néomécanisme. L'idée de modification du dispositif opératoire d'un réseau calculateur peut cependant laisser insatisfait. Lorsqu'on aborde les thèmes de la reconnaissance et de la prévision, les mots de *situation* et de *ressemblance* viennent immédiatement à l'esprit et paraissent intuitivement plus proches de l'expérience courante que ceux de computation inductive ou de montage d'algorithmes de calcul d'invariant. Mais si l'on tente de les formaliser, situation et ressemblance se décomposent aussitôt en hiérarchies indéfiniment enchevêtrées de contextes ; elles se dissolvent dans un jeu de renvois sans fin le long des relais innombrables de la pertinence. Les chercheurs en intelligence artificielle sont familiers de ces difficultés inextricables.

Les machines de Turing à la recherche du temps perdu, ou la mémoire du deuxième genre

Dans toute théorie informatique de la cognition, le mécanisme qui incarne la mémoire, la perception ou l'inférence inductive n'existe jamais qu'au présent. L'état de la machine à l'instant t-1 ne survit encore à l'instant t qu'en tant qu'il a déterminé celui-ci. Rigoureusement parlant, l'univers mécanique au temps discontinu ne contient que des traces d'un passé englouti sans retour. Le néomécanisme peut tenter d'expliquer la mémoire comme un montage d'automatismes ou d'algorithmes de reconnaissance de formes, il échoue pourtant devant le souvenir.

Envisageons le problème dans sa plus grande généralité. A quelle mémoire une machine de Turing peut-elle prétendre ? Gardons à l'esprit pendant l'examen qui va suivre que ce dispositif idéal est le modèle abstrait de *toutes* les machines à calculer, y compris des réseaux de neurones formels qui n'en représentent qu'un cas particulier.

Les états internes

On sait que dans son article de 1937, Turing compare les états internes de la machine aux états mentaux d'un calculateur humain. Peut-on affirmer que ces états internes, étant entièrement déterminés par l'histoire antécédente de la machine, représentent cette histoire et jouent donc le rôle d'une mémoire ? Non, car premièrement ces états sont en nombre fini et déterminés *avant* que la machine ait commencé à fonctionner ; deuxièmement, un état interne ne représente pas l'histoire de la machine mais la classe d'équivalence des histoires qui mènent au même comportement. Autrement dit, deux histoires *distinctes* peuvent aboutir à un état *identique*. Lorsque la machine effectue la même opération à partir du même input pour la première et pour la millième fois, elle peut être exactement dans le même état interne. Or, on voit immédiatement qu'il n'en serait pas ainsi des état d'esprit d'un calculateur humain dans de telles circonstances. Sans doute cette différence entre les états d'esprit successifs d'un calculateur humain peinant sur la même opération n'est absolument pas pertinente en ce qui concerne le déroulement du calcul proprement dit, mais cela ne fait que confirmer l'inégalité de la mémoire opérationnelle et du tout de la mémoire humaine.

Le ruban

Dira-t-on que la mémoire de la machine réside dans la surface d'inscription indéfiniment extensible de son ruban ? En relisant ce qu'elle a écrit sur le ruban au cours de son fonctionnement, la machine pourrait alors se souvenir. Malheureusement, elle ne peut relire sa propre histoire que lettre par lettre, case par case, en oubliant la lettre précédente dès qu'elle en aborde une nouvelle. Il n'y a aucun moyen pour elle de retenir ensemble deux symboles. Elle vit dans un éternel présent, son univers étant à jamais limité à un symbole unique, celui de la case devant laquelle se trouve placée sa tête de lecture. On peut imaginer deux moyens, également vains, pour remédier à cet état de fait :

a) Faire défiler si rapidement la bande devant la tête de lecture que l'on finisse par obtenir un effet cinématographique. Mais cette animation du souvenir ne serait efficace que pour un observateur extérieur incapable de distinguer une image fixe lorsque le déroulement dépasse vingt-quatre images par secondes. C'est précisément parce que la perception est toujours déjà de la mémoire que nous percevons du mouvement et que nous pouvons établir des relations entre des images ou des symboles saisis séparément. La lecture n'est justement rien d'autre que cette synthèse par la mémoire. Or, la machine de Turing est incapable d'effectuer cette lecture, et nous aurons beau accélérer la vitesse de déroulement du ruban, elle ne lira (mais nous savons désormais que le verbe lire ne peut avoir pour sujet une machine de Turing que métaphoriquement ou abusivement) jamais, encore et toujours qu'un seul symbole à la fois en oubliant le précédent.

b) Adopter, au lieu de petits bâtonnets, des sempiternels 0 et 1, ou des alphabets classiques de moins de cent symboles, un alphabet si riche, complexe et nombreux qu'une seule case, un seul symbole, contienne l'équivalent du contenu de la bibliothèque du Congrès. Ainsi on ne pourra plus accuser la machine de n'avoir qu'une vision de fourmi, pas à pas, purement analytique. Chaque case contiendrait alors, certes, énormément d'information, mais il serait abusif de la considérer comme une mémoire puisque la machine n'aurait de toute façon accès qu'à l'information présentement saisie.

Le fonctionnement global

On pourrait essayer de tourner la difficulté en prétendant que la mémoire est un effet du fonctionnement global de la machine ou de la composition de plusieurs machines. Dans le dernier cas, on expliquerait par exemple que si le calculateur humain n'est pas dans le même état d'esprit à la première et à la millième opération, c'est qu'il incorpore une deuxième petite machine qui serait équivalente à un « compteur de points de fatigue ». Il ne semble cependant pas légitime d'assimiler une différence d'état d'esprit à une simple différence quantitative et, quoi qu'il en soit, la composition de deux machines de Turing (ou de dix mille) peut être ramenée à une seule machine plus complexe, ce qui nous renvoie aux termes de l'énoncé initial du problème. Quant à l'argument suivant lequel la mémoire est un effet du fonctionnement global de la machine, il suppose bien évidemment un observateur extérieur qui considère la machine globalement. Si l'observateur n'est pas une machine de Turing, l'argument est sans valeur, car on veut démontrer que la mémoire appartient à l'univers propre des machines de Turing. De deux choses l'une, soit la métamachine observe la première machine d'un bloc, soit elle l'observe état par état ou sous toute autre forme discontinue. Autrement dit, ou bien elle l'observe vraiment globalement — mais alors d'une façon absolument statique et elle ne pourra saisir en quoi la machine qu'elle surveille fait preuve de mémoire —, ou bien elle l'observe fragment par fragment sans être capable de les relier, et nous nous retrouvons dans le premier cas de figure. De quelque façon qu'on s'y prenne, *le temps continu, le temps du mouvement, de la lecture et de l'intelligence est étranger au monde des machines à calculer.* Il semble donc impossible de rendre compte de la dimension non opératoire, disons transcendante de la mémoire au moyen d'un modèle informatique.

Pour compléter notre démonstration par l'absurde, essayons de nous représenter distinctement ce que pourrait être un algorithme capable de ressaisir synthétiquement sa propre activité. Cet algorithme est, par définition, impossible à construire puisqu'un algorithme est la décomposition mécanique pas à pas d'une action précisément définie. On a justement inventé la procédure effective pour garantir qu'un ensemble d'opérations puisse être exécuté sans intervention de la mémoire, ni interprétation, ni saisie globale, bref sans intelligence. Et l'on voudrait que la procédure effective soit le modèle de l'intelligence !

L'hypothèse de l'harmonie préétablie

Il ne reste plus qu'une issue à qui voudrait soutenir la thèse de la mémoire des machines ou de l'essence mécanique de la mémoire : celle du très grand nombre. Les milliards de composants du réseau neuronal, capables chacun de centaines d'états internes distincts, déterminent une quasi-infinité de la quantité d'états internes du réseau pris comme un tout. C'est ainsi que nous n'avons jamais de répétition du même état interne, du même état d'esprit, et que les états d'esprit se succèdent de telle manière que chacun d'eux est non seulement déterminé par les précédents mais les résume, en fait la synthèse et pour tout dire les contient. Cette thèse de la quasi-infinité des états internes est équivalente à celle de la machine fonctionnant avec un alphabet quasi infini dont chacun des symboles se succédant sur le ruban accumule dans sa figure un rappel de tous ceux qui le précèdent, ce qui donne évidemment des symboles de plus en plus compliqués.

La nécessité de ne jamais revenir au même état (ou de ne pas relire le même symbole) et que chaque état (chaque symbole) contienne tous les précédents suppose le préétablissement absolu de l'ensemble du fonctionnement de la machine, et la mémoire se transforme donc en déroulement d'une histoire écrite avant qu'elle n'arrive. En recherchant tous les présupposé de cette théorie, on verrait qu'elle implique le système de l'harmonie préétablie, l'existence de Dieu, etc. Nous ne pensons pas que les cognitivistes calculatoires soient prêts à aller jusque-là. Il nous paraît donc établi que si les machines peuvent incarner la dimension opératoire de la mémoire, une autre dimension, transcendante à l'opérativité mécanique, leur échappe nécessairement.

Les deux unités : machine et Mnémosyne

La mémoire tisse les intrigues de notre histoire et baigne de la même eau vive les changeantes rives du Temps. Sans mémoire, ignorant de nous-mêmes, insensibles, nous serions toujours (et sans doute encore plus) efficaces, mais le monde humain n'aurait plus lieu.

J'entends la note *do* répétée trois fois. Je n'enregistre pas les trois occurrences successives d'un même son ; c'est le motif mélodique « triple *do* » qui s'épanouit à mon oreille. Si mon évanouissant présent ne tenait pas à mon passé par quelque lien continu, la petite musique de ma vie retomberait tout entière à la dispersion cacophonique dont elle est issue, ou viendrait s'anéantir dans la prison définitive de l'instant, comme s'il n'y avait plus jamais à entendre qu'un éternel sifflement, strident et monotone.

Sans l'unité mélodique du flux temporel que le mot de mémoire ne parvient pas tout à fait à saisir, tout sens possible disparaîtrait. Qu'est-ce que cette unité, cette continuité de celui qui se souvient et pour qui le temps brode les motifs rythmiques et colorés du devenir ?

En un sens, la machine aussi possède son unité : ses opérations ne se succèdent pas au hasard, ses parties communiquent, son comportement présent découle de son histoire passée. Mais comme nous avons distingué la mémoire opérationnelle de la *durée* vivante, pour reprendre l'expression bergsonienne, il nous faut différencier l'unité mécanique de l'énigmatique unité du sujet.

La machine est organisée. Les entités qui la composent interagissent. L'histoire de chacune de ses parties dépend de celle des autres. Interaction, communication, détermination du présent par le passé dotent le mécanisme d'un certain type d'unité. La machine possède même une identité puisque ce ne sont pas n'importe quelles relations qui unissent ses parties dans l'espace et ses états internes dans le temps mais une organisation déterminée, celle-ci et non une autre.

L'essence de l'unité de la machine est la *relation fonctionnelle.* Dans sa structure abstraite, distincte de son incarnation physique, la machine elle-même *est* une fonction, c'est-à-dire une relation réglée entre variables.

Celui qui se souvient, tient-il son être d'une unité fonctionnelle ou d'un tout autre genre d'unité ? Mnémosyne, mère des Muses, trouve-t-elle abri dans un rapport fixe entre variables ? Le sujet perçoit, pense et se remémore le devenir d'un monde dont il est à la fois l'enfant et la source mystérieuse. L'unité d'où fuse notre existence n'est pas celle de la machine.

La perception

Premier regard

Un enfant vient de naître. Il ouvre les yeux au monde extérieur pour la première fois. Au-dessus de lui, le visage de son père porte deux iris bleus, brillants de larmes contenues. Le nouveau-né discerne-t-il bien les formes ? Sans doute ne voit-il que quelques taches mouvantes et floues sans distinguer encore d'objets bien tranchés. Mais, parmi ces éclats brouillés de lumière, deux prunelles d'azur ont un instant scintillé. Plus tard, couché dans son berceau, son regard connaîtra l'immensité céruléenne du ciel, et la voûte céleste lui apparaîtra si bleue qu'il aura parfois la tentation d'aller se perdre dans la couleur. Et cependant, notez-le bien, les adjectifs, les mots, les étiquettes verbales qui désignent le chatoiement du saphir, il ne les connaît pas, il ne les a peut-être jamais entendues. Cela ne l'empêche pas de jouir du bleu de l'horizon. Il ne le nomme pas mais il le sent. Le chant des couleurs précède le langage articulé. Des millions d'années avant que certains primates ne se redressent dans les savanes de l'Afrique, les poissons, au fond de la mer, diapraient déjà leurs écailles de parures multicolores. Ils arboraient, sur le premier théâtre de la vie, mille robes truitées, panachées, rayées ou mouchetées pour des spectateurs dès ce moment capables d'en goûter la splendeur.

Mais revenons à notre enfant pour tenter d'expliquer sa première vision d'un reflet d'aigue-marine. Les brillantes couleurs dont il est environné pénètrent-elles directement en son for intérieur par l'intermédiaire des yeux, ces fenêtres de l'âme ? Non, bien entendu, car le faisceau photonique heurte sa rétine sans aller plus loin. Au fond de son œil, des pigments absorbent des photons, et cette modification met en branle une série complexe de mécanismes électrochimiques où entre en jeu une foule de messagers moléculaires à l'intérieur même de la première couche de cellules réceptrices. Commence alors le ballet des neurotransmetteurs dans les synapses, de telle sorte qu'un train d'impulsions se dirige vers le cerveau le long du nerf optique. Remarquons immédiatement que les signaux nerveux en provenance des oreilles du bébé ou des nerfs sensitifs de ses pieds sont exactement de même nature que ceux qui lui viennent de ses yeux. Ils ne se distinguent que par leur localisation dans le réseau neuronal, par l '« adresse » où ils parviennent dans le cerveau (pour parler en termes informatiques) et par le traitement qu'ils y subissent. Il n'y a dans le système nerveux que des distributions de flux électrochimiques et des variations de fréquence d'impulsions et non pas à proprement parler de sons, de couleurs ou d'odeurs.

Dans le cas qui nous occupe, les travaux qu'Edwin Land a menés pendant plus de vingt ans ont montré que notre perception des couleurs était loin d'être une simple mesure de l'intensité lumineuse et de la prédominance d'une certaine zone du spectre. Tout se passe comme si notre appareil visuel construisait quatre images correspondant respectivement au système des bâtonnets (dont le seuil d'excitation est extrêmement bas sur une échelle des intensités lumineuses) et aux trois systèmes de cônes, dont les pics de sensibilité se situent aux longueurs d'onde de 440, 535 et 565 nanomètres. C'est la combinaison complexe de ces quatre images (chacune déjà très élaborée par rapport à ce que serait un enregistrement brut de la réaction des pigments) qui constitue le support neurophysiologique de notre vision des couleurs. Il en résulte que la couleur d'un point de l'espace n'est associée à aucune constante physique évidente et que nous voyons un objet toujours de la même couleur sous des conditions d'éclairement très changeantes.

Or, voici notre problème :

— d'une part, nous voyons le rose tyrien, l'incarnat, l'indigo, le vert de l'émeraude et l'éclat bleuté de l'acier ;

— d'autre part, une analyse du mécanisme à l'œuvre dans le système unissant la rétine au cortex visuel met en évidence le travail de *discrimination* effectué par ce système mais ne montre nulle part la *production des qualités distinguées*, à savoir les couleurs.

On raisonne ici sur un enfant qui vient de naître afin que ni les états de son réseau neuronal, ni les noms des couleurs, ni quelque comportement appris que ce soit ne puissent tenir lieu de code, de représentant ou de symbole d'une couleur. Pour qu'ils jouent ce rôle légitimement, il faudrait que la chose représentée ait été produite au moins une fois. C'est l'apparition de la couleur elle-même qu'il faut expliquer, avant de décrire la manière dont elle sera codée. Or, si nous suivons le néomécanisme, dès son premier regard l'enfant qui vient de naître ne connaîtra jamais qu'un codage du bleu (une certaine distribution des neurones excités, dans son cortex visuel) et jamais la teinte vive du bleuet.

Supposons que le cortex visuel de notre bébé soit dans un certain état disons x, lorsque ses yeux sont ouverts sur le papier peint pervenche de sa chambre d'enfant. Le même état x ou certains états voisins x', x'', etc., seront atteints par les aires visuelles de son cerveau chaque fois qu'il aura affaire à la couleur bleue. Or, ce bébé, comme n'importe lequel d'entre nous, n'a pas de véritable accès à l'univers extérieur, il est tout entier contenu par une infranchissable enveloppe cutanée. Et ce qui voyage à l'intérieur de sa peau, le long des canaux de son système nerveux, ce ne sont jamais que des trains d'impulsions, non des couleurs. On dira peut-être que ces trains d'impulsions *correspondent* à des couleurs. Examinons donc cette correspondance de plus près :

— il y aura concordance entre certains états d'excitation des myriades de photorécepteurs de la rétine et certains états d'excitation concomitants du cerveau ;

— on établira aussi un lien entre plusieurs distributions d'activité neuronale semblables du cortex visuel (x, x', x''...) à des instants différents ;

— lorsqu'il reconnaîtra les mots, notre bébé associera également certaines dynamiques d'excitation de ses aires auditives avec la série d'états x, x', x''... de son cortex visuel ;

— quand il parlera, enfin, l'algorithme moteur déclenchant la prononciation du mot « bleu » correspondra à la série d'états x, x', x''... de son cortex visuel.

Dans l'énumération qui précède, on ne trouve pas de correspondance entre l'état x du cortex visuel et la couleur bleue. L'enfant ne compare cet état x qu'à un autre état x' ou y ou z. Il ne peut pas se dire : « Ah oui ! La première fois que j'ai vu du bleu, mon cerveau était dans l'état x. Comme il est maintenant de nouveau dans cet état, je dois donc être en train de regarder une surface azurée. » Il ne peut pas se le dire car, pour qu'il puisse rapporter un certain état de son cortex à la nuance du myosotis, il faudrait qu'il connaisse autre chose que des distributions d'excitation neuronales, ce dont il est incapable si l'on s'en tient au néomécanisme.

Cela ne serait pas si grave si le bleu n'était qu'une dénomination arbitraire, un code pour désigner un état x du cortex visuel. Seulement le bleu n'est pas l'adresse d'une zone particulière d'un réseau calculateur, ni le numéro d'ordre d'une classe d'états voisins d'un automate. Le bleu est une couleur.

L'argument suivant lequel les couleurs seraient des conventions culturelles ou linguistiques est ici hors de propos. Même si, dans une certaine culture, il n'existe qu'un seul mot pour désigner le bleu *et* le vert, les individus de cette culture distingueront tous, sauf daltonisme, une forme bleue sur un fond vert, de même que les chimpanzés, les requins ou les pigeons. Ils ne se contenteront d'ailleurs pas de distinguer la forme, ils en verront la couleur.

Vision et reconnaissance de forme

Tout se résume à cette question : le sujet de la perception est-il un système de traitement de l'information ?

Le nerf de notre argument est la distinction entre vision et reconnaissance de forme. Un système de traitement de l'information muni de capteurs sensibles aux différences de longueur d'onde et d'intensité du flux lumineux est capable d'imprimer la phrase « je vois du jaune », ou de faire apparaître sur un écran une couleur que nous percevons comme jaune, ou de se comporter comme le prévoit son programme quand son capteur détecte une tache jaune. En revanche, un système de traitement de l'information, quelle que soit son incarnation particulière, est incapable d'avoir la sensation du jaune, de la goûter dans ce qu'elle a de spécifique. En un mot, il est incapable de *voir* du jaune ou du vert bien qu'il puisse les reconnaître.

Dans la quasi-totalité des situations dont le contexte est opératoire, où s'il s'agit de transmettre des informations (ce qui revient au même), la différence entre vision et reconnaissance de forme n'est absolument pas pertinente. Si un daltonien total avait la possibilité de lire le nom des couleurs sur les surfaces ou de les déduire d'indices divers, nous ne nous en apercevrions sans doute jamais et ses performances n'en souffriraient pas : il serait capable de reconnaître un feu orange, de distinguer des autres un tournevis beige, un drapeau jaune, etc. Seulement voilà, il n'aurait jamais *vu* de couleurs. Sachant reconnaître la couleur des objets, il vivrait cependant dans un monde incolore. On conviendra que l'identité des comportements apparents ne constitue pas la preuve d'une similitude de sensations.

Si l'on prétend qu'un système calculateur n'a pour fin que de simuler la *performance* finale de l'être humain sans employer les mêmes moyens que lui, nous répondrons que cela est certainement souvent possible. Il ne faudrait cependant pas réduire la perception à un simple moyen au service de la reconnaissance de forme, seule opérationnelle, car la sensation possède une dimension essentielle de gratuité.

Mais si l'on prétend que l'être humain n'est qu'un système

calculateur, nous demandons alors comment un mécanisme pourrait goûter les qualités sensibles.

Le niveau neuronal

Examinons pour commencer le niveau neuronal. John von Neumann fut le premier à dresser l'inventaire systématique des différences entre les calculatrices fabriquées de main d'homme et la machine naturelle du système nerveux : dimensions analogiques du fonctionnement du cerveau, logique probabiliste nécessairement à l'œuvre pour compenser la faible fiabilité des neurones, redondance des connections, délocalisation des fonctions, parallélisme des calculs, etc. Bien que n'appartenant pas au même genre que l'ordinateur, le cerveau est cependant un automate.

Jean-Pierre Changeux, dans *l'Homme neuronal*, souligne que l'auto-organisation et l'absence d'une distinction nette entre logiciel et matériel sont des caractéristiques propres du cerveau qui le distinguent d'un ordinateur. Cela ne signifie pas que le cerveau n'est pas une machine mais qu'il est une machine différente. Changeux emploie couramment le terme de *machine cérébrale*, celle-ci effectuant des *calculs* sur les objets qu'elle traite (il y a même un calcul des émotions). Le vocabulaire du câblage, des graphes, de l'algèbre combinatoire, des tests et des comparaisons employé au chapitre 5 de *l'Homme neuronal* ne dépayserait pas un informaticien. Le cerveau, à l'échelle des connections et des communications entre neurones, est un système de traitement de l'information. C'est cette dernière hypothèse que retiennent les nombreux chercheurs qui tentent de mettre en algorithme ou de simuler par ordinateur certains segments du mécanisme neuronal (vision, audition, etc.).

Comment un tel système de traitement de l'information peut-il percevoir les couleurs ?

Rappelons que les signaux transmis à l'intérieur du système nerveux, les impulsions électriques qui franchissent les synapses, sont relativement homogènes. Les signaux en provenance des oreilles ou des yeux sont semblables, bien que le son et la couleur soient dissemblables. Les éléments de base, les neurones, sont également des reproductions, à de petites variations près, de quelques modèles fondamentaux. Nous sommes donc en présence de messages codés dans un alphabet restreint qui transitent dans un réseau dont les nœuds sont des opérateurs de même nature. Il n'y a évidemment pas d'impulsions jaunes ou vertes ni de neurones du bleu ou du rouge.

Pour reconnaître *la même couleur* à partir d'états d'excitation totalement *différents* des cent millions de capteurs sensoriels de la rétine, le cortex visuel doit se livrer, sur l'énorme quantité d'information qui lui parvient des cônes et des bâtonnets, à des calculs d'une extraordinaire complexité. L'essence de la reconnaissance de forme est le calcul d'invariant. Identifier la couleur jaune dans des conditions changeantes de localisation et d'éclairage demande à notre cerveau d'abstraire le noyau invariant de la blondeur d'un flux de messages en perpétuelle mutation qui, comme le fleuve d'Héraclite, n'est jamais deux fois identique. La reconnaissance d'une couleur n'est pas un processus immédiat, directement fonction de la longueur d'onde moyenne du flux lumineux qui vient frapper la rétine, mais résulte au contraire d'un calcul sophistiqué effectué sur l'équivalent d'une matrice de cent millions de chiffres. Pourtant, si la reconnaissance de forme par un système de traitement de l'information est ainsi concevable, il en est tout autrement de la vision proprement dite.

Neurones, assemblées de neurones

En effet, qui *voit* la couleur de la topaze dans ce système ? Ce n'est certes pas un neurone : un neurone est dans certains états d'excitation électrique et il est connecté à d'autres neurones, c'est tout ce que nous pouvons en dire à l'échelle où nous nous sommes placés.

Une assemblée de neurones, terme que nous empruntons à Changeux, peut être dite interconnectée de telle manière, réunie au reste du réseau neuronal d'une façon déterminée et affectée d'un certain état d'excitation électrique (le nombre d'états d'excitation possible est le produit du nombre d'états possibles de chaque neurone). Admettons par hypothèse qu'une assemblée de neurones se trouve dans un certain état lorsque l'œil est frappé par la bande médiane du spectre visible de décomposition de la lumière solaire. On constatera dans ce cas la concomitance de deux phénomènes physiques : un faisceau lumineux dont la longueur d'onde moyenne se situe autour de 580 nanomètres frappe la rétine ; après un processus de calcul neuronal compliqué, une certaine assemblée de neurones se trouve dans un état x. On ne comprend pas dans cet enchaînement physique d'où peuvent sortir l'ocre et le safran. *La couleur n'est pas dans le monde extérieur qui ne connaît que des différences de longueur d'ondes, elle n'est pas dans la machine neuronale qui ne connaît que des graphes de connexion ou des états d'excitation incolores.* Si l'on passe au niveau du cortex visuel dans son ensemble ou même de la totalité du système nerveux central, le raisonnement sera exactement le même, nous aurons simplement à tenir compte d'une complication topologique et d'un nombre d'états possibles du système beaucoup plus grands.

Dynamiques

Pour essayer de sortir de cette impasse tout en restant à l'intérieur du paradigme calculatoire, on peut tenter de faire intervenir une description plus complexe. Il est possible par exemple de considérer non plus les états de l'automate neuronal mais ses dynamiques : l'invariant sera représenté alors par un ensemble d'attracteurs, de cycles limites ou de valeurs propres de la fonction calculée par le réseau (un cycle limite est un attracteur constitué d'une série d'états que l'automate parcourt périodiquement). Ces raffinements mis à l'honneur par ce qu'il est convenu d'appeler l'école néoconnexioniste ne sont pas propres à satisfaire à notre question. Dans un réseau d'automates dont le cycle limite dessine une forme, il n'y a jamais de forme que pour un regard extérieur. A l'intérieur, l'automate n° p est à l'état 1, l'automate $p + 1$ est à l'état 0, etc., jusqu'à $p + n = q$, le nombre total d'automates. On dira que l'ensemble du réseau est lui-même un automate. D'un point de vue logique, cela signifie (à supposer que chacun des automates de base n'ait que deux états) qu'il y a 2^q états possibles du grand automate. C'est nous qui ferons correspondre à certains de ces états ou à certaines de leurs successions « auto-organisées » une signification particulière, qui peut être par exemple la vision du vert ou du bleu. Rigoureusement parlant l'automate ne *voit* rien.

Parallélisme

Au cours d'un calcul dit séquentiel, les opérations sur les données se succèdent une par une dans un ordre strict. La plupart des ordinateurs fonctionnent séquentiellement. Au contraire, dans un calcul en parallèle, plusieurs opérations se déroulent *simultanément*. Si le réseau neuronal devait être considéré comme un système de traitement de l'information, ce serait évidemment une machine parallèle. Mais le parallélisme des calculs n'est pas plus apte à résoudre notre problème que leur aspect dynamique. En fait, si le parallélisme est une disposition de l'automate qui augmente dans des proportions parfois astronomiques la vitesse de certains calculs, il ne modifie pas fondamentalement ses propriétés logiques qui restent celles des machines de Turing, à certaines variantes près, non pertinentes pour la question discutée ici.

La plupart des réseaux de calcul parallèle actuellement étudiés sont simulés sur des machines séquentielles. Si le parallélisme du cerveau en faisait une machine radicalement différente des autres systèmes calculateurs connus, capable par exemple en vertu de cette différence de percevoir l'or d'une jonquille, il devrait être impossible de le réduire à un programme séquentiel. Dans ce cas, *ce ne serait pas un système de traitement de l'information*, car on ne pourrait en donner une représentation en forme de machine de Turing ni le simuler sur ordinateur.

A ce point de notre discussion, il n'y a plus d'échappatoire pour le paradigme du calcul, s'il veut rendre compte de la vision des couleurs, qu'en quittant le strict plan de la machinerie neuronale, que celui-ci soit considéré directement, simulé par des algorithmes ou approché par des réseaux d'automates.

Émergence

Une première façon de dépasser le niveau neuronal serait de faire appel à la notion d'émergence au sens où le tout est plus que la somme des parties. Qu'y a-t-il de plus dans la dynamique d'un réseau neuronal ou d'un automate cellulaire que dans un seul neurone ou une cellule isolée ? Essentiellement un nombre astronomiquement plus grand d'états possibles, et une dynamique beaucoup plus complexe avec des zones d'équilibres oscillants, des régularités, des processus circulaires en feed-back produisant toutes les apparences d'un comportement finalisé. Un des caractères possibles les plus intéressants de cette dynamique est l'*irréductibilité*. Rappelons qu'on parle d'irréductibilité quand aucune loi ne permet de décrire le comportement d'un automate, sinon l'enregistrement pas à pas de toutes ses opérations. Autrement dit, étant donné l'état de l'automate à l'instant t, la seule façon de connaître son état à l'instant t + n est d'observer sa dynamique entre les instants t et t + n. Le comportement d'une machine à calculer peut donc être imprévisible. Mais il est évident que ni l'augmentation du nombre d'états possibles ni l'irréductibilité n'ouvrent un espace au blond d'une chevelure ou au plumage éclatant du canari. Même un calcul imprévisible, infini ou infiniment circulaire mettant en jeu un nombre infini d'états n'atteindrait jamais qu'un infini dans l'ordre de la combinatoire d'états et de signaux incolores, et ne pourrait donc produire de jaune. Toute autre conception de l'émergence sortirait du paradigme du calcul.

Une théologie turingienne

Une deuxième façon de dépasser le niveau neuronal est d'imaginer un parallélisme entre celui-ci et le plan proprement psychique où se situerait l'expérience de la perception. Dans ce cas, on identifie le mécanisme neuronal à une manifestation corporelle et la perception à un phénomène d'ordre psychologique. Nous nous trouvons alors devant le problème bien connu de l'union de l'âme et du corps. Comme il est impossible de déduire ou de produire de la perception à partir d'un mécanisme physique, on est obligé de supposer que la pensée et l'étendue sont des régions hétérogènes de la réalité dans lesquelles les chaînes d'opérations du mécanisme peuvent respectivement se déployer mais non passer de l'une à l'autre.

Si l'on ne se contente pas de la glande pinéale cartésienne, on constate que les plus grands philosophes du XVIIe siècle qui se sont attelés à ce problème n'ont trouvé de solution qu'en faisant intervenir un Dieu à l'entendement infini ; soit que la pensée et l'étendue se révèlent être des attributs de la même substance divine comme chez Spinoza, soit qu'une harmonie préétablie assure la correspondance depuis le commencement des temps comme chez Leibniz, soit enfin que Dieu organise continuellement l'adéquation des mouvements des âmes et des corps comme le pensait Malebranche. Que cette correspondance se fasse en Dieu ou par son intervention, pouvons-nous imaginer un modèle de son opération *dans les termes du mécanisme turingien* ? Il faut d'abord supposer que la numérisation des états d'âme soit légitime (ce qui est d'ailleurs l'hypothèse de Turing dans son article de 1937). Il faut ensuite considérer que l'univers physique est une immense machine de Turing et qu'à certains enchaînements d'états de cette machine correspondent des états mentaux.

Symétriquement, les âmes doivent être des machines de Turing et à tous les enchaînements d'états de ces âmes correspondent des enchaînements d'états de la machine physique. La correspondance serait assurée par un automate incorporel (Dieu). Ici plusieurs cas sont possibles, je n'en mentionne que deux pour donner une idée du type de questions impliqué par une théologie turingienne :

— Dieu possède déjà dans son programme une description de tous les états de la machine physique et des machines mentales avec leurs correspondances ; cela suppose un programme infini puisque la plupart des processus physiques sont irréductibles ;

— à partir de leurs états initiaux (?), Dieu simule les évolutions des machines mentales et de la mégamachine physique plus vite que leur déroulement effectif et coordonne l'étendue et la pensée suivant des principes à nous inconnus...

Il est inutile de poursuivre plus loin l'esquisse de cette théologie mécanique. Le simple problème de la description de l'ensemble de l'univers physique (dans quel langage, à quelle échelle, etc.) est déjà insurmontable.

Lorsque Changeux proclame l'*identité* entre états mentaux et états physiologiques du cerveau, il ne semble pas s'être avisé de toute l'étendue de la difficulté et n'explique pas comment une même médaille peut avoir deux faces aussi dissemblables et radicalement incommensurables.

Faisons le point : il est impossible de faire émerger la perception de la machinerie neuronale. Si l'on imagine un parallélisme strict entre mécanisme nerveux et mécanisme mental, alors de deux choses l'une : ou l'on admet l'hypothèse délirante d'un ordinateur infini qui assure la correspondance de l'âme et du corps, ou l'on reconnaît qu'il est impossible de rendre compte du parallélisme en termes mécaniques.

Les états mentaux, indépendamment de leur substrat biologique

Il existe une troisième façon de sortir de l'impasse où nous sommes pour expliquer la perception à partir de réseaux neuronaux, et c'est tout simplement de considérer directement les états mentaux *indépendamment* des calculs neuronaux. C'est dans cette perspective que se situent la plupart des travaux actuellement menés en psychologie cognitive et en intelligence artificielle.

Le rapport entre le cerveau et le psychisme peut être pensé de trois façons différentes :

— le système nerveux est une machine universelle qui *simule* le système psychique à la façon dont un ordinateur ou un langage de programmation peut en simuler un autre ;

— le cerveau est analogue au soubassement technologique d'une machine de Turing (états physiques) tandis que l'esprit représente le niveau proprement informationnel de la machine (états logiques) ;

— les rapports entre le cerveau et la sphère de l'expérience psychique restent indéterminés.

Dans les trois cas notre questionnement restera identique.

Sans nous soucier plus longtemps de son articulation avec le niveau neuronal, considérons donc le psychisme humain comme une machine de Turing et posons la question : une machine de Turing peut-elle voir la couleur des blés mûrs ? Supposons que la machine imprime « jaune » quand elle a reconnu sur le ruban une structure de données particulière (on peut interpréter ces données comme des longueurs d'ondes). Les cinq caractères qui composent le mot, placés les uns à la suite des autres, sont le résultat correct du calcul. Il est bien évident que puisque l'alphabet choisi ne comporte que des chiffres ou des lettres, ou tout autre symbolisme incolore, on peut dire à bon droit que la machine est parvenue au résultat « jaune » mais non qu'elle a *vu* du jaune. Le même raisonnement s'applique si on identifie la vision du jaune à un état interne de la machine (une ligne déterminée de son tableau d'instruction), ou à la configuration d'ensemble de celle-ci, ou à un enchaînement particulier d'états.

Envisageons pour parer à cet argument un symbolisme à base de taches colorées. La machine imprime « j'ai vu du jaune », ou bien imprime une tache jaune après que sa tête de lecture a été devant une case portant une tache jaune. Dans ce cas, le mécanisme aura reconnu l'identité entre le symbole qui figurait sur la case devant laquelle se trouvait sa tête de lecture et celui qui figurait dans son tableau d'instruction. On pourrait remplacer la tache jaune par une verte ou une bleue sans rien changer au fonctionnement de la machine, comme on aurait pu lui faire écrire « XYZ » ou « ODEUR DE FRITURE » au lieu de « j'ai vu du jaune ». Or le jaune, celui que nous voyons sur un citron, n'est pas un symbole arbitraire que l'on puisse remplacer par n'importe quel autre, car justement le jaune n'est ni le bleu, ni le chiffre cinq, ni une série de bâtonnets. Le *mot* « jaune » peut être traduit ou codé mais la *vision* du jaune n'est pas d'ordre linguistique.

On a le droit de faire correspondre l'expérience du cuivré à l'état d'une machine de Turing, on n'aura pas donné pour autant une explication mécanique de la sensation ni engendré celle-ci par un algorithme : on sera dans l'ordre de l'interprétation d'un système formel et non dans celui de son fonctionnement.

Qui voit donc trembler dans la lumière la poudre d'or du mimosa ? Ce ne sera ni cette machine ni une autre, mais quelque chose d'autre qu'une machine.

Des opérations aux images

Aucun *mécanisme* ne réunit l'onde lumineuse qui vient frapper la rétine à la couleur que nous sentons. Il y a bien une correspondance entre l'excitation de certains neurones et la sensation de rouge, par exemple, mais on ne comprend pas comment cette excitation *produit* la sensation, comme une chaîne d'excitations nerveuses provoque la contraction d'un muscle. Dans ce dernier cas, on peut exhiber une causalité locale sans interruption et suivre le processus électrochimique d'un bout à l'autre. Cela n'est possible que parce que l'action musculaire appartient à l'ordre des opérations, contrairement à la sensation. Une informatique du sujet n'explique pas la représentation puisque, par hypothèse, elle ne dispose que d'actions. Tout le problème est de passer des opérations aux images. Est-ce la récursion infinie des calculs dans un réseau considéré comme clos qui finit par faire émerger les qualités sensibles ? Mais ni la circularité ni le passage à la limite vers l'infini ne réussissent à métamorphoser des opérations en images.

Dissipons un dernier malentendu possible : les perceptions conscientes ne se distinguent pas des mécanismes neuronaux par une simple différence d'échelle. La sensation n'est ni « macroscopique » ni « globale ». Elle n'est pas l'effet d'un mécanisme vu de loin ou pris en gros. On ne peut lui assigner une place le long d'une échelle graduée des ordres de grandeurs, car c'est la perception, au contraire, qui institue cette échelle et par quoi prennent sens local et global, microscopique et macroscopique.

L'institution du monde

Notre examen du cas de la couleur aurait pu porter indifféremment sur n'importe quelle qualité sensible dans les domaines respectifs du goût, de l'ouïe, de l'odorat et du toucher. Le raisonnement concerne en définitive la perception en tant que telle, au sens fort qu'on lui donne ici, distinct de la reconnaissance de forme.

Bien qu'une description computationnelle de l'homme puisse être pertinente sous certains rapports ou sur certains segments limités, l'être humain n'est pas un système de traitement de l'information parce qu'il incarne un monde parfumé, sonore et coloré.

On peut estimer que la sensation n'appartient pas à la cognition. Cela signifierait que l'homme n'est connaissant que dans la mesure où il calcule. Plus profondément, cette position entérinerait totalement la réduction du réel à l'opératoire — en cours dans l'imaginaire social contemporain. Ce qui n'a pas d'output ne peut plus être pris en considération ; or, si l'on veut absolument exprimer la perception dans le vocabulaire des opérations et des résultats, on est obligé d'engendrer des monstres sémantiques comme « output intérieur ». Il vaut mieux reconnaître franchement que le lieu de la perception est une intériorité absolue inaccessible, tant sur le plan de la description que de la réalisation, à toute mécanisation. La merveille est que cette intériorité absolue est aussi ce qui institue l'extériorité du monde sensible que nous habitons, car nous ne vivons pas au milieu de longueurs d'ondes, de compositions chimiques ni de variations de la pression atmosphérique, mais parmi les sons, les odeurs et les jeux changeants de la lumière. De façon encore plus radicale, exclure la perception de la cognition reviendrait à purger celle-ci de toute contemplation, de toute *theôria*. On aurait ainsi une mémoire — simple trace présente et effective du passé, un raisonnement —, simple succession réglée de symboles physiques, etc., sans personne pour se souvenir ni penser. La cognition deviendrait, devient, est peut-être déjà sans retour possible un processus efficace, formalisable, transmissible, universalisable, aveugle.

S'il y a des mécanismes cognitifs, je prétends que ceux-ci ne sont cognitifs qu'à condition de se dérouler sous un regard ou d'être accueillis dans une écoute que j'ai tenté de cerner sous le nom de perception.

La perception n'est pas seulement le redoublement, ou l'effet de miroir, fût-il infini, d'une conscience spéculaire. La perception possède la fabuleuse puissance d'instituer un monde, avec la richesse inépuisable de ses qualités sensibles et la complexité proliférant sans fin de ses significations ; seulement ce monde, comme sa source, se dérobe à l'effectivité du calcul et des opérations, il est d'un autre ordre.

Qui voit ?

Ici encore, comme dans le cas de la mémoire, l'unité du sujet percevant ne peut être identifiée à une organisation, à une relation fonctionnelle entre éléments. Un système de régulation, même d'une extrême complexité, même circulaire, polybouclé ou auto-organisateur, n'arrive jamais à construire d'autre unité que fonctionnelle.

La majeure partie de la tradition philosophique occidentale

accorde au sujet connaissant une unité qui transcende la fonction. Particulièrement éclairantes à cet égard sont les thèses de Descartes et Leibniz — le premier parce qu'il fut le véritable instaurateur du mécanisme moderne, le second parce qu'il en a été le plus profond penseur.

Un dispositif compliqué où de petits éléments imbriqués les uns dans les autres se transmettent du mouvement, un réseau de canaux où des différences de pression organisent la circulation des fluides, un entrelacs de fils dont la traction peut déclencher l'ouverture de valves et de clapets, voilà comment Descartes peignait le corps. C'est justement pourquoi il devait supposer une substance incorporelle afin de rendre compte de la pensée (qui comprenait aussi bien le raisonnement que la volonté et la sensation consciente).

L'unité du corps résulte d'un assemblage provisoire de pièces et de parties, elle est soumise aux tourbillons incessants qui meuvent la substance étendue, elle ne possède pas de véritable autonomie. L'unité de l'âme est d'une tout autre nature.

Comment Descartes concevait-il la perception des couleurs ? « Lorsque nous disons à quelqu'un que nous apercevons des couleurs dans les objets [...], il en est de même que si nous lui disions que nous apercevons en ces objets je ne sais quoi dont nous ignorons la nature, mais qui cause pourtant en nous un certain sentiment fort clair et manifeste qu'on nomme le sentiment des couleurs » (*Principes de la philosophie*, Ire partie, § 70). « Qui cause pourtant en *nous* un sentiment fort clair... » Qui « nous » ? Notre âme, évidemment. La couleur n'appartient pas à la substance étendue, c'est-à-dire à l'ordre du mécanisme. Sans doute un mécanisme déclenche-t-il le sentiment des couleurs, mais il le provoque *dans la substance pensante*.

Par ses études sur la numération binaire et l'art combinatoire, ses projets de caractéristique universelle et sa construction de la machine à calculer effectuant les quatre opérations, Leibniz est sans contestation possible le grand ancêtre de l'informatique. Or, pour lui, le mécanisme n'était que l'aspect extérieur des choses et c'est notamment devant le problème de la perception qu'il fut amené à conclure à la nature métaphysique de l'ultime réalité. « On est obligé d'ailleurs de confesser que la *perception* et ce qui en dépend est inexplicable par des raisons mécaniques, c'est-à-dire par les figures et par les mouvements. Et feignant qu'il y ait une Machine, dont la structure fasse penser, sentir, avoir perception, on pourra la concevoir agrandie en conservant les mêmes proportions, en sorte qu'on puisse y entrer, comme dans un moulin. Et cela posé, on ne trouvera en la visitant au-dedans que des pièces qui poussent les unes les autres et jamais de quoi expliquer une perception » (*Monadologie*, § 17). C'est d'une unité substantielle et non simplement structurale que le sujet de la perception devait tenir son être. Leibniz construisit donc un admirable système philosophique où l'*harmonie préétablie* régit l'évolution des monades, unités métaphysiques « sans portes ni fenêtres ». « Toute substance est comme un monde entier et comme un miroir de Dieu ou bien de tout l'univers, qu'elle exprime à sa façon à peu près comme une même ville est diversement représentée selon les différentes situations de celui qui la regarde. Ainsi l'univers est en quelque façon multiplié autant de fois qu'il y a de substances, et la gloire de Dieu est redoublée par autant de représentations toutes différentes de son ouvrage » (*Discours de métaphysique*, § 9).

Sans doute ne pouvons-nous plus, en cette fin du XXe siècle, adhérer au dualisme cartésien ni au système de Leibniz. Comment rendre compte de l'union de l'âme et du corps ? Comment accepter une harmonie préétablie par Dieu dans une explication rationnelle ? Mais nous devons retenir que les meilleurs penseurs du mécanisme en avaient indiqué les limites. L'explication mécaniste s'arrête devant l'unité non fonctionnelle du sujet pensant ; et cette difficulté ne tient ni à des préjugés religieux ni à des raisons théologiques.

Pourra-t-on désigner scientifiquement celui qui perçoit, celui pour qui le monde existe ? Nous pouvons décrire exactement la manière dont le flux photonique tombe des étoiles, on ne sait pas encore comment la lumière jaillit du regard.

PENSER

Comme un rêve qu'on oublie au réveil, comme une trace d'humidité qui sèche au soleil, une intuition très vague, presque ineffable, est sur le point de s'échapper. L'idée fugace, insaisissable, nous préférons l'oublier, par paresse, négligeant d'y attacher de l'importance. Et pourtant, si nous avions retenu le signe évanescent entr'aperçu dans les lointains de la pensée, si nous l'avions nourri, embelli, fait croître généreusement, notre vie en eût peut-être été transformée.

Une métaphore inattendue, un soupçon, un malaise infime de l'esprit peuvent réorganiser à la longue le sens de toutes choses. Qu'une idée s'empare de nous et la réalité se met à trembler, tourne autour d'un axe invisible et nous découvrons un autre monde.

La puissance d'une pensée est à proportion de sa neutralité, c'est-à-dire de sa capacité à s'extraire des dualités et des découpages institués qu'elle rencontre sur son chemin.

Penser : inventer de nouvelles distinctions, des indices neufs à partir de quoi reconstituer le réel, poser d'autres axiomes, modifier ses perceptions, voir soudain sous la tache aveugle, écouter un message où nul n'avait jamais entendu que du bruit, faire surgir de nouveaux sens.

La pensée musicale se meut au royaume des sons, la pensée picturale évolue dans l'espace et la lumière. Il est des pensées du corps dansant, du corps sentant, du corps aimant. Elles ont chacune en commun la pesée de toutes les forces vitales sur la pointe aiguë de l'instant, l'effort désespéré pour s'arracher à l'engrenage aveugle du passé, la soif inextinguible de cet inconnu qui afflue du monde par tous les pores de notre peau, mais aussi le désir brûlant d'atteindre l'éternelle perfection qui nous hante, nous obsède et nous appelle sans que nous en ayons jamais pleinement joui, même en songe : la beauté.

La pensée n'est qu'un autre nom de l'éveil, bien qu'elle émerge du plus obscur de la chair, du sommeil et du rêve.

C'est mener trop loin l'opérationnalisme scientifique que d'identifier la pensée à quelque performance linguistique ou motrice. Lorsqu'on dénomme sérieusement « intelligence » une collection de programmes isolables et répétables, l'idéal du laboratoire semble avoir tourné à la manie. Que l'on construise des machines, que l'on teste des hypothèses formelles au sujet de la cognition, que les ingénieurs du concept mettent en algorithmes des compétences de plus en plus étendues, fort bien. Mais de grâce, ne nous figurons pas toucher ainsi au cœur battant de la pensée.

La machine-Aristote

Pour mettre en évidence toute l'absurdité d'une théorie purement mécanique de l'intelligence, imaginons cette expérience : on demande à un des meilleurs experts en physique du IIIe siècle avant Jésus-Christ d'alimenter la base de règles et la base de faits d'un système expert très perfectionné. La machine parviendra-t-elle à découvrir la loi de la gravitation universelle ? Supposons que le spécialiste choisi soit Aristote. Celui-ci posera en principe que les mouvements du monde céleste sont réguliers tandis que ceux du monde sublunaire sont contingents. A l'intérieur du monde sublunaire, il distinguera entre les mouvements violents et naturels. La terre et l'eau sont attirées vers le bas tandis que l'air et le feu montent. La trajectoire d'une flèche ou d'une pierre projetées par un engin balistique se décompose en segments de droite et portions de cercle, etc. Même si les règles peuvent être modifiées par les faits, il est très peu probable que le système incorporant le savoir-faire et les connaissances théoriques d'Aristote arrive jamais à découvrir qu'une force attire chaque pomme vers la terre suivant la formule $F = \frac{MM'}{d^2}$ (M étant la masse de la terre, M' celle de la pomme et d la distance de la pomme au centre de la terre).

Il a fallu vingt siècles pour que les concepts de force et de masse deviennent ce qu'ils sont dans la formule newtonienne. La représentation d'un espace homogène et infini où tous les mouvements sont mathématisables en droit résulte d'une très profonde évolution des mentalités où les facteurs religieux, sociaux, politiques, techniques s'entrelacent inextricablement à la transformation de la pensée scientifique. Les critères mêmes de l'erreur et de la vérité, la sélection de ce qui est pertinent et de ce qui n'a pas d'importance pour une explication rationnelle sont différents chez Aristote et Newton. Leurs faits sont dissemblables parce qu'ils ne vivent pas dans le même monde. C'est un lieu commun de l'épistémologie contemporaine que de souligner à quel point les « faits » sont imprégnés de théorie. Mais si les faits sont à ce point dépendants du regard théorique qui les appréhende, pourquoi les théories changent-elles au lieu de se valider indéfiniment par la réalité qu'elles sécrètent ?

Entre le précepteur d'Alexandre et l'auteur des *Principes mathématiques de philosophie naturelle* se placent deux mille ans de réinterprétation, de réinvention, de redécouverte de la nature et l'immense vague historique de la culture européenne.

On peut prétendre qu'à partir d'une recombinaison des données fournies par Aristote, la machine aurait pu fournir une liste de théories parmi lesquelles se serait trouvée la loi de la gravitation universelle. Mais comment le Stagirite ou son assistant aurait-il pu la singulariser parmi toutes les autres ? Il aurait fallu qu'il ait les mêmes intérêts, la même foi, les mêmes instruments techniques et intellectuels que le philosophe anglais. Si la machine découvrait la loi de Newton, toute l'épaisseur de sang et de rêve de l'histoire pourrait être économisée. Mais la vitesse du calcul est seule accélérée par la machine, non le Temps.

Le Shakespeare-machine

Plusieurs tenants de l'intelligence artificielle croient que le mécanisme, grâce à l'extraordinaire réserve de possibles qu'il contient, peut rendre compte de l'imagination, de la créativité et même de l'apparence de liberté. Une machine est en mesure de nous surprendre. La mémoire d'un ordinateur peut avoir un million d'éléments capables chacun de deux états. Le nombre total d'états globaux que pourrait prendre une telle machine est le produit, et non la somme, des états partiels. La machine considérée comme un tout a donc à peu près $2^{1\,000\,000}$ états possibles, ce qui donne un « 1 » suivi de trois cent mille zéros. A la vitesse actuelle des ordinateurs, la durée d'existence de l'univers ne serait presque rien comparée à celle d'un voyage à travers un tel cycle. Mais cette puissance presque infinie d'une machine banale, qui est censée mettre en évidence les potentialités illimitées du mécanisme, ne montre en réalité que celle des nombres et de la combinatoire.

Lorsqu'on exhibe les quantités d'états faramineuses qu'une machine peut atteindre pour suggérer qu'elle recèle intelligence et créativité, ne confond-on pas machine à écrire et machine écrivante ? N'est-ce pas comme si l'on disait que Platon, Shakespeare ou Newton sont « contenus » dans un stylo et un livre d'encre ? Certes, en un sens ils le sont, mais d'une manière tout à fait inessentielle.

L'éternité d'un singe dactylographe produira peut-être les œuvres complètes de Shakespeare, et l'on ne se donne là pourtant qu'une source d'énergie et une machine à cinquante états. Mais nous serions alors soumis à la nécessité de construire une seconde machine capable de reconnaître les œuvres de Shakespeare dans le listing infini. Ce programme comparerait-il les textes lus à *Roméo et Juliette* ou au *Roi Lear* qu'il posséderait en mémoire ? Évidemment non, car ce serait supposer la solution déjà trouvée. Notre Shakespeare-machine doit reconnaître *Macbeth*, mais *sans l'avoir jamais lu.*

Sans doute une machine de Turing est-elle plus complexe qu'une machine à écrire. Il devrait être possible de la programmer non seulement pour qu'elle combine toutes les suites possibles de caractères mais même pour qu'elle ne produise que des phrases correctes en anglais. Dans ce cas nous serions encore obligés de concevoir une Shakespeare-machine ne disposant pas de l'enregistrement de ses propres œuvres et cependant capable de les reconnaître sur le listing de toutes les phrases anglaises.

Nous pouvons aider notre machine en lui fournissant les règles de la tragédie et de la comédie, les lois de la versification, etc. Un nouveau pas serait franchi si nous lui communiquions la trame des pièces et le nom des personnages. Mais au fur et à mesure que nous nous rapprocherions d'une description parfaite de l'œuvre de Shakespeare de façon à distinguer les textes originaux des variantes les plus proches, nous nous rapprocherions d'un énoncé pur et simple de l'œuvre elle-même.

Nous retrouvons là un des thèmes principaux de la théorie de. la complexité. Rappelons qu'on peut établir une isomorphie entre n'importe quelle structure discrète et une suite de chiffres. Les résultats valant pour les suites numériques valent donc aussi pour tous les types de systèmes discontinus imaginables, tous les « arrangements » comme, par exemple, un texte.

Une suite est absolument aléatoire si elle est « incompressible », autrement dit s'il n'existe pas d'algorithmes capables de l'engendrer qui soient plus petits que cette suite. Quand il est impossible de faire calculer une suite par un ordinateur à partir d'un programme contenant moins de bits que la suite, alors cette suite est aléatoire. La complexité d'une séquence de chiffres (d'une suite) est fonction du nombre de bits du *programme minimal* capable de l'engendrer. Par exemple, le programme minimal « répétez 0 1 un milliard de fois » engendre ou décrit une suite extrêmement longue mais d'une faible complexité. S'il n'y avait d'autre solution que d'énoncer intégralement la suite pour la décrire, sa complexité (et son caractère aléatoire) serait maximale. Le programme minimal condense toute l'information contenue dans la séquence de chiffres. Ce programme minimal ne peut être engendré par un programme plus petit qui condenserait encore les informations qu'il contient, puisqu'il est justement minimal. Le programme minimal capable d'engendrer une suite (ou la « description » la plus courte d'un « arrangement ») est la quintessence de l'information portée par la suite, de sa complexité. Il est donc nécessairement aléatoire puisqu'il coïncide avec le programme capable de l'engendrer. Ce programme minimal permet de mesurer la complexité de la suite qu'il calcule, ou de l'arrangement que code la suite. Il représente le résidu d'aléatoire incompressible, le fragment de contingence abrité par toute structure discrète.

Aucun algorithme ne peut engendrer *le Songe d'une nuit d'été* car cette comédie est précisément un de ces « programmes minimaux », une de ces « plus courtes descriptions » dont aucun algorithme ne parvient à condenser l'information de manière plus compacte. *Othello* est aléatoire.

En considérant métaphoriquement les œuvres de Shakespeare comme un immense programme, on verrait qu'elles ont été capables de « calculer » une multitude innombrable de représentations, d'interprétations, de

traductions, d'adaptations, de commentaires, etc., qui prouvent la puissance du Shakespeare-programme. Mais, la source du Shakespeare-programme n'est pas une machine. Aucune description plus courte que lui-même ne pouvait l'engendrer. Le calcul ne remonte pas au-delà.

L'intelligence ne gît pas dans la quantité illimitée des possibles, elle accompagne leur sélection. Mieux, la pensée institue des univers de possibilités, elle fait surgir d'imprévisibles réseaux de pertinence.

Il est une puissance capable d'engendrer des textes tout à la fois aléatoires et pleins de sens, incalculables mais gros d'une extraordinaire puissance de calcul. On pourrait nommer langage cette source transcendante. Non l'objet de la linguistique mais un *logos* anonyme, une même et intarissable voix derrière les masques de l'histoire, un souffle au gré de qui se lèvent ou vont mourir des armées de mots, d'hommes et de dieux.

LANGAGE ET CALCUL

Si la solution de problèmes ressortit souvent au domaine du calcul, la position des questions lui échappe. Le temps des problématiques diffère de celui des solutions, il excède la combinatoire mécanique des machines.

Identifions la région des problèmes à celle du transcendantal : le problème qui s'est emparé de nous structure le monde perçu et calculé dans lequel nous agissons. Une question ouvre un champ de phénomènes ou d'expériences et le calcul peut alors s'y déployer. Mais le problème lui-même reste hors de la détermination du calcul.

Le temps des faits se déroule à l'intérieur d'une problématique tandis que le passage d'un monde à l'autre scande une temporalité d'un autre ordre. Suivant Heidegger, appelons *historique* le temps de l'effectivité ou du calcul au sein du domaine commandé par un même transcendantal, et *historial* celui de la modification des problématiques.

— l'historial désigne le mode d'altération de la région transcendantale, les choix successifs entre les mondes possibles ;

— l'historique décrit l'enchaînement des opérations à l'intérieur d'un monde choisi.

Mais cette dernière formalisation de la différence des temporalités est incorrecte : le transcendantal est proprement insélectionnable, indéterminable, puisqu'il ne préexiste pas à son avènement. Une problématique, avant qu'elle ne projette effectivement un monde pour les sujets qu'elle informe, est rigoureusement impossible, car elle n'est contenue dans aucune énumération, fût-elle infinie, et n'est déterminable à partir d'aucune combinatoire d'éléments simples.

L'historial gît dans l'écart entre les diverses manières d'interroger l'être. Il donne à penser la coexistence des impossibles, le temps de l'incalculable. L'historique, en revanche, indique la dimension du temps selon laquelle s'entredéterminent les événements et où l'impossible n'advient jamais.

A une coupe instantanée de l'historial correspond le déroulement complet de tout un historique. Chaque seconde de l'histoire des transcendantaux implique la saisie d'une éternité phénoménale. C'est ainsi que certains chroniqueurs du haut Moyen Age, en racontant l'histoire universelle, renseignent d'abord le lecteur moderne sur la culture monastique du IXe siècle.

La distinction entre historique et historial est purement conceptuelle ou logique. En fait, le calculable et l'incalculable sont inextricablement entrelacés, mélangés comme les rationnels et les irrationnels dans le continu des réels. Les différentes temporalités sont non seulement enchevêtrées, mais elles admettent encore des degrés. Il y a des transcendantaux propres aux espèces vivantes, des imaginaires instituant de grandes civilisations, des problématiques liées à une époque, des découpages du monde spécifiques à des langues. Au plan de l'individu, on trouvera encore un inconscient ou un « cerveau droit », émotionnel, déterminant son appréhension de ce qui l'entoure, et l'on pourrait encore descendre plus bas ou adopter des classements transversaux.

Or, la biologie computationnelle et le cognitivisme calculatoire se donnent des transcendantaux en forme de machine à calculer. L'erreur de Kant a sans doute été d'éterniser son sujet transcendental alors que celui-ci ne correspondait qu'au monde phénoménal newtonien. Sous ce rapport, le kantisme est le retentissement de la science classique dans la philosophie. De la même façon, le paradigme du calcul est l'écho dans la recherche contemporaine de la découverte de Turing et plus généralement du développement de l'informatique. Mais, alors que chez Kant n'étaient newtoniens que les *phénomènes*, dans le nouveau paradigme ce sont les *sujets transcendantaux*, les sources des mondes, qui deviennent informatiques.

Il ne s'agit donc pas seulement de la représentation scientiste d'un monde calculable mais d'une métaphysique postulant au monde un fondement calculateur. On passe aisément de l'une à l'autre car, si la représentation est calculable, ce par quoi il y a de la représentation semble tout naturellement calculer. Mais on peut suspecter la légitimité de ce passage. En considérant la source de la représentation comme une machine à calculer, on objective le sujet, *on traite le transcendantal comme de l'empirique*.

Lorsqu'on explique par le menu comment certaines propriétés de l'espace visuel de l'homme ou de la grenouille sont calculées par telle ou telle couche déterminée de son réseau neuronal, on traite exactement le transcendantal comme de l'empirique. On observe, on reconstruit, on modifie même ce réseau neuronal en déterminant (en calculant !) du même coup une modification du monde de la grenouille. La commande fine des états d'âme par des molécules de synthèse et la création directe de nouvelles espèces par le génie génétique relèvent de la même tendance lourde : c'est ce par quoi il y a du sens qui entre dans le champ de l'opératoire. Langage et calcul ont inversé leurs relations. Désormais le calcul gouverne la transcendance.

8

La mutation anthropologique

La rapidité, la souplesse, l'énorme capacité de stockage et de traitement offertes par l'outil informatique en ont fait l'instrument majeur de l'administration des hommes et des biens. La circulation et l'usage des informations stratégiques dans les trois domaines étroitement connectés de l'économie, de la science et des armes reposent entièrement sur les réseaux de téléinformatique qui enserrent la planète en des mailles chaque jour plus étroites. L'ordinateur est un formidable facteur de puissance.

L'automate logique est aussi un opérateur culturel d'une extrême virulence. C'est à l'exploration de ce deuxième aspect de la machine à calculer que ce livre est consacré. La plupart des activités de communication et de cognition sont en voie d'informatisation ou sur le point de l'être. Corrélativement, les modes de représentation et de perception de la réalité se transforment, de nouvelles aptitudes sont requises des hommes de plus en plus nombreux qui vivent et travaillent au contact quotidien des machines.

Pour comprendre l'évolution culturelle liée à l'informatisation, nous avons tenté de renouveler l'analyse traditionnelle en termes d'« impacts » de l'innovation technique sur la société. La métaphore balistique est trompeuse car les ordinateurs ne viennent pas heurter, de l'extérieur, l'institution scolaire, l'entreprise ou la recherche scientifique : ils contribuent à réinstituer autrement ces nœuds sociaux. Les ordinateurs ne se contentent pas de servir l'enseignement, la gestion ou l'imagerie : ils redéfinissent l'apprentissage, le management ou la création d'images.

L'informatique, multiforme et disséminée, appartient à ce dispositif complexe de capteurs, de filtres, de transformateurs, de canaux entrecroisés et de réservoirs par quoi une société crée son monde, se représente elle-même, définit ses critères de jugement et gère ses conflits. L'ordinateur est du côté des agencements instaurateurs d'espace-temps : nouveau rythme des picosecondes, temps réel, outre-mondes simulés, distance abolie pour d'énormes flux d'information dans l'espace utopique des réseaux. Au nombre des appareillages producteurs de formes culturelles, l'ordinateur fonde un type encore inconnu de connaissance et de savoir-faire, il initie de nouvelles relations entre les codes, la matière et l'action. L'automate calculateur appartient sans doute à la région des choses, mais c'est d'abord un de ces dispositifs médiateurs par quoi le social institue les choses et leur usage.

Cet effet d'antériorité, ce rôle de définition du réel redouble quand l'informatique s'empare des arts et des sciences. Les premiers expriment la sensibilité fondamentale qui réunit les membres d'une société. Les secondes sont comme l'intelligence ou l'entendement collectif de l'aire culturelle occidentale. L'informatisation de la création artistique agit donc sur nos sens ou notre esthétique. Celle de la recherche scientifique transforme notre appréhension rationnelle de l'univers. L'ordinateur a pénétré dans l'invisible atelier où l'on fabrique les Idées du Beau et du Vrai que le démiurge platonicien croyait éternelles.

La carrière transcendantale de l'informatique culmine lorsque l'automate logique sert de modèle pour penser les processus physiques, l'activité biologique et la cognition humaine. Être ce par quoi le devenir, la vie et la pensée adviennent, telle est la plus haute destinée à quoi le traitement mécanique de l'information peut prétendre.

La force propre de l'ordinateur ayant été évaluée, nous sommes en droit de nous demander d'où il la tient et à quelle lignée de puissances il se rattache. Quelle signification donner à l'extraordinaire fortune des automates calculateurs, aussi bien dans les pratiques effectives les plus diverses que dans les représentations collectives ? Il est temps d'exposer pour elle-même l'hypothèse dessinée en filigrane au cours des chapitres précédents. L'informatisation générale est l'effet, le signe et le dernier en date des opérateurs d'une mutation anthropologique de grande ampleur. Cette mutation s'articule autour d'un retournement et d'une substitution : l'inversion des rapports de subordination entre langage et calcul ; le recouvrement par l'univers de la multiplicité des anciens mondes.

HISTOIRE ET LANGAGE

Le langage dont il est ici question, répétons-le, n'est pas l'objet qu'étudient les linguistes ni quelque véhicule neutre propre à transmettre efficacement les messages. Un langage est la condition de possibilité d'un monde, il déploie le champ de signification d'où surgissent les événements, il étend la grande plaque imaginaire sur quoi se déroulent et s'enchaînent les faits. Plongés dans les mêmes circonstances, un chasseur-cueilleur du paléolithique, un scribe assyrien, la noble maîtresse d'un troubadour et un agent de change new-yorkais ne feraient certainement pas le même récit à leur communauté d'origine d'une éclipse de soleil, d'une scène d'initiation chamanique ou du décollage d'un avion.

Le transcendantal historique est un cas particulier du langage considéré comme puissance instituante. Il fut reconnu par les philosophies et les historiens européens dès la fin du XVIIIe siècle. Les philosophies de l'histoire de Hegel et d'Auguste Comte, par exemple, sont totalement imprégnées de l'idée que chaque peuple ou chaque période historique se caractérise par une certaine façon d'interpréter la vie ou de lire l'histoire. Toute l'entreprise généalogique de Nietzsche, le sens aigu qu'il avait de l'évolution du « goût », des manières de sentir et de juger suivant les époques témoignent d'une exploration du transcendantal historique. Dans la même ligne, le Bergson des *Deux Sources de la morale et de la religion* invoque les variations historiques d'une émotion profonde « qui se prolonge en élan du côté de la volonté et en représentation explicative du côté de l'intelligence ». L'historial de Heidegger dans la sphère métaphysique, les représentations collectives de Durkheim sur le plan sociologique visent encore la même région instituante. Plus près de nous, la notion de structure en anthropologie, celle de paradigme en histoire des sciences, les « mentalités » étudiées par l'école historique française cherchent aussi à appréhender les cadres de perception et d'intelligibilité qui organisent la prise de groupes humains sur leur réalité. Autant de variations sur la parole inaugurale de Protagoras : « L'homme est la mesure de toutes choses, de ce qui est et de ce qui n'est pas. »

Le mode d'altération du langage — la manière dont les transcendantaux se succèdent — reste extrêmement mystérieux puisque le langage est justement ce qui institue un style de temporalité : temps cyclique des sociétés archaïques, temps de la chute et du rachat du christianisme, progrès indéfini des pharmaciens du Second Empire, etc. A son tour, la causalité qui préside aux transformations du langage ne semble pouvoir être exprimée qu'à l'intérieur d'un langage particulier : jeu aléatoire, diffusion des lumières, montée dialectique de l'esprit vers la conscience de soi, détermination par « les conditions matérielles », etc.

Dans la métaphore du « moteur de l'histoire » l'aventure humaine ressemble à quelque chose comme la traction d'un solide. On l'envisage ici comme le déploiement perpétuel de nouvelles nappes de sens qui se recouvrent et s'entremêlent. Au moteur de l'histoire on préfère un énigmatique locuteur, sorte de coryphée ou de récitant qui vient sur l'avant-scène exposer l'horizon de signification sur quoi le jeu des acteurs devient intelligible.

L'ordre du calcul (que l'on prend ici en un sens très large et non dans l'acception rigoureuse que lui a donnée la logique mathématique) comprend les opérations, événements ou faits enveloppés par un langage particulier. Si le langage transcendant était une langue naturelle, un calcul serait un enchaînement de phrases. Si l'instituant était une oreille, l'ordre des opérations effectives serait musical. Si l'imaginaire radical était un système d'éclairage et de lentilles optiques, les événements seraient un spectacle. Les opérations n'ont d'existence que par le champ sémantique au sein duquel elles s'ordonnent. Défini par le langage qui le surplombe, le temps historique, contrairement à l'historial, admet une succession et une causalité simple. Que deux êtres partagent une problématique similaire, ils connaîtront alors le même temps historique.

Notre distinction du langage et du calcul revient à appliquer la théorie des types logiques à l'histoire, c'est-à-dire au temps. On différencie nettement la succession et la coexistence des styles de temporalité de l'ordre des faits dans chaque genre de temps.

Il semble pourtant que certains faits retentissent dans la sphère des significations, que le sens du drame humain ne soit pas donné d'un coup par l'auteur anonyme du prologue mais puisse être remis en jeu par l'action des personnages. Lorsqu'un bûcheron coupe un arbre, il n'accomplit qu'une simple opération, incapable de mettre en cause le cadre imaginaire qui donne sens à son travail. Mais lorsque le bourreau de Charles Ier tranche la tête du roi d'Angleterre, il accomplit un acte décisif inaugurant l'ère des révolutions politiques européennes et faisant basculer l'Occident dans un autre temps. Il y aurait donc lieu de distinguer *l'opération*, prise dans un temps donné, soumise à un ordre qui la dépasse, et *l'acte* qui se risque à jouer son propre sens et dérange du même coup la signification de tout ce qui le précède et le suit. Le coup de hache dans la forêt n'aurait été qu'un infime événement, celui qui s'abattit devant le palais des Whitehall proclameraient un avènement. Pourtant, une fois de plus, un fait ne prend sens que dans la lumière qui le baigne. On peut considérer l'exécution de Charles Ier comme une illustration supplémentaire de la structure anthropologique immobile du roi sacrificiel, l'occurrence répétitive d'un schème social immémorial. Symétriquement, les milliers de coups de hache qui résonnaient dans les forêts européennes à l'époque des grands défrichements des XIe et XIIe siècles annoncent la croissance économique de la chrétienté latine et le début du mouvement irrésistible qui conduira l'Occident à dominer le monde, quoique les paysans à la recherche de terres cultivables n'en aient rien su. C'est dans le langage que se décide le partage entre les actes et les opérations.

Le temps historial se fonde lui-même et se présuppose toujours. On ne peut le faire naître d'aucune série d'événements parce qu'il n'existe pas d'événements pensables en dehors d'un système de sélection, de découpage et d'organisation des faits. Derechef nous serons tentés de prétendre que certains événements ont la puissance d'instaurer un imaginaire social. Qu'un petit agitateur religieux prophétise quelques mois et se fasse crucifier en Palestine sous le règne de Tibère, et c'est le début d'une série d'actes et de faits sociaux d'où naîtra le christianisme, matrice fondamentale de plus d'une vision du monde depuis vingt siècles. Que le peuple parisien prenne la Bastille le 14 juillet 1789, et toute l'aventure humaine ne semble plus avoir pour enjeu que la réalisation, dès ici-bas, de la liberté, de l'égalité et de la fraternité. Il y aurait donc des faits instituants.

Mais que l'on prenne garde à ceci : sous la lumière du christianisme, l'avènement de l'Église, bien qu'elle passe obligatoirement par le fait de l'incarnation, n'est pas l'effet d'un événement contingent ou d'un enchaînement de circonstances, elle obéit au plan divin qui règle l'économie générale du salut. De même, pour un républicain militant, la Révolution française est bien le point focal autour duquel s'organise l'histoire, mais les idéaux de 1789 ne naissent pas d'une rencontre fortuite d'enchérissement du prix du pain, de maladresses du pouvoir et de frustration politique du tiers état. Ce sont les grands idéaux républicains, au contraire, qui donnent leur signification et leur unité à l'enchevêtrement des causes effectives de la Révolution. L'état du pays en 1788 sera « la France à la veille de la révolution » et les neuf siècles qui précèdent seront « l'Ancien Régime » depuis toujours. Ce n'est que pour un observateur, extérieur à l'imaginaire qu'il décrit, qu'une ère du langage peut naître d'une collection de faits.

L'HISTORIEL, OU LE TEMPS DU TROISIÈME GENRE

Mais d'où peut-on tenir le discours qui précède ? De quel temps relève-t-on lorsqu'on abandonne le problème du sens de l'histoire pour celui de l'histoire du sens ? Qu'est-ce qu'une culture dans laquelle on pense explicitement le transcendantal historique depuis au moins trois siècles ?

Supposons qu'un membre d'une société archaïque observe pour la première fois les faits et gestes d'un Occidental bardé de techniques. Il interprétera tout ce qu'il voit dans les termes de sa propre culture : l'Occidental sera un demi-dieu ou un démon, ou un magicien, etc. Notre Européen sera donc pris dans le temps *historique* du sauvage, dans sa problématique particulière d'aborigène australien ou javanais.

Réciproquement, l'Occidental regardera le primitif avec sa propre grille de perception. S'il croit au développement et au progrès, il pensera que l'homme demi nu et peint qui lui fait face a l'esprit encombré de superstitions stupides et que son niveau de vie matériel semble très bas. La problématique particulière du chasseur européen structure son appréhension de l'aborigène. L'image bariolée du primitif vient s'inscrire dans le temps *historique* de l'Occidental.

Mais qu'un ethnologue ou un philosophe contemporain considère cette scène, il l'analysera comme la rencontre de deux mondes, de deux temps historiques différents, chacun d'eux se monnayant en séries d'événements distincts dans le miroir déformant de l'autre. Le philosophe ou l'ethnologue s'émerveillera que l'humanité ait pu sécréter une multitude de cultures. S'il veut baptiser la temporalité particulière suivant laquelle naissent et meurent les cultures (les différents temps historiques), il pourra utiliser le mot historial. Et s'il n'utilise pas le mot, il aura au moins *l'idée* du temps des temps. Puis le philosophe se dira : « Mon primitif vit dans un temps de l'éternel retour d'archétypes mythiques, mon Occidental ethnocentré vit dans un temps de l'accumulation et du progrès. Aucun d'eux ne considère son propre style de temporalité comme un objet de choix ou de réflexion. Ils sont enfermés dans leur monde. Mais moi, qui analyse les différentes perspectives historiques possibles et qui pense leur succession historiale, par quel monde suis-je abrité ? Dans quel temps est-ce que je vis ? »

Le philosophe ou l'ethnologue songera que la vision tout à la fois relativiste et universaliste qui est la sienne ne s'est développée massivement qu'au sein de la culture occidentale. Ce point de vue très particulier lui semblera donc être à la fois le fait d'une culture spécifique et celui à partir duquel on peut considérer la spécificité de chaque culture, de chaque temps.

Peut-on mettre l'apparition de l'univers en continuité avec la succession de mondes fermés ? Comment nommer une temporalité par quoi les sources de temps deviennent objets de calcul ?

Lorsque nous esquissons une vue perspective des imaginaires instituants, nous considérons déjà l'historial comme de l'empirique. Regarder l'ensemble des problématiques comme des objets d'expérience suppose que l'on est soi-même hors de toute problématique, ce qui semble paradoxal, impossible. Or, c'est la stabilisation de cette énigmatique disposition qui fonde l'Occident ou ce que l'on pourrait nommer une modernité élargie aux Grecs. Pour désigner le lieu sans lieu à partir duquel se déploie la modernité, il nous faut envisager un troisième type de temporalité.

Dans l'historique s'entrecroisent les séries d'événements, d'opérations et de calculs déterminés par un transcendantal. L'historial est le domaine d'advenue des transcendantaux qui ouvrent une façon d'expérimenter le réel, la silencieuse région d'où parlent des voix créatrices de mondes. *L'historiel* serait alors l'histoire de la prise de pouvoir du calcul sur le transcendantal, la temporalité au fil de laquelle les opérations se retournent sur ce qui leur donne sens, une altération radicale de la structure intime de l'historicité.

L'historiel dans la culture

L'avènement de sociétés se concevant autonomes marque la première avancée historielle dans l'ordre de la culture. Institutions et lois ne proviennent plus des premiers temps mythiques, des ancêtres ou des dieux, elles font l'objet de démonstrations contradictoires et de calculs d'intérêts ; le peuple est censé les discuter, les évaluer et les approuver. Dès lors, la diversité des mœurs et des styles de gouvernement prend une autre figure que celle de l'altérité monstrueuse. La naissance de la démocratie en Grèce coïncide avec l'apparition du premier regard ethnologique, si magnifiquement illustré par Hérodote. Mais c'est bien entendu pendant les cinq derniers siècles de l'histoire européenne que s'affirme avec le plus d'intensité l'effort pour maîtriser le temps propre du transcendantal historique. Maîtrise effective poursuivie au cours de la tumultueuse histoire politique de l'Occident ; maîtrise intellectuelle attachée au développement des sciences humaines.

L'apparition de la première société areligieuse de l'histoire est un des signes les plus remarquables de cette évolution historielle. Non que les religions aient disparu, mais au lieu de s'imposer en ordonnant le temps du monde et en instituant la vie sociale, elles sont devenues des objets d'étude et de choix. C'est pourquoi la montée de l'individualisme est le complément nécessaire du progrès dans l'historiel. L'Occident calcule les mythes des autres cultures et les siens propres. Or, quand on arrive à calculer ses propres mythes, ils ne sont déjà plus les grands récits organisateurs de l'imaginaire collectif, c'est désormais le calcul qui organise la vie. Quand les traditions ou les religions deviennent optionnelles, la notion même de culture ou de foi change de sens.

L'historiel dans la science

La science connaît également cette inversion de l'empirique et du transcendantal qui est la marque distinctive de l'historiel. Observons d'abord que si les inventions techniques scandent les mutations politiques et sociales depuis la préhistoire, le développement de la science moderne depuis le XVIIIe siècle a communiqué une accélération formidable au rythme du changement historique. La majeure partie des bouleversements démographiques, économiques et sociaux de ces trois derniers siècles tiennent à l'établissement d'un cycle dynamique entre l'invention scientifique et technique, la compétition militaire et la course à la puissance industrielle et commerciale. La science contribue donc à instaurer un nouveau temps de la croissance et de l'innovation perpétuelles. De là l'irréversible déstabilisation des cultures traditionnelles et la dissolution des immobiles sociétés paysannes qui avaient si peu changé entre le néolithique et le XVIIIe siècle.

La connaissance rationnelle est encore source de temps parce qu'elle énonce les rythmes et la durée du devenir. Voici le temps newtonien, coulant sans une ride d'une éternité à l'autre. Voici la géologie computant l'âge de la Terre et reculant de milliards d'années la date de la création. Voici la biologie faisant passer le souffle de l'histoire dans les classifications du vivant, arrachant les formes fossilisées à leur fixité de pierre pour les animer d'un irrépressible mouvement de métamorphose. Voici le temps de la dispersion, du désordre et de l'indifférence ; l'univers courant vers sa mort glacée sur les pentes fatales de la thermodynamique. Voici le mystère des origines scruté par l'astrophysique dans les restes refroidis de la grande explosion.

Or, cette science qui fait l'histoire des hommes, cette quête par qui se découvre chaque année de nouvelles saisons de l'univers est prise désormais dans les mailles de la planification bureaucratique de la recherche, à cause de sa croissance, de son coût et de sa puissance même. Des commissions administratives soumettent ses résultats et ses moyens à des calculs d'optimisation, l'évaluent et la programment.

Dans la pratique de la recherche, le nouveau mécanisme, l'usage croissant des simulations numériques, la mise en algorithme des raisonnements, l'utilisation généralisée des banques de données et des langages documentaires sont en passe de faire triompher le paradigme informatique. L'opérationnalité supplante l'intelligibilité.

Le destin de la connaissance rationnelle illustre à son tour le retournement historiel : une source de temps devient à la fois un objet de calcul et une chaîne d'opérations effectives. Dans le bilan comptable des grandes sociétés, le budget des États et les statistiques internationales, la colonne « Recherche et développement » (R et D) indique à l'analyste averti les redistributions futures de la puissance. La science n'est peut-être déjà plus que le mythe fondateur de la R et D.

L'historiel en art

La création artistique contemporaine, par la position de surplomb qu'elle adopte vis-à-vis de toutes les traditions, par sa volonté explicite de « créer de nouveaux langages », participe encore du retournement historiel. Sur fond de musée universel, la recherche picturale se fait métapeinture, la musique savante devient métamusique.

Avec l'art informatisé, la gestion des codes se substitue au geste instaurateur. Les patientes épousailles de la matière et de l'esprit cèdent la place à la métamorphose incessante des modèles numériques. L'opération et le choix effectif passent au premier plan dans la réception des œuvres, prenant le pas sur l'activité herméneutique. Les perspectives d'éternité de la beauté sont entrées dans les combinaisons systématiques du calcul.

L'historiel au royaume de la vie

Dans l'ordre biologique, l'historial serait le temps de l'évolution d'où surgissent les mondes propres de chaque espèce. *L'historiel correspondrait alors à la manipulation délibérée des codes génétiques des plantes et des animaux*, et plus généralement à l'horizon de gestion rationnelle de la biosphère sous lequel est désormais située la nature. Que la vie soit donnée tandis que le calcul est construit, c'est justement ce qui est en question aujourd'hui.

L'historiel dans le sujet

Pour contrôler nos émotions, et donc notre saisie de nous-mêmes et de notre environnement, nous disposons d'une extraordinaire panoplie d'excitants, de calmants, d'hallucinogènes, de dispensateurs chimiques de plaisir ou d'oubli. Biochimie et pharmacie ont édifié une fantastique technologie du transcendantal. On ne peut comparer l'ivresse traditionnelle, les drogues à usage rituel et la connaissance des vertus des simples à la consommation et à la fabrication massives de molécules de plus en plus spécifiques, à des fins de commande directe et systématique de l'humeur. Les antiques sagesses ont-elles encore un objet quand l'ataraxie se monnaie en pilules ?

La neurologie computationnelle, les sciences cognitives et l'intelligence artificielle appréhendent le sujet de la connaissance sous les espèces du mécanisme. Le calcul gouverne la source transcendantale du monde remémoré, perçu et pensé. Le dire instituant relève d'une opérativité qui le domine. Le vecteur du *logos* devient animal calculateur.

L'informatisation de la société peut dès lors être conçue comme un effet d'historiel, un signe de la prise de pouvoir du calcul sur le langage, déchu de sa souveraineté ontologique.

Conclusion

Qu'on nous entende bien. La prise de pouvoir du calcul sur le langage, l'avènement de l'*univers* qui est à l'espace ce que l'historiel est au temps indiquent la direction principale d'une dynamique culturelle. Ils ne dévoilent ni la vérité de l'être, ni celle de l'homme.

L'univers semble s'imposer toujours davantage comme régime planétaire et socle dernier de l'existence. Opératoire, agissante, manipulable, communicable, traductible, la galaxie noire du calcul attire sans cesse de nouveaux soleils. Mais, sur ce fond, les hommes continuent à tisser ensemble, à leur insu, l'étoffe de mondes à venir. Il reste que le virtuel disloque partout la banquise des possibles. Sous le décor peint du mécanisme, la vie continue d'inventer. La pensée fraie de nouveaux chemins entre les algorithmes déjà tracés. Quoiqu'on dénie son existence ou qu'on le travestisse en unité fonctionnelle, le sujet demeure, enfoui au plus profond des replis du corps, dispersé parmi la beauté du monde, fragile ; comme une eau précieuse et tremblante, seule capable de concentrer la lumière.

NÉCESSITÉ

L'univers du calcul est la figure contemporaine de la nécessité. Son accession à la dignité de régime planétaire date sans doute de la Seconde Guerre mondiale. Pour la première fois, toutes les forces qui sommeillaient sur le globe furent converties par les nations en guerre en ressources à utiliser, mobiliser, optimiser, dans un seul but. De cette expérience sans précédent devait naître l'ère de la gestion et du « management » triomphant. Aujourd'hui, l'intelligence artificielle, appliquée aux systèmes d'aide à la décision, radicalise cette mutation en soumettant à l'optimisation la gestion optimale elle-même.

La métamorphose de la science en « recherche et développement » s'origine en grande partie dans le conflit géant des années quarante. Issus de la conflagration universelle, les armes nucléaires et les ordinateurs contribuèrent chacun à leur manière à constituer la planète en système global aux interactions fulgurantes. Le regard encore terni par l'éclair d'Hiroshima et l'éternelle nuit des camps, l'humanité s'engageait au sortir de la guerre dans la période de transformation la plus radicale et précipitée de son histoire. Les mondes incrustés de mémoire, chassés du lit de leur tradition, se sont dissous par pièces et morceaux dans les voies d'un réseau universel de communication, de calcul et de mobilisation de la puissance, dont la machine universelle allait rapidement devenir le centre indéfiniment multiplié.

Un retour en arrière est impossible. Les perspectives de ralentissement ou de contrôle semblent illusoires. Il n'est pas d'exemple, depuis un demi-siècle, qu'une découverte scientifique ou technique ait été laissée sans emploi pour quelque raison religieuse, morale ou politique que ce soit. Tout ce qui peut se faire se fera, à plus ou moins longue échéance.

Imaginons qu'un pays ou un continent mette aux voix, démocratiquement, sa participation à l'édification du technocosme. Les citoyens découvriraient rapidement qu'ils n'ont que le choix de la manière, non celui de l'objectif. La situation de concurrence planétaire rend fallacieuse toute alternative à la course technologique. La machine universelle a creusé très bas quelque chose comme un attracteur historique, propre à entraîner irréversiblement sur ses pentes le cours de la civilisation.

Le technocosme informatisé appartient à la série de ces créations mémorables dont la naissance est peut-être contingente, mais qui, une fois venues au jour, se présentent à l'humanité avec la force du destin : l'agriculture, l'écriture, l'État... Elles s'établissent dans la durée parce que ce sont de formidables machines à se reproduire. Elles se propagent nécessairement parce que ceux qui les adoptent sont plus souvent vainqueurs

LIBERTÉ

Une marge de liberté ne restera ouverte aux nations que si elles parviennent à se dégager de la plate et sèche compétition internationale. Simples prisonnières de la course à la puissance, elles seraient entraînées aveuglément vers un destin auquel elles auraient cédé pas à pas, sans jamais avoir voulu, ni même envisagé, sa forme globale.

La rivalité planétaire est certes notre inévitable condition, mais elle ne constitue pas un but en soi, seulement une contrainte à quoi nous sommes soumis, seulement la règle à partir de quoi nous avons le loisir d'inventer notre jeu. Donner sens à l'extraordinaire transformation technique de cette fin de siècle, telle est la part de liberté qui nous reste. Il ne nous appartient plus de décider de l'informatisation, mais nous pouvons encore convertir la nécessité technologique en projet culturel.

Si la croissance et le perfectionnement du technocosme sont fatals, la manière que nous aurons de l'habiter reste un enjeu. En particulier, rien ne nous oblige à donner crédit aux théories fausses de l'intelligence algorithmique, de l'homme-machine ou de la nature mécanique.

Connaissant la charge d'inhumanité que porte l'informatisation, réussirons-nous à susciter toutes les virtualités créatives, tout le potentiel de diversité qu'elle recèle aussi ? Saurons-nous ouvrir la délibération démocratique aux choix scientifiques et techniques, ainsi qu'à toutes leurs implications culturelles ? A cet égard, une responsabilité particulière incombe au vieux continent. Matrice de la mutation anthropologique en cours et riche encore d'une extraordinaire et multiple tradition, l'Europe sera-t-elle capable d'inventer un monde où vivre ?

Remerciements

L'auteur a bénéficié d'une bourse d'aide à la création d'un an du Centre national des lettres.

Ce livre n'aurait sans doute jamais vu le jour sans l'indéfectible soutien de Dominique ni les exhortations amicales d'Éric Braine.

Le premier chapitre doit énormément à tous les membres du CREIS (Centre pour la coordination et la recherche de l'enseignement en informatique et société), à l'équipe du CIII (Centre d'initiative et d'information sur l'informatisation), ainsi qu'à toute l'équipe de la revue *Terminal* (Informatique-Culture-Société).

Le travail sur l'art et l'informatique (chapitres 2 et 3) a bénéficié d'un contrat de recherche du ministère de la Culture et des chaleureux encouragements d'Evelyne Pierre. L'auteur a poursuivi de nombreuses discussions avec des artistes et des spécialistes de l'utilisation des ordinateurs pour la création artistique. Remercions tout particulièrement : Pierre Barbaud (compositeur), Dominique Burger (promoteur du projet *Polyson* à l'INSERM, informaticien), Claude Cadoz (chercheur en informatique musicale, ACROE), Jean-François Colonna (responsable de la synthèse de l'image à l'École polytechnique), François Deck (peintre), Jean-François Depelsenaire (École nationale supérieure des arts décoratifs, responsable de l'atelier d'image informatique),

Héloïse Neefs (ALAMO, écrivain), Yann Orlarey (studio GRAME, compositeur), Georges Ouanounou (peintre, ingénieur à l'INRIA), Pierre Schaeffer (compositeur), Jean-Baptiste Touchard (École nationale supérieure de création industrielle), Marie-Hélène Tramus (département Art et Technologie de l'image de l'université de Paris-VIII), Jean-Louis Weissberg (université de Villetaneuse). Je remercie enfin les élèves de l'École nationale des arts décoratifs qui m'ont autorisé à observer leurs tâtonnements pendant qu'elles apprenaient le maniement des palettes graphiques.

Les chapitres 4, 5 et 6 de ce livre doivent beaucoup aux entretiens et aux contacts que j'ai pu avoir dans le cadre du CREA-École polytechnique, ainsi que dans le groupe de travail qui s'était constitué autour du projet de « Glossaire scientifique » animé par Nathalie Savary (des Éditions du Seuil) et Isabelle Stengers. Je remercie en particulier de leurs conseils et suggestions Daniel Andler, Henri Atlan, Francis Bailly et Jean-Pierre Dupuy ; ainsi qu'Isabelle Stengers, dont l'amitié philosophique m'a ouvert tant de perspectives intellectuelles.

Il m'est impossible de mesurer ce que les idées de ce livre doivent à la fréquentation de l'œuvre de Michel Serres ainsi qu'aux longues et amicales discussions que l'auteur a eues avec Michel Authier, Philippe Breton et Serge Proulx. Enfin, le mot « historiel » a été inventé par Jean-Robert Massimi au cours d'un mémorable dialogue dans les rues de Compiègne.

BIBLIOGRAPHIE

La bibliographie qui suit est regroupée par chapitre. La date renvoie à l'édition la plus récente. La bibliographie des chapitres sur l'art ne contient que des ouvrages de commentaires et d'histoire. On trouvera la référence précise des œuvres littéraires, musicales et iconographiques dans les ouvrages cités.

Chapitre 1 - Les technologies intellectuelles

AUTHIER Michel, THONON Marie, *Secret et Sécurité*, rapport SPES (Direction générale des Télécommunications), Paris, 1982.

Centre pour la coordination de la recherche et l'enseignement en informatique et société (CREIS), *Société et Informatique*, Delagrave, Paris, 1984.

COLONNA Jean-François, *l'Image synthétique, un nouvel outil pour la recherche scientifique*, École polytechnique, 1985.

DERRIDA Jacques, *De la grammatologie*, Éditions de Minuit, Paris, 1967.

GOODY Jack, *la Raison graphique*, Éditions de Minuit, Paris, 1979.

LATOUR Bruno, « Les vues de l'esprit », *Culture technique*, n° 14, juin 1985.

LE MOIGNE Jean-Louis, « Intelligence et Conception », in *Intelligence des mécanismes, mécanismes de l'intelligence*, Fayard/Fondation Diderot, Paris, 1986.

LEMOINE Philippe, GALLOUEDEC Genuys (sous la direction de), *les Enjeux culturels de l'informatisation*, La Documentation française, Paris, 1980.

LÉVY Pierre, *Communication, enseignement et savoir en société informatisée*, mémoire de maîtrise, Paris-I Sorbonne, 1980.

« L'Intelligence artificielle » (collectif), numéro spécial de *La Recherche*, n° 170, octobre 1985.

L'Intelligence de l'informatique (collectif), Bibliothèque pour la science, Paris, 1984.

« Les logiciels » (collectif), numéro spécial « informatique » de *Pour la Science*, n° 85, novembre 1984.

MOTO-OKA Tohru, « Les ordinateurs de la cinquième génération », *La Recherche*, n° 154, avril 1984.

MINC Alain, NORA Simon, *l'Informatisation de la société*, La Documentation française, Paris, 1978.

PAPERT Seymour, *Jaillissement de l'esprit. Ordinateurs et apprentissage*, Flammarion, Paris, 1981.

PROULX Serge, TAHON Marie-Blanche, « Temps, Travail et Micro-Ordinateur », communication au 54e Congrès de l'ACSALF, Montréal, 1986.

QUEAU Philippe, « De nouvelles images pour l'art et pour la science », *La Lettre de l'image*, n° 16, février 1985.

Chapitre 2 - L'ordinateur, l'art et le monde
Chapitre 3 - La machine universelle

BATTIER Marc, BERNARD Pierre, CHARBONNEAU Gérard (sous la direction de), *Musique et Ordinateur*, Édition du Centre expérimental du spectacle, 1983.

BAXENDALL Michael, *l'Œil du quattrocento*, Gallimard, Paris, 1985.

BILLARD Pierre, « La musique », in *Encyclopedia universalis*, 1985.

BLANCHOT Maurice, *l'Espace littéraire*, Gallimard, Paris, 1955.

BLANCHOT Maurice, *l'Amitié*, Gallimard, Paris, 1971

BOESWILLARD André-Pierre, « Les musiques électro-acoustiques », in *Encyclopedia universalis*, 1985.

BOISSEL Jessica, DEROUET Christian, *Kandinsky*, collection du musée d'Art moderne, Éd. du Centre Pompidou, Paris, 1984.

BORILLO Mario, « Connaissance et création poétique » in « *Question Vive* » *: Intelligence des mécanismes, mécanismes de l'intelligence*, « Nouvelle Encyclopédie », Fondation Diderot, Fayard, Paris, 1986.

BOULEZ Pierre, *Points de repère*, Seuil/Bourgois, Paris, 1983.

BROWN Franck, *la Musique par ordinateur*, PUF, Paris, 1982.

CADOZ Claude, LUCIANI Anne, FLORENS Jean-Loup, « Synthèse musicale par simulation des mécanismes instrumentaux gestuels rétroactifs pour l'étude du jeu instrumental », *Revue d'acoustique*, n° 59, 1981.

CAHILL James, *la Peinture chinoise*, Skira, 1960.

CANDÉ Roland (DE), *Histoire universelle de la musique*, Seuil, Paris, 1978.

CHION Michel, « La musique contemporaine », in *Encyclopedia universalis*, 1985.

CLAY Jean, *De l'impressionnisme à l'art moderne*, Hachette, Paris, 1975.

CLAY Jean, *l'Impressionnisme*, Hachette, Paris, 1971.

DAIX Pierre, *1900-1914 : Le temps des révolutions (La grande histoire de la peinture moderne)*, Skira, 1982.

DAVAL Jean-Luc, *la Peinture à l'huile*, Skira, 1985.

DAVAL Jean-Luc, *1880-1900 : La succession de l'impressionnisme (La grande histoire de la peinture moderne)*, Skira, 1982.

DENKEN Joseph, *les Images du futur*, Mazarine, Paris, 1984.

DESCARGUES Pierre, *Hartung*, Éd. Cercle d'Art, Paris, 1977.

ECO Umberto, *l'Œuvre ouverte*, Seuil, Paris, 1965.

ELLUL Jacques, *l'Empire du non-sens. L'art et la société technicienne*, PUF, Paris, 1980.

FAURE Élie, *Histoire de l'art*, Livre de poche (nouv. éd.), Paris, 1976.

FRANCASTEL Pierre, *Art et Technique*, Éditions de Minuit, Paris, 1956.

GASSIOT-TALABOT Gérald, MILLET Catherine, DAVAL Jean-Luc, *Tendances d'aujourd'hui (La grande histoire de la peinture moderne)*, Skira, 1982.

HALBREICH Harry, « L'évolution du langage musical européen », in *Encyclopédie de la musique* (sous la direction de Maurice Leroux), Retz, Paris, 1979.

HEIDEGGER Martin, *Chemins qui ne mènent nulle part*, Gallimard, Paris, 1962.

LANGLAIS Xavier (DE), *la Technique de la peinture à l'huile*, Flammarion, Paris, 1959.

LASSAIGNE Jacques, DAIX Pierre, *les Grandes Figures de l'entre-deux-guerres. 1920-1940 (La grande histoire de la peinture moderne)*, Skira, 1982.

LÉVY Pierre (sous la direction de), « Beautés numériques », numéro spécial de la revue *Terminal* sur « la création artistique au risque de l'informatique », mars 1986.

MANDELBROT Benoît, *les Objets fractals : forme, hasard et dimension*, Flammarion, Paris, 1975.

OULIPO, *la Littérature potentielle*, Gallimard, Paris, 1973.

PICON Gaëtan, « La littérature du XXe siècle », in *Histoire des littératures* (t. 3), sous la direction de Raymond Queneau, Encyclopédie de la Pléiade, Gallimard, Paris, 1978.

PIERCE John, « Le son musical — Musique, acoustique et informatique », *Pour la Science*, Belin, Paris, 1984.

PONT Jean-Claude, « Peinture et Géométrie au XIXe siècle », in *Penser les mathématiques*, Seuil, Paris, 1982.

RESTANY Pierre, *l'Aventure de l'art abstrait (1945-1965) (La grande histoire de la peinture moderne)*, Skira, 1982.

RISSET Jean-Claude, « Le compositeur et ses machines. De la recherche musicale », *Esprit*, mars 1985.

SCHAEFFER Pierre, « De la musique concrète à la musique même », *La Revue musicale*, 1977.

SCHLOEZER Boris (DE), *Introduction à Jean-Sébastien Bach*, Gallimard, Paris, 1947.

SERRES Michel, *la Traduction-Hermès III*, Éditions de Minuit, Paris, 1974.

WEISSBERG Jean-Louis, *le Simulacre interactif*, thèse de doctorat soutenue à l'université de Paris VIII-Saint-Denis, 1986.

WIORA Walter, *Les Quatre Ages de la musique*, Payot, Paris, 1963.
XENAKIS Iannis, *Musiques formelles*, Stock, Paris, 1981.
XENAKIS Iannis, *Arts/Sciences, Alliages*, Casterman, Paris, 1975.

Chapitre 4 - L'invention du calcul

BATESON Gregory, *Vers une écologie de l'esprit* (trad. française), Seuil, Paris, 1977-1980.
BATESON Gregory, *la Nature et la Pensée*, Seuil, Paris, 1984.
BIGELOW Julian, ROSENBLUETH Arturo et WIENER Norbert « Behavior, Purpose and Teleology », *Philosophy of Science*, vol. 10, n° 1, janvier 1943.
BLANCHÉ Robert, *l'Axiomatique*, PUF, Paris, 1955.
BLANCHÉ Robert, *la Logique et son histoire d'Aristote à Russell*, Armand Colin, Paris, 1970.
BOOLE George, *The Laws of Thoughts*, Londres, 1854.
DUPUY Jean-Pierre, « L'essor de la première cybernétique », in *Cahiers du CREA*, n° 7, Paris, 1986.
FREGE Gottlob, *Écrits logiques et philosophiques* (trad. française), Seuil, Paris, 1971.
GARDNER Martin, *l'Étonnante Histoire des machines logiques* (trad. française), Dunod, Paris, 1964.
HEIMS Steve, *John von Neumann and Norbert Wiener. From Mathematics to the Technologies of Life and Death*, The MIT Press, 1980.
HODGES Andrew, *Alan Turing, the Enigma*, Simon and Shuster, NY, 1983.
JACOB Pierre, *l'Empirisme logique*, Éditions de Minuit, Paris, 1980.
JEFFRESS Lloyd (éd.), *Cerebral Mechanisms in Behavior. The Hixon Symposium*, John Wiley and Sons, NY, 1951.
KOYRÉ Alexandre, *Études d'histoire de la pensée scientifique*, Gallimard, Paris, 1973.
LÉVY Pierre, « Analyse de contenu des travaux du Biological Computer Laboratory », in *Cahiers du CREA*, n° 8, Paris, 1986.
LÉVY Pierre, « Wittgenstein et la cybernétique », in *Cahiers du CREA*, n° 7, Paris, 1986.

LÉVY Pierre, « L'œuvre de Warren McCulloch », in *Cahiers du CREA*, n° 7, Paris, 1986.
LÉVY Pierre, *l'Idée de liberté en Grèce ancienne*, thèse de 3e cycle EHESS, 1983.
MATURANA Humberto, « Neurophysiology of Cognition », in *Cognition, a Multiple View*, P. Gardin (éd.), Spartan Book, NY, 1970.
MCCULLOCH Warren, *Embodiments of Mind*, The MIT Press, 1969 (contient l'article de McCulloch et Pitts de 1943.)
MINSKY Marvin, *Computation : Finite and Infinite Machines*, Open University Set Book, Londres, 1972.
NOËL Émile (éd.), *le Matin des mathématiciens*, Belin, Paris, 1985.
PLATON, *Timée* (trad. Léon Robin), Gallimard, Paris, 1950.
RUSSELL Bertrand, WHITEHEAD Alfred North, *Principia mathematica*, Cambridge University Press, 1910-1912-1913.
RUSSELL Bertrand, *Introduction to Mathematical Philosophy*, Allen and Unwin, Londres, 1919.
SERRES Michel, *le Système de Leibniz et ses modèles mathématiques*, PUF, Paris, 1968.
SHANNON Claude, *The Mathematical Theory of Communication*, University of Illinois Press, 1949.
SHANNON Claude, « A Symbolic Analysis of Relay and Switching Circuits », *Trans. Amer. IEE*, 57, 1938.
TURING Allan, « On Computable Numbers with an Application to the Entscheidungs Problem », *Proceeding of the London Mathematical Society*, 2e série, vol. 42, 3e partie, p. 230-265, 12 nov. 1936, et 2e série, vol. 43, 7e partie, p. 550-546, 20 mai 1937.
VAN HEIJENOORT Jean, *From Frege to Gödel. A Source Book in Mathematical Logic*, Harvard University Press, 1967. Ce recueil contient en particulier des textes fondamentaux de Frege, Russell, Hilbert, Wiener, von Neumann et Gödel.
VARELA Francisco, *Principles of Biological Autonomy*, Elsiever/North Holland, NY/Oxford, 1979.
VON FOERSTER Heinz, MEAD Margaret, TEUBNER Hans Lukas (eds), *Cybernetics. Circular Causal and Feedback Mechanisms in Biological and Social Systems*, Josiah Macy Junior Foundation, NY, 1950, 1951, 1952, 1953, 1955.

VON FOERSTER Heinz, *Observing Systems*, Intersystems publications, 1981.
VON NEUMANN John, MORGENSTERN Oscar, *Theory of Games and Economic Behaviour*, Princeton University Press, 1947.
WIENER Norbert, *Cybernetics*, MIT Press, NY, 1961.
WIENER Norbert, *Cybernétique et Société*, UGE, Paris, 1964.
WITTGENSTEIN Ludwig, *Tractatus logico-philosophicus* (trad. française), Gallimard, Paris, 1961.

Chapitre 5 - Le paradigme informatique

ANDLER Daniel, « Le cognitivisme orthodoxe en question », in *Cahiers du CREA*, n° 9, Paris, 1986.
ANDRÉANO Ralph et HEFFER Jean (eds), *la Nouvelle Histoire économique*, Gallimard, Paris, 1977.
ATLAN Henri, *Entre le cristal et la fumée*, Seuil, Paris, 1979.
ATLAN Henri, *l'Organisation biologique et la Théorie de l'information*, Hermann, Paris, 1972.
BENZECRI Jean-Pierre, *l'Analyse des données*, Dunod, Paris, 1973.
BORILLO Mario, *Informatique pour les sciences de l'homme*, Pierre Mardaga, Bruxelles, 1964.
BRETON Philippe, « Déprofessionnaliser l'informatique » in *Esprit*, n° 8/9, septembre 1983.
CHALMERS Alan F., *What is this Thing Called Science ?*, University of Queensland Press, Lucia (Australie), 1982 (à paraître en 1987 aux Éditions La Découverte).
CHANGEUX Jean-Pierre, *l'Homme neuronal*, Fayard, Paris, 1983.
DIACONIS Persi, EDFRON Bradley, « Méthodes de calculs statistiques intensifs sur ordinateurs », in *l'Intelligence de l'informatique*, Bibliothèque pour la science, Paris, 1984.
EKELAND Ivar, *le Calcul, l'imprévu*, Seuil, Paris, 1984.
GARDIN Jean-Claude, *Une archéologie théorique*, Hachette, Paris, 1979.
JACOB François, *la Logique du vivant*, Gallimard, Paris, 1970.

MONOD Jacques, *le Hasard et la Nécessité*, Seuil, Paris, 1979.

SERRES Michel, *Hermès IV-la Distribution*, Éditions de Minuit, Paris, 1977.

STENGERS Isabelle, PRIGOGINE Ilya, *la Nouvelle Alliance*, 2e édition augmentée, Gallimard, Paris, 1986.

STENGERS Isabelle, « Les généalogies de l'auto-organisation », in *Cahiers du CREA*, n° 8, Paris, 1986.

THOM René, *Paraboles et Catastrophes*, Flammarion, Paris, 1983.

VEYNE Paul, *Comment on écrit l'histoire*, Seuil, Paris, 1978.

WALLISER Bernard, *Systèmes et Modèles*, Seuil, Paris, 1977.

WEIZENBAUM Joseph, *Puissance de l'ordinateur et Raison de l'homme*, Éditions d'informatique, 1981.

WOLFRAM Stephen, « Les logiciels scientifiques », in *Pour la Science*, n° 84, novembre 1984.

Signalons la revue *Méthodologie-Informatique-Philosophie* du laboratoire d'informatique pour les sciences de l'homme (LISH-CNRS).

Chapitre 6 - Le processus et la vie
Chapitre 7 - De la cognition

ANDERSON Alan Ross, *Pensée et Machine*, Champ Vallon, Seyssel, 1983.

ATLAN Henri, « Créativité biologique et auto-création du sens », *Cahiers du CREA*, n° 9, Paris, 1986.

BERGSON Henri, *Matière et Mémoire*, PUF, Paris, 1959.

BLAY Michel, *la Conceptualisation newtonienne des phénomènes de la couleur*, Vrin, Paris, 1983.

BRILLOIN Léon, *Vie, matière et observation*, Albin Michel, Paris, 1959.

CHAITIN Grégory, « Les suites aléatoires et les démonstrations mathématiques », in *les Progrès des mathématiques*, Bibliothèque pour la science, Paris, 1980.

DELEUZE Gilles, *Différence et Répétition*, PUF, Paris, 1967.

DESCARTES René, *Traité de l'homme*, Gallimard, Paris, 1953.

DESCARTES René, *les Principes de la philosophie*, Gallimard, Paris, 1953.

DREYFUS Hubert, *Intelligence artificielle, mythes et limites*, Flammarion, Paris, 1984.
DUPUY Jean-Pierre, DUMOUCHEL Paul, *l'Auto-organisation. Colloque de Cerisy*, Seuil, Paris, 1983.
GOETHE, *Traité des couleurs*, Triades-Éditions, Paris, 1973.
GOULD Stephen J., *le Pouce du panda*, Grasset, Paris, 1982.
HOFSTADTER Douglas, *Gödel, Esher, Bach*, Interéditions, Paris, 1985.
JACQUARD Albert, *Inventer l'homme*, Complexe, Bruxelles, 1984.
KANT Immanuel, *Critique de la raison pure*, Garnier-Flammarion, Paris, 1976.
La Recherche en neurobiologie (éd. Marcel Blanc), Seuil, Paris, 1977.
LEIBNIZ Gottfried Wilhelm, *la Monadologie*, Delagrave, Paris, 1978.
LEIBNIZ Gottfried Wilhelm, *Discours de métaphysique*, Vrin, Paris, 1986.
« Les molécules de la vie », numéro spécial de *Pour la science*, n° 89, décembre 1985.
MORENO Alvaro, « Épistémologie des modes de représentation des systèmes vivants », *Cahiers du CREA*, n° 9, Paris, 1986.
MORIN Edgar, *la Vie de la vie*, Seuil, Paris, 1980.
POINCARÉ Henri, *la Valeur de la science*, Flammarion, Paris, 1905.
RUELLE David, « Déterminisme et prédictibilité », *Pour la science*, n° 82, août 1984.
SEARLE John R., *Du cerveau au savoir*, Hermann, Paris, 1985.
STENGERS Isabelle, « Découvrir la complexité ? », *Cahiers du CREA*, n° 9, Paris, 1989.
TURKLE Sherry, *les Enfants de l'ordinateur*, Denoël, Paris, 1986.
VARELA Francisco, « Living Ways of Sense-Making : a Middle Path for Neuroscience », *Order and Disorder* (éd. P. Livington), Anma Libri, Standford, 1984.
VON NEUMANN John, « General and Logical Theory of Automata », *Cerebral Mechanisms in Behavior. Hixon Symposium* (éd. Llyod A. Jeffress), John Wiley and Son, New York, 1951.
WITTGENSTEIN Ludwig, *Remarques sur les couleurs*, Trans-Europ-Repress, Mauvezin, 1983.

Chapitre 8 - La mutation anthropologique

BERGSON Henri, *les Deux Sources de la morale et de la religion*, PUF, Paris, 1959.
CASTORIADIS Cornélius, *l'Institution imaginaire de la société*, Seuil, Paris, 1975.
CASTORIADIS Cornélius, *les Carrefours du labyrinthe*, Seuil, Paris, 1978.
GAUCHET Marcel, *le Désenchantement du monde*, Gallimard, Paris, 1985.
HEGEL Georg W.F., *Leçons sur la philosophie de l'histoire*, Vrin, Paris, 1963.
HEIDEGGER Martin, *Qu'est-ce qu'une chose ?*, Gallimard, Paris, 1971.
HEIDEGGER Martin, *Question IV*, Gallimard, Paris, 1976.
HEIDEGGER Martin, *Essais et Conférences*, Gallimard, Paris, 1958.
HOTTOIS Gilbert, *le Signe et la Technique*, Aubier, Paris, 1984.
JANICAUD Dominique, *la Puissance du rationnel*, Gallimard, Paris, 1985.
MUSIL Robert, *l'Homme sans qualités*, Seuil, Paris, 1957.
NIETZSCHE Friedrich, *Ainsi parlait Zarathoustra*, Gallimard, Paris, 1972.
NIETZSCHE Friedrich, *le Gai Savoir*, Gallimard, Paris, 1978.
SERRES Michel, *les Cinq Sens*, Grasset, Paris, 1985.

TABLE

Avant-propos 7

1. Les technologies intellectuelles 9
La médiation numérique 10
Écrire 12
Écouter, composer, jouer 15
Voir, imager 18
Concevoir 22
L'ingénierie de la connaissance 24
Enseigner, apprendre 26
Les nouveaux langages 31
Livres et banques de données 35
Systèmes de contrôle 38
L'ère post-historique 40

2. L'ordinateur, l'art et le monde 45
L'art, la chair, le monde 45
Le geste 49
La matière, l'objet 53
Métamorphoses 58
L'œuvre-mère et ses instances 61
De l'interprétation à l'opération 67

3. La machine universelle 71
Calculs, algorithmes, machines universelles 71
Une puissance de tous les possibles 78
Un travail formel sur des signes 82
L'objet pulvérisé 86
La musique européenne : devenir mécanique ... 90
La musique européenne : devenir universel 94

4. L'invention du calcul 97
Le fil mathématique : la démonstration 98
Le fil mathématique : de la clarté à la vitesse .. 101
La lignée logique 105
La cybernétique 110
Logique mathématique et théorie de l'information 112
La notion de codage 114
L'idée d'opération 115
L'âme : définition opérationnelle 117
Les prémisses philosophiques : le Tractatus logico-philosophicus *de Wittgenstein* 120
L'indicible 125

5. Le paradigme informatique 131
Calcul et méthode 132
Un nouveau rapport à l'expérience 132
Limites de la simulation numérique 134
Expliquer, calculer 137
La formalisation du raisonnement scientifique 138
Le néomécanisme 141
En biologie 143
Neurologie et sciences de la cognition 145
Ontologie ou métaphore ? 147
Réorganisations dans les sciences 149

6. Le processus et la vie 153
Calcul et processus : le donné et le construit ... 153
Temps, déterminisme, instabilité 157
Vie et calcul : continuité, historicité 161
Échelles de description, sensibilité 167
Subjectivité 171

7. De la cognition 175
Le sexe des anges 175
La mémoire 177
L'élaboration d'algorithmes, ou la mémoire du premier genre 178
Les machines de Turing à la recherche du temps perdu, ou la mémoire du deuxième genre 180
Les deux unités : machine et Mnémosyne 184
La perception 185
Premier regard 185
Vision et reconnaissance de forme 189
Des opérations aux images 197
Qui voit ? 199
Penser 201
La machine-Aristote 203
La Shakespeare-machine 204
Langage et calcul 207

8. La mutation anthropologique 211
Histoire et langage 213
L'historiel, ou le temps du troisième genre 216
L'historiel dans la culture 218
L'historiel dans la science 219
L'historiel en art 220
L'historiel au royaume de la vie 221
L'historiel dans le sujet 221

Conclusion 223
Nécessité 223
Liberté 225

Remerciements 226

Bibliographie 228

IMPRIMERIE HÉRISSEY À ÉVREUX (EURE)
DÉPÔT LÉGAL AVRIL 1992. N° 13092 (57696)